Klaus Herkenroth | Oliver Hein | Alexander Labermeier |
Sven Pache | Andreas Striegel | Matthias Wiedenfels

Konzernsteuerrecht

Klaus Herkenroth | Oliver Hein |
Alexander Labermeier | Sven Pache |
Andreas Striegel | Matthias Wiedenfels

Konzernsteuerrecht

Bibliografische Information Der Deutschen Nationalbibliothek
Die Deutsche Nationalbibliothek verzeichnet diese Publikation in der
Deutschen Nationalbibliografie; detaillierte bibliografische Daten sind im Internet über
<http://dnb.d-nb.de> abrufbar.

1. Auflage 2008

Alle Rechte vorbehalten
© Betriebswirtschaftlicher Verlag Dr. Th. Gabler | GWV Fachverlage GmbH, Wiesbaden 2008

Lektorat: RA Andreas Funk

Der Gabler Verlag ist ein Unternehmen von Springer Science+Business Media.
www.gabler.de

Das Werk einschließlich aller seiner Teile ist urheberrechtlich geschützt. Jede Verwertung außerhalb der engen Grenzen des Urheberrechtsgesetzes ist ohne Zustimmung des Verlags unzulässig und strafbar. Das gilt insbesondere für Vervielfältigungen, Übersetzungen, Mikroverfilmungen und die Einspeicherung und Verarbeitung in elektronischen Systemen.

Die Wiedergabe von Gebrauchsnamen, Handelsnamen, Warenbezeichnungen usw. in diesem Werk berechtigt auch ohne besondere Kennzeichnung nicht zu der Annahme, dass solche Namen im Sinne der Warenzeichen- und Markenschutz-Gesetzgebung als frei zu betrachten wären und daher von jedermann benutzt werden dürften.

Umschlaggestaltung: KünkelLopka Medienentwicklung, Heidelberg
Druck und buchbinderische Verarbeitung: Wilhelm & Adam, Heusenstamm
Gedruckt auf säurefreiem und chlorfrei gebleichtem Papier
Printed in Germany

ISBN 978-3-8349-0474-4

Vorwort

Konzerne spielen für das Wirtschaftsleben eine entscheidende Rolle. Trotz einer weitgehenden Kodifizierung des deutschen Zivilrechts ist ein einheitliches Konzernrecht nicht vorhanden, sondern aufgeteilt auf verschiedene Gesetze und Rechtsbereiche. Außerdem entwickelt die Rechtsprechung das Konzernrecht ständig weiter. Ebenso existiert kein einheitliches Konzernsteuerrecht, da die entsprechenden Vorschriften über die zahlreichen einzelnen Steuergesetze verteilt sind.

Ziel dieses Buches ist es, als Literatur des ersten Zugriffs diese sehr komplexe und verschachtelte Rechtsmaterie an der Schnittstelle zwischen Gesellschaftsrecht und Steuerrecht erschließbar zu machen. Erfahrene Praktiker aus dem Gesellschaftsrecht und aus dem Steuerrecht stellen diese umfangreiche Materie kompetent dar. Beide Rechtsgebiete sind ständigen Änderungen und Fortentwicklungen durch Rechtsprechung und Gesetzgebung unterworfen. Dies gilt in besonderem Maße für das Steuerrecht, zuletzt im Hinblick auf die geplante Unternehmenssteuerreform 2008 und den Referentenentwurf des Jahressteuergesetzes 2008.

Dieses Buch bietet einen aktuellen Einstieg für den Praktiker aus Unternehmen, Steuer- und Rechtsberatung sowie Finanzverwaltung in die als abstrakt und unübersichtlich geltende Materie des Konzern- und Konzernsteuerrechts.

Die Autoren danken dem Verlag für die Veröffentlichung in der umfangreichen Steuerrechtsreihe. Der Rechtsanwaltskanzlei Ashurst danken sie für die organisatorische Unterstützung, insbesondere Frau Kerstin Spuck für die redaktionelle Bearbeitung des Manuskripts. Ihren Familien danken sie für die Bereitschaft, neben der beruflichen Arbeitsbelastung auch noch für eine schriftstellerische Tätigkeit Verständnis aufzubringen.

Das Buch ist auf dem Bearbeitungsstand vom August 2007 und berücksichtigt sowohl die derzeit in Planung befindliche Unternehmenssteuerreform 2008 und den Referentenentwurf des Jahressteuergesetzes 2008.

Erlensee, Frankfurt am Main, Idstein im August 2007

Inhaltsübersicht

Vorwort	5
Inhaltsübersicht	7
Abkürzungsverzeichnis	15
Literaturverzeichnis	19
Bearbeiterverzeichnis	22

§ 1 Grundlagen des Konzerns — 23
- A. Einleitung — 23
  - I. Überblick — 23
  - II. Funktionen und Wertungen des Konzernrechts — 24
  - III. Minderheitenschutz — 24
    1. Vermögensrechte der Minderheitsgesellschafter — 24
    2. Beteiligungsrechte — 25
  - IV. Gläubigerschutz — 25
  - V. Einheitliche Konzernrechnungslegung — 25
- B. Beteiligungskonzern — 26
  - I. Beteiligte Rechtsträger — 26
    1. Rechtsform — 27
    2. Maßgebliche Beteiligung — 28
       - a) Stimmenmehrheit — 28
       - b) Anderweitiges unternehmerisches Interesse — 28
         - aa) Holdinggesellschaften — 29
         - bb) Öffentliche Hand — 30
    3. Ausländische Konzernspitze — 30
  - II. Unterordnungskonzern — 30
    1. Umfassender Einfluss — 31
       - a) Grundsatz — 31
       - b) Steuerung der Finanzen — 31
       - c) Herrschaft von Minderheitsgesellschaftern — 32
    2. Dauerhafter Einfluss — 33
    3. Gesellschaftsrechtlich vermittelter Einfluss — 33
       - a) Schuldrechtliche Gläubigermacht — 33
       - b) Unternehmensverträge — 34
    4. Abhängigkeits- und Konzernvermutung — 34
       - a) Abhängigkeitsvermutung — 34
         - aa) Mehrheitsbesitz — 34
         - bb) Widerlegung der Abhängigkeitsvermutung — 35
       - b) Konzernvermutung — 35
    5. „Konzern im Konzern"/Kettenorganschaft — 35
  - III. Gleichordnungskonzern — 36
  - IV. Wechselseitig beteiligte Unternehmen — 37
    1. Definition — 37
    2. Rechtsfolgen — 37

		C. Vertragskonzern und faktischer Konzern	38
		D. Europäische Entwicklungen	38
§ 2		Gesellschaftsrechtliche Fragen	39
	A.	Unternehmensverträge	39
		I. Typen und Merkmale von Unternehmensverträgen	39
		II. Beteiligte Rechtsträger	39
		1. Untergesellschaft	39
		2. Obergesellschaft	40
		3. Gesellschaftsrechtliche Verbundenheit	40
		4. Abgrenzungsprobleme	40
		III. Beherrschungsvertrag	42
		IV. Gewinnabführungsvertrag	42
		V. Sonstige Unternehmensverträge	43
		1. Geschäftsführungsvertrag	43
		2. Gleichordnungskonzernvertrag	43
		3. Gewinngemeinschaft	44
		4. Teilgewinnabführungsvertrag	44
		5. Betriebspacht- und Betriebsüberlassungsvertrag	44
		6. Betriebsführungsvertrag	45
		VI. Wirksamkeitsvoraussetzungen (Abschluss, Änderung, Beendigung)	45
		1. Vertragsschluss	45
		2. Gesellschafterversammlung	45
		3. Anmeldung zum Handelsregister	47
		4. Änderung	47
		5. Beendigung	48
		a) Aufhebungsvertrag	48
		b) Kündigung	49
		6. Unwirksame durchgeführte Verträge	49
		VII. Rechtsfolgen	50
		1. Anwendungsbereich	50
		2. Vermögensbindung bzw. Kapitalerhaltung	50
		3. Ausgleichspflicht gegenüber der Gesellschaft (§ 302 AktG)	51
		a) Verwendung von Gewinnrücklagen	51
		b) Berechnung	52
		c) Fälligkeit	52
		d) Verzinsung	53
		e) Verzicht bzw. Verjährung	53
		4. Gläubigerschutz nach Vertragsbeendigung, § 303 AktG	53
		5. Ausgleich für Minderheitsaktionäre, § 304 AktG	54
		a) Fester Ausgleich	55
		b) Variabler Ausgleich	56
		c) Rechtsfolgen eines unangemessenen Ausgleichs	56
		6. Abfindung der Minderheitsaktionäre, § 305 AktG	56
		a) Anspruchsinhaber	57
		b) Höhe der Abfindung	57

		c) Befristung		58
		d) Spruchverfahren		58
	7.	Vertragsbeendigung im Fall des Beitritts und zur Sicherung außenstehender Gesellschafter, § 307 AktG		58

B. Leitung und Haftung 59
I. Geschäftsleitung 59
1. Grundlegendes 59
2. Vorstand der Obergesellschaft 60
   a) Die Leitungsverpflichtung des Vorstands gegenüber der herrschenden Gesellschaft 60
   b) Die Leitungsverpflichtung des Vorstands gegenüber der abhängigen Gesellschaft 61
3. Vorstand der Untergesellschaft 61
   a) Vertragskonzern bzw. eingegliederte Gesellschaft 61
   b) Faktischer Konzern 61
II. Mitbestimmung 62
III. Haftung im faktischen Konzern 63
1. Möglichkeit und Grenzen der Nachteilszufügung 64
   a) Nachteil 64
   b) Veranlassung 65
   c) Nachteilsausgleich 65
   d) Möglichkeiten der Einflussnahme 65
2. Schadensersatz bei fehlendem Nachteilsausgleich 66
   a) Nachteil ohne Ausgleich 66
   b) Schaden 66
   c) Verjährung 67
   d) Mithaftung der Geschäftsleitung 67
3. Abhängigkeitsbericht 68
   a) Anwendungsbereich 68
   b) Inhalt des Berichts 69
   c) Prüfung des Abschlussprüfers 69
   d) Prüfung des Aufsichtsrats 69
   e) Sonderprüfung 70
4. Faktischer GmbH-Konzern 70
   a) Grundlagen 70
   b) Beteiligungsrechte 70
   c) Ansprüche der abhängigen Gesellschaft 71
   d) Ansprüche der Gläubiger? 72
IV. Insolvenz und Existenzvernichtung 72
1. Insolvenz 72
2. Haftung wegen Existenzvernichtung bzw. -gefährdung 72
   a) Qualifiziert faktischer Konzern 72
   b) Existenzvernichtungshaftung 73
      aa) Pflichtwidrig/Missbräuchlich 73
      bb) Eingriff 74
      cc) Existenzvernichtung 74

			dd) Verschulden	74
			ee) Anspruchskonkurrenz mit § 30 ff. GmbHG	75
			ff) Adressat	75
			gg) Rechtsfolgen	75
			hh) Anspruchsberechtigung	75
			ii) Anwendung auf die AG	76
		c)	Grundlagen für die Durchgriffshaftung	76

C. Strukturmaßnahmen 76
I. Eingliederung 76
1. Eingliederung (anhand § 319 AktG) 77
   a) Rechtsform und Sitz 77
   b) Eigentum aller Aktien 77
   c) Eingliederungsbeschlüsse und Eingliederungsbericht 77
   d) Handelsregisteranmeldung und Registersperre 78
   e) Gläubigerschutz und Verlustübernahme 79
   f) Beendigung der Eingliederung und Nachhaftung 80
2. Eingliederung nach § 320 AktG 80
   a) Abweichende Voraussetzungen zur Eingliederung nach § 319 AktG 81
   b) Zusätzlich Voraussetzungen zur Eingliederung nach § 319 AktG 81

II. Squeeze-out 81
1. Squeeze-out nach Aktienrecht 81
   a) Voraussetzungen 82
      aa) Hauptaktionär 82
      bb) Wertpapierleihe 82
      cc) Andere schuldrechtliche Zurechnungsverträge 83
      dd) Antrag („Verlangen") und Einberufen der Hauptversammlung 83
      ee) Barabfindung 84
      ff) Gewährleistung eines Kreditinstituts 85
      gg) Vorbereitung der Hauptversammlung 85
      hh) Beschlussfassung und Handelsregistereintragung 85
   b) Klage und Registerverfahren 86
   c) Gerichtliche Überprüfung der Höhe der Barabfindung 87
2. Squeeze-out nach Übernahmerecht 88
   a) Voraussetzungen 88
      aa) Übernahme- oder Pflichtangebot 88
      bb) Anforderungen an den Bieter 88
      cc) Abfindung 89
      dd) Vermutung der Angemessenheit der Abfindung 89
      ee) Ausschlussverfahren und Gerichtsbeschluss 90
   b) Wahl der richtigen Verfahrensart 90

III. Verschmelzung 91
1. Beteiligte Rechtsträger 92
2. Die Durchführung der Verschmelzung 92
   a) Allgemein 92
   b) Arbeitnehmerbeteiligung 93
   c) Registeranmeldung 94

		3. Gläubigerschutz	95
		4. Klage und Registerverfahren	95
	IV.	**Formwechsel und Delisting**	96
		1. Formwechsel	96
		2. Delisting	96
§ 3	**Rechnungslegung**		98
	A.	HGB-Konzernabschluss	98
	B.	IFRS-Konzernabschluss	101
§ 4	**Steuer- und Finanzfragen**		102
	A.	Allgemeines	102
	B.	Besteuerung des Beteiligungskonzerns	104
		I. Grundsätze der Ertragsbesteuerung von Konzernen	104
		II. Beteiligungserträge und Beteiligungsaufwendungen	105
		1. Natürliche Person als Anteilseigner	105
		a) Beteiligungserträge	105
		b) Beteiligungsaufwendungen	107
		2. Juristische Person als Anteilseigner	107
		a) Beteiligungserträge	107
		b) Beteiligungsaufwendungen	108
		aa) Bis VZ 2003	108
		bb) Ab VZ 2004	109
		cc) Übersicht zur steuerlichen Abzugsfähigkeit von Beteiligungsaufwendungen	109
		III. Gestaltung durch erhöhte Fremdfinanzierung	109
		1. Problem: Abschreibungen auf Gesellschafter-Darlehen gem. § 8b Abs. 3 KStG	109
		2. Problem: Gesellschafter-Fremdfinanzierung gem. § 8a KStG	111
		3. Problem: Zinsschranke gem. § 8a KStG-UntStRef2008	113
		IV. **Anteilsveräußerungen im Konzern**	115
		V. Gestaltungen	116
		1. Die Bedeutung der Organschaft als Gestaltungsinstrument	116
		a) Gewinn- und Verlustverrechnung im Konzern	118
		b) Keine verdeckte Gewinnausschüttungen im Konzern	118
		c) Effektiver Zinsabzug von Akquisitionsdarlehen	119
		d) Kein steuerwirksamer Step-Up bei Akquisitionen	119
		e) Organschaft über die Grenze	120
		f) Vermeidung von Dauerschuldzinsen	120
		g) Vereinfachung der Umsatzsteuer-Compliance	121
		h) Entbehrlichkeit einer geschäftsleitenden Holdinggesellschaft	121
		i) Keine Bedeutung für die Grunderwerbsteuer	122
		2. Verschmelzung	123
		a) Debt-Push-Down	124
		b) Steuerneutrale Übertragung von Einkunftsquellen zur Vermeidung von Verlustgesellschaften	126
		c) Die Grunderwerbsteuer	126

3. Formwechsel — 126
   a) Vorbereitung einer steuerfreien Beteiligungsveräußerung im Konzern — 128
   b) Begründung einer gewerbe- und umsatzsteuerlichen Organschaft — 129
   c) Die Grunderwerbsteuer — 130
   d) Verlustnutzung auch ohne Organschaft — 132
   e) Auszahlungen ohne Kapitalertragsteuer — 132
   f) Größere Variabilität der Personengesellschaft bei der Gewinnverteilung — 133
   g) Publizität — 134
   h) Die Grunderwerbsteuer — 134
4. Einbringung in Personengesellschaft — 134
   a) Steuerneutrale Übertragung von einzelnen Wirtschaftsgütern unter Kapitalgesellschaften — 135
   b) Steuerneutrale Übertragung von Betrieben, Teilbetrieben und Mitunternehmeranteilen unter Kapitalgesellschaften — 136
5. Einbringung in Kapitalgesellschaft — 136
   a) Steuerbefreite Veräußerung von Betrieben, Teilbetrieben und Mitunternehmeranteilen — 139
   b) Steuerbefreite Veräußerung von Wirtschaftsgütern — 139
   c) Grunderwerbsteuer — 140
6. Einbringung in ausländische Holding — 140
   a) Der Outbound-Fall — 140
      aa) Vermeidung der Schachtelstrafe — 141
      bb) Verlustnutzung — 141
      cc) Treaty-Shopping — 143
   b) Der Inbound-Fall — 144
      aa) Treaty-Shopping — 145
      bb) FinCo — 146
   c) Der Verlagerungs-Fall — 147
      aa) Finanzierungs-Holding Company — 147
      bb) Verlagerungs-Foreign Holding Co. — 148

C. Besonderheiten bei der Besteuerung des Organschaftskonzerns — 149
I. Grundsätzliches — 149
1. Geschichtliche Entwicklung — 149
2. Verhältnis der Organschaft in den einzelnen Rechtsgebieten zueinander — 150

II. Die körperschaftsteuerliche Organschaft — 151
1. Vor- und Nachteile — 151
2. Tatbestandsmerkmale — 152
   a) Grundsätzliches — 152
   b) Die Organgesellschaft — 152
   c) Versicherungsunternehmen als Organgesellschaften (§ 14 Abs. 2 KStG) — 153
   d) Der Organträger — 154
   e) Sonderproblem Mehrmütterorganschaft — 154

		f)	Der Eingliederungstatbestand gemäß § 14 Abs. 1 Nr. 1 KStG	155
		g)	Der Gewinnabführungsvertrag	157
			aa) Allgemeines	157
			bb) Zivilrechtliche Anforderungen	158
			cc) Besonderheiten bei einer GmbH als Organgesellschaft	158
			dd) Die zusätzlichen steuerlichen Anforderungen gemäß § 17 Nr. 1 und Nr. 2 KStG	159
			ee) Zeitpunkt der steuerlichen Berücksichtigungsfähigkeit des Vertrages	160
			ff) Mindestlaufzeit des Gewinnabführungsvertrages	160
			gg) Tatsächliche Durchführung des Vertrages	161
		h)	§ 14 Abs. 1 S. 1 Nr. 4 KStG Begrenzung der Rücklagenbildung	162
	3.	Die Rechtsfolgen des § 14 KStG		162
	4.	Einkommensermittlung bei der Organgesellschaft		162
	5.	Die Haftung der Organgesellschaft gemäß § 73 AO		163
	6.	Verunglückte Organschaft		164
	7.	Die Regelung des § 14 Abs. 1 Nr. 5 KStG		164
	8.	Mehr- und Minderabführungen (§ 14 Abs. 3 KStG)		164
	9.	Behandlung von Ausgleichszahlungen (§ 16 KStG)		166
	10.	Organschaft über die Grenze		166
		a)	Ausländische Organträger gemäß § 18 KStG	166
		b)	Die Bedeutung der Entscheidung in der Sache Marks & Spencer	167
	11.	Die Anwendung von Tarifvorschriften (§ 19 KStG)		167
III.	**Die gewerbesteuerliche Organschaft**			168
	1.	Die Bedeutung der gewerbesteuerlichen Organschaft		168
	2.	Die Tatbestandsmerkmale der gewerbesteuerlichen Organschaft		168
	3.	Die Rechtsfolgen der gewerbesteuerlichen Organschaft		169
IV.	**Die umsatzsteuerliche Organschaft gemäß § 2 Abs. 2 Nr. 2 UStG**			170
	1.	Die Bedeutung der umsatzsteuerlichen Organschaft		170
	2.	Die Tatbestandsmerkmale		170
		a)	Die Beteiligten	170
		b)	Der Eingliederungstatbestand	171
			aa) Allgemeines	171
			bb) Die finanzielle Eingliederung	171
			cc) Die wirtschaftliche Eingliederung	172
			dd) Die organisatorische Eingliederung	172
			ee) Die Beurteilung nach dem Gesamtbild der tatsächlichen Verhältnisse	173
	3.	Die Rechtsfolgen der umsatzsteuerlichen Organschaft		173
D. **Konzerninterner Liefer- und Leistungsverkehr**				174
E. **Grunderwerbsteuer und Umsatzsteuer als Steuerfalle im Konzern**				175
I.	**Grunderwerbsteuer**			175
	1.	Grundsätzliches		175
	2.	Grunderwerbsteuer gemäß § 1 Abs. 2 GrEStG		175
	3.	Die Anteilsvereinigung nach §1 Abs. 3 GrEStG		175
	4.	Anteilsvereinigung im Organkreis		177

			5. Sonderproblem Anteilsverschiebungen im Organkreis	178
			6. Gesellschafterwechsel bei Personengesellschaften gemäß § 1 Abs. 2 a GrEStG	179
		II.	Umsatzsteuer	181
			1. Grundsätzliches	181
			2. Die Unternehmereigenschaft	181
			3. Anwendung der Sphärentheorie	182
	F.	Steuerpolitik im Unternehmen		182
		I.	Verlustverwertungsstrategien	182
			1. Verlustverrechnung	182
			a) Außerhalb des Organkreises	182
			b) Innerhalb des Organkreises	183
			2. Gestaltungsmöglichkeiten zur Ergebnisverlagerung	183
			3. Abzugsfähigkeit von Verlusten aus Beteiligungsgesellschaften	185
			4. Verlustvorträge	186
		II.	Ausschüttungspolitik	187
		III.	Finanzierungspolitik	187
		IV.	Konzernsteuerquote	188
	G.	Ausblick		188
		I.	Überlegungen zur Gruppenbesteuerung	188
		II.	Gemeinsam konsolidierte Steuerbemessungsgrundlagen in der EU	189
§ 5	Anhang: Mustervertrag			191
	A. Beherrschungs- und Gewinnabführungsvertrag			191
Stichwortverzeichnis				199

Abkürzungsverzeichnis

a.A.	Anderer Ansicht
a.E.	am Ende
a.F.	alte Fassung
aaO	am angegebenen Ort
Abl.EG	Amtsblatt der Europäischen Gemeinschaft
Abschn.	Abschnitt
AfA	Absetzung für Abnutzung
AG	Die AG (Zeitschrift)
AktG	Aktiengesetz
Allg.	Allgemein/e
Alt.	Alternativ/e
Anm.	Anmerkung
AO	Abgabenordnung
AP	Arbeitsrechtliche Praxis (Zeitschrift)
AStG	Gesetz über die Besteuerung bei Auslandsbeziehungen (Außensteuergesetz)
Aufl.	Auflage
BAG	Bundesarbeitsgericht
BayOLG	Bayerisches Oberlandesgericht
BB	Betriebsberater (Zeitschrift)
BetrVG	Betriebsverfassungsgesetz
BewG	Bewertungsgesetz
BFH	Bundesfinanzhof
BFHE	Sammlung der Entscheidungen des Bundesfinanzhofs
BFH/NV	Sammlung amtlich nicht veröffentlichter Entscheidungen des BFH
BGB	Bürgerliches Gesetzbuch
BGBL	Bundesgesetzblatt
BGH	Bundesgerichtshof
BGH DStr	Bundesgerichtshof Drucksache
BGHZ	Sammlung der Entscheidungen des Bundesgerichtshofs in Zivilsachen
BMF	BundesministerIUM der Finanzen
BR-Drs.	Bundesrats-Drucksache
BStBl	Bundessteuerblatt
BT-Drs.	Bundestags-Drucksache
BVerfG	Bundesverfassungsgericht
BVerfGE	Entscheidung des Bundesverfassungsgericht
DB	Der Betrieb (Zeitschrift)
DBA	Doppelbesteuerungsabkommen
DrittelBG	Gesetz über die Drittbeteiligung der Arbeitnehmer im Aufsichtsrat
DStR	Deutsches Steuerrecht (Zeitschrift)

Abkürzungsverzeichnis

EBITDA	Gewinn vor Zinsen, Steuern und Abschreibung
EBRG	Europäisches Betriebsrätegesetz
EFG	Entscheidungen der Finanzgerichte
EK	Eigenkapital
ErbStG	Erbschaftsteuer- und Schenkungssteuergesetz
Erg.-Lfg.	Ergänzungs-Lieferung
EStDV	Einkommensteuer-Durchführungsverordnung
EStG	Einkommensteuergesetz
EStR	Einkommensteuer-Richtlinien
EWG	Europäische Wirtschaftsgemeinschaft
FG	Finanzgericht
FGG	Freiwillige Gerichtsbarkeit
FinMin	Finanzministerium
Fn.	Fußnote
FR	Finanz-Rundschau für Einkommensteuer mit Körperschaftsteuer und Gewerbesteuer (Zeitschrift)
GbR	Gesellschaft bürgerlichen Rechts
GewSt	Gewerbesteuer
GewStG	Gewerbesteuergesetz
GewStR	Gewerbesteuer-Richtlinien
GG	Grundgesetz
GmbH	Gesellschaft mit beschränkter Haftung
GmbHG	Gesetz betreffend die Gesellschaften mit beschränkter Haftung
GmbHR	GmbH-Rundschau (Zeitschrift)
GoB	Grundsätze ordnungsmäßiger Buchführung
Großkomm. AktG	Großkommentar Aktiengesetz
HGB	Handelsgesetzbuch
Hüffer	Hüffer Aktiengesetz
IFRS	International Financial Reporting Standards
i.V.m.	in Verbindung mit
i.S.(d.)	im Sinne (des)
i.S.v.	im Sinne von
insbes	Insbesondere
IStR	Internationales Steuerrecht
JStG	Jahressteuergesetz

Abkürzungsverzeichnis

KapErtSt	Kapitalertragssteuer
KfzSt	Kraftfahrzeugsteuer
KG	Kommanditgesellschaft
KGaA	Kommanditgesellschaft auf Aktien
KiSt	Kirchensteuer
KJ	Kalenderjahr
Kölner Komm	Kölner Kommentar
KSt	Körperschaftsteuer
KStG	Körperschaftsteuergesetz
KStR	Körperschaftsteuer-Richtlinien
LG	Landgericht
LAG	Landesarbeitsgericht
Lifo	Last-in-first-out (Bewertungsmethode)
LStR	Lohnsteuer-Richtlinien
Mio.	Millionen
MitbestG	Mitbestimmungsgesetz
Mrd.	Milliarde(n)
MüHdb	Münchener Handbuch
MüKo	Münchener Kommentar
mwN	mit weiteren Nachweisen
NRW	Nordrhein-Westfalen
NJW	Neue Juristische Wochenschrift (Zeitschrift)
NJW-RR	Neue Juristische Wochenschrift – Rechtsprechungsreport
NJOZ	Neue Juristische Online Zeitschrift
NZA	Neue Zeitschrift für Arbeitsrecht
NZG	Neue Zeitschrift für Gesellschaft
OECD-MA	OECD-Musterabkommen zur Vermeidung von Doppelbesteuerung
OFD	Oberfinanzdirektion
OFH	Oberster Finanzgerichtshof
OHG	Offene Handelsgesellschaft
RFH	Reichsfinanzhof
rkr.	Rechtskräftig
Rn.	Randnummer
RStBl	Reichssteuerblatt
S.	Siehe
Schr.v.	Schreiben vom

Abkürzungsverzeichnis

SEStEG	Gesetz über steuerliche Begleitmaßnahmen zur Einführung der Europäischen Gesellschaft und zur Änderung weiterer steuerlicher Vorschriften
SGB	Sozialgesetzbuch
sog.	So genannte
SolZ	Solidaritätszuschlag
SpruchG	Gesetz über das gesellschaftsrechtliche Spruchverfahren
StRK	Steuerrecht in Karteiform
StSenkG	Steuersenkungsgesetz
StuW	Steuer und Wirtschaft (Zeitschrift)
u.Ä.	und Ähnliches
UntStRefG2008	Unternehmenssteuerreformgesetz 2008
UmwStG	Umwandlungssteuergesetz
Urt.	Urteil
UStG	Umsatzsteuergesetz
UStR	Umsatzsteuer-Richtlinien
v.a.	vor allem
vEK	verwendbares Eigenkapital
vgl.	vergleiche
Vorbem.	Vorbemerkung
VZ	Veranlagungszeitraum
Wpg.	Die Wirtschaftsprüfung (Zeitschrift)
WpÜG	Wertpapiererwerbs- und Übernahmegesetz
WuW	Wirtschaft und Wettbewerb (Zeitschrift)
z.T.	zum Teil
ZIP	Zeitschrift für Wirtschaftsrecht
zzgl.	zuzüglich

Literaturverzeichnis

Bearbeiter in: Aktienkonzernrecht	*Emmerich/Habersack,* Aktien- und GmbH-Konzernrecht, 4. Auflage, München, 2005
Bearbeiter in: *Baumbach/Hueck*	*Baumbach/Hueck* (Hg.) GmbH-Gesetz, München 2006
Becker	*Becker,* Die gerichtliche Kontrolle von Maßnahmen bei der Verschmelzung von Aktiengesellschaften in: AG 1988, S. 223 ff.
Bearbeiter in: Beck'sches Hdbuch AG	*Müller/Rödder* in Becksches Handbuch der AG
Behrens/Meyer-Wirges	Anmerkungen zum koordinierten Ländererlass vom 21.3.2007 zur grunderwerbsteuerlichen Organschaft, DStG 2007, S. 1290 ff.
Bearbeiter in: *Blümich*, KStG	*Blümich,* Körperschaftssteuergesetz, 93. Auflage
Breuninger/Schade	*Breuninger/Schade,* Fremdfinanzierter konzerninterner Beteiligungserwerb, DStR 2007, S. 221 ff.
Buchna/Sombrowski	*Buchna/Sombrowski,* Aufwendungen mit Eigenkapitalersatzcharakter als nicht zu berücksichtigende Gewinnminderungen nach § 8b Abs. 3 KStG n.F, DB 2004, S. 1956 ff.
Buchna/Sombrowski	*Buchna/Sombrowski,* Nochmals zu Aufwendungen mit Eigenkapitalersatzcharakter als nicht zu berücksichtigende Gewinnminderungen nach § 8b Abs. 3 KStG n.F, DB 2005, S. 1539 ff.
Buntschek	*Buntschek,* Der Gleichordnungskonzern – ein illegales Kartell? in WuW, Heft 4, 2004, S. 374 ff.
Cahn/Simon	*Cahn/Simon,* Isolierte Gewinnabführungsverträge, Konzern 2003, 1 ff.
Dampf	*Dampf,* Die Gewährung von upstream-Sicherheiten im Konzern, Konzern 2007, 157 ff
Dötsch/Pung	*Dötsch/Pung,* Die Änderungen des KStG und des GewStG, in: DB 2007, S. 11 ff.
Dötsch/Pung	*Dötsch/Pung,* § 8b Abs. 1–6 KStG: Das Einführungsschreiben des Bundesfinanzministeriums, DB 2003, S. 1016 ff.
Dötsch/Pung	Die Neuerungen bei der Körperschaftsteuer und bei der Gewerbesteuer durch das Steuergesetzgebungspaket vom Dezember 2003 – Teil I: Die Änderung insbes. des § 8a KStG, DB 2004, S. 91 ff.
Dötsch/Pung	*Dötsch/Pung,* Die Neuerungen bei der Körperschaftsteuer und bei der Gewerbesteuer durch das Steuergesetzgebungspaket vom Dezember 2003 – Teil II: Die Änderungen insbes. bei der Verlustnutzung und bei § 8b KStG, DB 2004, S. 151 ff.
Dötsch/Pung	*Dötsch/ Pung,* SEStEG: Die Änderungen des KStG, DB 2006, S. 2648 ff.

Literaturverzeichnis

Dötsch/Eversberg/Pung /Witt	Dötsch/Eversberg/Pung/Witt, Die Körperschaftssteuer, Loseblatt, Stuttgart 1986 ff.
Ekkenga/Weinbrenner/Schütz,	Ekkenga/Weinbrenner/Schütz, Einflusswege und Einflussfolgen im faktischen Unternehmensverbund – Ergebnis einer faktischen Untersuchen, Konzern 2005, 261 ff.
Fleischer	Fleischer, Finanzielle Unterstützung des Aktienerwerbs und Leveraged Buy-Out, AG 1996, 494 ff.
Fleischer	Fleischer, Konzernleitung und Leitungssorgfalt der Vorstandsmitglieder im Unternehmensverbund in DB, 2005, S. 759 ff.
Bearbeiter in: Großkommentar AktG	Assmann/Brändel/Windbichler/Röhricht/Schmidt/ Ehricke/ Priester, Großkommentar zum Aktiengesetz, Einleitung §§ 1–53, 4. Aufl., 2004
Gosch	KStG, München, 2005
Haas	Haas, Konzernrecht der Personengesellschaften, Regensburg, 2000
Hasselbach	Hasselbach, Das Andienungsrecht von Minderheitsaktionären nach der EU-Übernahmerichtlinie in ZGR, 2005, S. 387 ff.
Heidel/Lochner	Heidel/Lochner, Der übernahmerechtliche Squeeze-Out und Sell-Out gemäß §§ 39 a ff. WpÜG, Der Konzern, Heft 10, 2006, S. 653 ff.
Henze	Henze, Konzernrecht – Höchst- und obergerichtliche Rechtsprechung, 2001
Bearbeiter in: HHR	Hermann/Heuer/Raupach, Einkommensteuer- und Körperschaftsteuergesetz Loseblatt, Köln 1986 ff.
Hofmann	Hofmann, GrEStG, 8. Aufl., Herne/Berlin, 2004
Hommelhoff	Hommelhoff, Konzernleitungspflicht, 1982
Hüffer	Hüffer, Aktiengesetz, 7. Auflage, 2006
Jäger	Jäger, Aktiengesellschaft unter besonderer Berücksichtigung der KGaA. München 2004
Jurkat	Jurkat, Die Organschaft im Körperschaftssteuerrecht, Heidelberg 1975
Kallmeyer, UmwG	Kallmeyer, Umwandlungsgesetz, 3 Aufl. 2006
Kempf/Bandl	Kempf/Bandl, DB 2007
Kessler/Kroner/Köhler	Kessler/Kroner/Köhler, Konzernsteuerrecht, München 2004
Köhler	Köhler, Erste Gedanken zur Zinsschranke nach der Unternehmenssteuerreform, DStR 2007, S. 597 ff.
Bearbeiter in: Kölner Komm.	Clausen/Scherer, Kölner Kommentar Aktiengesetz und Handelsgesetzbuch, 2. Aufl., 2000 ff.
Bearbeiter in: Kölner Komm. AktG	Zöllner/Noack (Hrsg.), Kölner Kommentar zum Aktiengesetz, 3. Aufl., 2004
Bearbeiter in: Kölner Komm. – WpÜG	Hirte/Bülow (Hrsg.), Kölner Komm. zum WpÜG – Wertpapierübernahmegesetz, 1. Aufl., 2003

Kort	*Kort*, Gesellschaftsrechtliche und registerrechtliche Bestandsschutz, DStR 2004, 185 ff.
KPMG's	KPMG's Corporate and Indirect Tax Rate Survey 2007, erhältlich unter www.kpmg.de (http://www.kpmg.de/library/pdf/070625_KPMGsCorporate_and_Indirect_Tax_Rate_Survey07.pdf am 13.7.2007).
Krause	BB-Europareport: Die EU-Übernahmerichtlinie – Anpassungsbedarf im Wertpapiererwerbs- und Übernahmegesetz in: BB 2004, S. 113 ff.
Krieger	*Krieger*, Squeeze-Out nach neuem Recht: Überblick und Zweifelsfragen in BB 2002, S. 53 ff.
Liebscher	*Liebscher*, GmbH-Konzernrecht, 2006
Lutter	*Lutter*, Umwandlungsgesetz, 3. Aufl., 2004
Maul	*Maul*, Die EU-Übernahmerichtlinie – ausgewählte Fragen in NZG 2005, S. 151 ff.
Bearbeiter in: MüHdb. AG	*Krieger*, Münchner Handbuch des Gesellschaftsrechts, Aktiengesellschaft (Band 4), 2007
Bearbeiter in: AktG	*Kropff*, Aktiengesetz. Textausgabe des Aktiengesetzes vom 6.9.1965 mit Begründung des Regierungsentwurfes und Bericht des Rechtsausschusses des Deutschen Bundestages
Bearbeiter in: MüKo, AktG	*Kropff/Semler* (Hrsg.), MüKo AktG, Aufl., 2003, §§ 76–117 AktG
Bearbeiter in: MüKo, AktG	*Kropff/Semler* (Hrsg.), MüKo AktG, Band 8, 2. Aufl., 2000, §§ 278–328
Bearbeiter in: MüKo, AktG	*Kropff/Semler* (Hrsg.), MüKo AktG, 2. Aufl., 2000, §§ 1–53
Bearbeiter in: Müko InSO	*Kirchhof/Lwowski/Stürner* (Hg.), Münchener Kommentar zur Insolvenzordnung, München 2001 ff.
Mülbert	*Mülbert*, Umsetzungsfragen der Übernahmerichtlinie – erheblicher Änderungsbedarf bei den heutigen Vorschriften des WpÜG in NZG 2004, S. 633 ff.
Pache/Englert	*Pache/Englert*, Grenzüberschreitende Verlustverrechnung deutscher Konzernspitzen, IStR 2007, 47 ff.
Paschos/Goslar	*Paschos/Goslar*, Die Beendigung von Gewinnabführungsverträgen mit einer abhängigen GmbH während des (laufenden) Geschäftsjahres, Konzern 2006, 479 ff.
Piltz	*Piltz*, Urteilssammlung, DStR 2005, S. 173 ff.
Pluskat	*Pluskat*, Auswirkungen der Teilveräußerung an einer abhängigen GmbH auf den Unternehmensvertrag – zur analogen Anwendung des § 307 AktG, Konzern 2004, 525 ff.
Rädler	*Rädler*, Die geplante Unternehmenssteuer-reform – Wirkungen bei Aktiengesellschaft, GmbH und Aktionär, DB 2006, S. 1695 ff.
Rödder/Wochinger	*Rödder/Wochinger*, DStR, 2006, S. 684
Roth	*Roth*, Die Berechnung der Garantiedividende von Vorzugsaktien im Rahmen von Unternehmensverträgen. Konzern 2005, 685 ff.

Rubner	*Rubner*, Der Privataktionär als Partei eines Beherrschungsvertrags, Konzern 2003, 735 ff.
Rühland	*Rühland*, Der übernahmerechtliche Squeeze-Out im Regierungsentwurf des Über-nahmerichtlinie-Umsetzungsgesetzes in NZG 2006, S. 401 ff.
Saß	*Saß*, Zur Begrenzung der nationalen Ausgestaltung der Körperschaftsteuersysteme durch den EuGH, DB 2007, S. 1327 ff.
Schaber/Hertstein	*Schaber/Hertstein*, Rückwirkung eines Gewinnabführungsvertrags aus gesellschaftsrechtlicher und handelsbilanzieller Sicht, Konzern 2004, 6 ff.
Schaumburg	*Schaumburg*, Internationales Steuerrecht, 2. Aufl. 2006
Bearbeiter in: Schmidt EStG	*Schmidt*, Einkommensteuergesetz, 26. Aufl. 2007
Schmidt	*Schmidt*, Schadensersatz nach § 327e Abs. 2 i.V.m. § 319 Abs. 6 Satz 6 AktG im Wege der Naturalrestitution beim fehlerhaften Squeeze-out? AG 2004, S. 299 ff.
Schmidt/Müller/Stöcker	*Schmidt/Müller/Stöcker*, Die Organschaft, 6. Aufl. Berlin 2003
Scholz, GmbH-Gesetz	*Scholz*, Kommentar zum GmbH-Gesetz, Band 1, 10. Aufl. Köln 2006
Bearbeiter in: Semler, UmWG	*Simon* in Semler/Stengel, Umwandlungsgesetz, 2003
Simon	*Simon*, Entwicklungen im WpÜG in Der Konzern, Heft 1, 2006, S. 12–17
Simon	*Simon*, Der Konzern, 2006, S. 12 ff.
Wackerbarth	*Wackerbarth*, Die Abschaffung des Konzernrechts, Konzern 2005, 562 ff.
Wagner	*Wagner*, Ungeschriebene Kompetenzen der Hauptversammlung, 2007
Thomas/Meissner	*Thomas/Meissner*, Strukturüberlegungen zur Akquisitionsfinanzierung unter dem Regime des § 8a KStG in: BB 2007, S. 801 ff.
Töben/Fischer	*Töben/Fischer*, Die Zinsschranke – Regelungskonzept und offene Fragen, BB 2007, S. 974 ff.

Bearbeiterverzeichnis

Dr. Klaus Herkenroth	§ 3; § 4 B. V., D, E
Dr. Oliver Hein	§ 1; § 2 A., B. III., IV; § 5
Dr. Alexander Labermeier	§ 4 A, B. I.–IV., G II
Dr. Sven Pache	§ 4 C, D, E, G I, II
Dr. Andreas Striegel	§ 3; § 4 B. V., D, E
Dr. Matthias Wiedenfels	§ 1; § 2 B I, II, C

§ 1 Grundlagen des Konzerns

A. Einleitung

I. Überblick

Konzerne spielen für das Wirtschaftsleben eine überragende Rolle. In nahezu allen marktwirtschaftlich orientierten Volkswirtschaften nehmen Unternehmenszusammenschlüsse zu. Dies ist auch in Deutschland deutlich zu beobachten. Vor dem Hintergrund erhöhten Wettbewerbsdrucks gelten größere Unternehmen und Unternehmenseinheiten eher als konkurrenzfähig als kleine einzelne Unternehmen.

Auch das Steuerrecht begünstigt die Bildung von Konzernen. Insbesondere international tätige Unternehmensgruppen werden bemüht sein, die steuerlichen Gestaltungsspielräume und Vorteile des jeweiligen nationalen Steuerrechts optimal zu nutzen. In Deutschland ist die Möglichkeit der steuerlichen Organschaft nicht alleinige, aber häufig ausschlaggebende Ursache für die Bildung von Konzernverhältnissen. Damit hat das Steuerrecht große praktische Bedeutung für die Bildung von Konzernen. Dies zeigt sich schon daran, dass auch immer mehr GmbH-Vertragskonzerne entstehen. Ohne das Privileg der steuerlichen Organschaft gäbe es für eine GmbH aber kaum einen nachvollziehbaren Grund, neben der ohnehin bestehenden Dominanz des Mehrheitsgesellschafters noch einen zusätzlichen Unternehmensvertrag abzuschließen.

Da die steuerliche Wirksamkeit des Konzerns die Existenz gesellschaftsrechtlich wirksamer Unternehmensverträge voraussetzt, kommt eine Betrachtung zum Konzernsteuerrecht nicht ohne eine Darstellung der wesentlichen gesellschaftsrechtlichen Rahmenbedingungen aus. Insoweit folgt das Steuerrecht dem Gesellschaftsrecht. Aus diesem Grund folgt auch der Aufbau dieses Handbuchs der Logik, dass der Darstellung der Konzernbesteuerung eine Darstellung der gesellschaftsrechtlichen Grundlagen vorauszugehen hat. Dabei wird nach einer kurzen Schilderung der Funktionsmerkmale und gesetzlichen Wertungen des so genannten Konzernrechts vor allem auf die Unterscheidung in Beteiligungskonzerne und Vertragskonzerne einzugehen sein. Die Wirksamkeitsvoraussetzungen und Rechtsfolgen der verschiedenen Unternehmensverträge sind ebenso Teil der Darstellung wie Rechte und Pflichten der Konzernspitze (insbesondere „Konzernleitungspflicht") und die gesellschaftsrechtlichen Formen der Konzernbildung (Eingliederung, Ausschluss von Minderheitsaktionären, Verschmelzung, Umwandlung). In einem dritten Kapitel soll dem Anwender ein kurzer Überblick über die Konzernrechnungslegung vermittelt werden, während der Hauptteil des Buches der Besteuerung von Konzernen inklusive der Frage nach Gestaltungsspielräumen und der Besonderheit der Organschaft gewidmet ist. Zusätzliche Informationen werden zur praxisrelevanten Frage des konzerninternen Lieferungs- und Leistungsverkehrs erbracht sowie zur in der Praxis nicht zu unterschätzenden Rolle der Grunderwerbssteuer und Umsatzsteuer als Steuerfalle. Abschließen wird der Ratgeber mit Gestaltungshinweisen zur Steuerpolitik im Unternehmen, insbesondere zu Verlustverwertungsstrategien und mit Überlegungen zur Gruppenbesteuerung und konsolidierten Steuerbemessungsgrundlage in der EU.

Im Anhang schließlich wird ein kommentiertes Muster eines Beherrschungs- und Gewinnabführungsvertrags zur Verfügung gestellt.

II. Funktionen und Wertungen des Konzernrechts

Der Begriff „Konzern" bzw. Verweisungen auf §§ 15–18 AktG finden sich in einer unübersichtlich großen Zahl von gesetzlichen Vorschriften im Gesellschaftsrecht, Umwandlungsrecht, Arbeitsrecht, Wettbewerbs- und Kartellrecht, Kapitalmarkrecht und verstreuten Vorschriften des weiteren öffentlichen Rechts.[1] Der Gesetzgeber hat mit der Verwendung des Konzernbegriffs bzw. der Verweisung auf §§ 15–18 AktG keinen absolut einheitlichen und rechtsgebietsübergreifenden Zweck verfolgt.

4 Dementsprechend erscheint es wenig sinnvoll, aus dem Begriff „Konzern" bestimmte dogmatische Folgerungen ableiten zu wollen. Ungeachtet der Einheit der Rechtsordnung unter dem Grundgesetz liegen jedem Rechtsgebiet unterscheidbare Wertungen bzw. Funktionen zugrunde, die unterschiedliche Auslegungen des Konzernbegriffs erfordern.[2] Für Zwecke der vorliegenden konzernsteuerrechtlichen Untersuchung ist neben der konzerneinheitlichen Rechnungslegung der Minderheiten- und Gläubigerschutz hervorzuheben.

III. Minderheitenschutz

5 Der Gesetzgeber unterstellt grundsätzlich, dass die Mitglieder eines Verbands ihre Interessen so zur Geltung oder zum Ausgleich bringen, dass sie ihrerseits nicht mehr geschützt werden müssen. Jedes Mitglied kann, auch wenn es in der Minderheit ist, seine Meinung kundtun und mit abstimmen. Wird es überstimmt, hat es die Wahl bzw. die Pflicht, gegen Abfindung auszuscheiden (a) oder im Unternehmensinteresse loyal zu bleiben (b).

1. Vermögensrechte der Minderheitsgesellschafter

6 Für Minderheitsaktionäre sinkt der Wert ihrer Beteiligung, wenn die Gewinne in der Gesellschaft aufgrund ihrer Konzernzugehörigkeit niedriger oder ganz ausfallen. Als Schutzinstrumente sieht § 317 AktG bei faktischen Konzernen einen Schadensersatzanspruch vor. § 304 AktG berechtigt – bei Vertragskonzernen – die Minderheitsaktionäre zu einem Ausgleich in der Höhe, der sich als Gewinn ergeben hätte, wenn die Gesellschaft nicht konzernabhängig wäre. Da die Berechnung dieses Ausgleichs mit tatsächlichen Schwierigkeiten behaftet und bei Weisungsrechten aufgrund eines Beherrschungsvertrags keinen angemessenen Schutz darstellt, kann der Minderheitsaktionär auch gegen Abfindung aus der Gesellschaft ausscheiden, § 305 AktG. Umstritten ist, ob auch den Gesellschaftern der abhängigen GmbH ein Anspruch auf Ausscheiden gegen volle Abfindung zusteht, wenn ihnen ein weiteres Verbleiben nicht zuzumuten ist. Dies ist nach unserer Ansicht aus der Treuepflicht in der GmbH abzuleiten und (nur) als *ultima ratio* unter strengen Voraussetzungen zu bejahen.[3]

---

[1] Vgl. die seitenlange Auflistung bei Windbichler in: Großkomm. AktG, § 18, Rn. 8–14 mit Stand 01. Juli 1998, wobei steuerrechtliche Vorschriften hier noch nicht einmal berücksichtigt sind.
[2] Beispielsweise regeln § 5 Mitbestimmungsgesetz, § 2 Drittelbeteiligungsgesetz, § 6 f. Europäisches Betriebsrätegesetz (vgl.), §§ 54 ff. Betriebsverfassungsgesetz, wann und wie Arbeitnehmer von verbundenen Unternehmen für Zwecke der Bildung von Vertretungsorganen zusammenzuzählen sind. Dies wird von den Arbeitsgerichten eigenständig ausgelegt. (BAG, NZA, 2004, 863, 868).
[3] *Emmerich* in: Scholz GmbH-Gesetz, Anh. zu § 13, Rn. 84 a.E.; *Liebscher*, Rn. 336.

A. Einleitung

2. Beteiligungsrechte

Im Unterschied zu Minderheitsaktionären einer abhängigen AG können Minderheitsgesellschafter einer Personengesellschaft und (wohl auch) einer GmbH die Wirksamkeit eines Vertragskonzerns verhindern, indem sie ihre Zustimmung verweigern (siehe unten § 2 B. VI). Dagegen können Minderheitsgesellschafter – ungeachtet der Rechtsform der abhängigen Gesellschaft – die Entstehung eines faktischen Konzerns nicht blockieren.

Um sich gegen missbräuchliche Ausübung der Mehrheitsmacht zu wenden, sind Gesellschafter einer Personengesellschaft und GmbH im Wesentlichen auf Klagen wegen Verletzung der Treuepflicht verwiesen. Für die Minderheitsaktionäre einer AG sieht das Aktiengesetz neben den allgemeinen Anfechtungsrechten gemäß §§ 243 ff. AktG Rechte auf Sonderprüfung gemäß § 315 Abs. 2 i.V.m. § 142 Abs 2 AktG sowie auf Zustimmungsverweigerung bei Verzichts- bzw. Vergleichsvorschlägen hinsichtlich Schadensersatzansprüchen der Gesellschaft gemäß § 309 Abs. 3 Satz 1 AktG vor.

IV. Gläubigerschutz

Das Gesellschaftsrecht unterstellt grundsätzlich, dass Unternehmen an ihrem langfristigen Überleben interessiert sind. Dazu ist es ausreichend – so die weitere Annahme –, dass die Geschäftsleitung gemäß § 93 AktG, § 35 GmbHG angehalten wird, im Interesse des Unternehmens zu handeln und das Unternehmensinteresse Eigen- und Drittinteressen vorzuziehen. Im Konzern werden die Interessen der Gesellschaft jedoch durch die Interessen der Muttergesellschaft bzw. des Konzerns überlagert. Aus diesem Grund sehen §§ 300 ff. AktG sowie § 30 GmbHG Vorschriften zum Schutz der Gesellschaft und deren Gläubiger vor. Aktiengesetz und GmbHG haben den Gläubigerschutz mittelbar ausgestaltet. Das heißt: Gläubiger haben grundsätzlich Ansprüche nur gegen diejenige Konzerngesellschaft, mit der sie kontrahiert haben; dagegen haben sie – abgesehen von den Ausnahmeregelungen der § 309 Abs. 4 Satz 3, § 318 Abs 4 AktG – keine unmittelbaren Ansprüche auf Zahlung eines Ausgleichs gegen andere Konzerngesellschaften.

V. Einheitliche Konzernrechnungslegung

Der Konzernabschluss nach § 290 HGB i.V.m. § 171 AktG soll Gesellschafter und Geschäftspartner zutreffend über die Vermögens-, Finanz- und Ertragslage des Konzerns informieren. Der Einzelabschluss eines konzernangehörigen Unternehmens wird die wirtschaftliche Lage oft verzerrt darstellen, da Konzernleistungsbeziehungen oder Gewinnverschiebungen das Einzelunternehmen „zu gut" oder „zu schlecht" aussehen lassen. Demgegenüber will der Konzernabschluss alle konzernangehörigen Unternehmen als wirtschaftliche Einheit darstellen. Deshalb wird bei der Erstellung des Konzernabschlusses von der rechtlichen Selbständigkeit des Konzernunternehmens abstrahiert.[4]

Immer, wenn ein Konzern nach § 18 AktG vorliegt, muss ein Konzernabschluss gemäß §§ 290 HGB aufgestellt werden. Umgekehrt trifft dies aber nicht zu; denn durch die Umsetzung der 7. europäischen Bilanzrichtlinie wurde ein an dem angelsächsischen „control"-Konzept orientierter § 290 Abs. 2 HGB eingeführt.[5] Deren Voraussetzungen (Mehrheit des Kapitals, Mehrheit

---
[4] Clausen/Scherer, in Kölner Komm., 2. Aufl., vor § 290 HGB, Rn. 1 ff.
[5] EWG 83/349 vom 13. Juni 1983.

der Stimmrechte oder Macht zur Bestellung bzw. Abberufung der Geschäftsleitung) sind weiter als die des § 18 AktG.

B. Beteiligungskonzern

12 Einen Konzern bilden gemäß § 18 AktG mehrere selbständige Unternehmen dann, wenn sie unter einheitlicher Leitung zusammengefasst sind. Zweigniederlassungen oder örtlich und sachlich getrennte, aber rechtlich unselbstständige Betriebe können keinen Konzern bilden. Die einheitliche Leitung ist übergreifendes Merkmal für Unterordnungs- und Gleichordnungskonzerne. An einem Konzern können nur „Unternehmen" beteiligt sein (unten I). Ein sog. Unterordnungskonzern gemäß § 18 Abs. 1 Satz 1 AktG liegt vor, wenn ein oder mehrere Unternehmen von einem herrschenden Unternehmen abhängig sind (unten II). Dagegen sind die Konzernunternehmen im Fall des § 18 Abs. 2 AktG (sog. Gleichordnungskonzern) der einheitlichen Leitung unterstellt, ohne gleichzeitig von einem herrschenden Unternehmen abhängig zu sein (unten III). Der Unterordnungskonzern kann – im Unterschied zum Gleichordnungskonzern – auch durch Eingliederung gemäß § 319 ff. AktG zustande kommen. Zur Verdeutlichung mag folgendes Schaubild dienen:

Unterordnungskonzern
(§ 18 Abs. 1 AktG):

- einheitliche Leitung
- herrschendes über abhängiges Unternehmen

Gleichordnungskonzern
(§ 18 Abs. 2 AktG):

- einheitliche Leitung
- selbständige Unternehmen

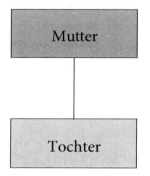
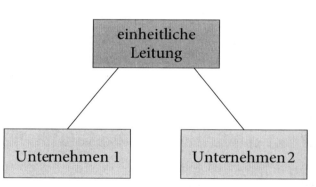

Zuletzt ist noch kurz auf die wechselseitig beteiligten Unternehmen im Sinne des § 19 AktG einzugehen (unten IV).

I. Beteiligte Rechtsträger

13 Nur ein „Unternehmen" kann an einem Konzern im Sinne des § 18 AktG teilnehmen. Die Konzernunternehmen gemäß § 18 AktG bilden neben den in Mehrheitsbesitz stehenden Unternehmen gemäß § 16 AktG, den abhängigen und herrschenden Unternehmen gemäß § 17 AktG sowie den Vertragsteilen des Unternehmensvertrags gemäß § 291 f. AktG einen Fall des „verbundenen Unternehmens" gemäß § 15 AktG. In der großen Mehrheit der vorgenannten Konstellationen

sind die beteiligten Unternehmen auch Konzernunternehmen. Deshalb ist in dieser Darstellung eher vom „Konzernunternehmen" als von dem grundlegenderen Begriff „verbundene Unternehmen" die Rede.

An den Begriff des „Unternehmens" wird in einer Vielzahl von Gesetzen angeknüpft,[6] ohne dass der Gesetzgeber den Begriff einheitlich definiert hätte. Dementsprechend haben Gesetzgeber und Rechtsprechung einen eigenen Unternehmensbegriff für das Konzernrecht entwickelt. Danach bestimmt der Zweck, d.h. der Schutz des abhängigen Unternehmens vor missbräuchlichem Einfluss eines Gesellschafters, die Interpretation. Nach den Vorstellungen des Gesetzgebers sollte das Konzernrecht gerade die besonderen Gefahren einer Beherrschung durch ein anderes Unternehmen regeln.[7] Die Rechtsprechung unterstellt, dass Gesellschafter mit anderen unternehmerischen Interessen eher als reine Privatanleger dazu neigen, die Gesellschaft diesen anderweitigen Interessen zu unterwerfen. Deshalb sollen im Mehrheitsbesitz stehende bzw. abhängige Unternehmen vor den unternehmerischen Interessen der beherrschenden Personen geschützt werden. Dies ist dann erforderlich, wenn der jeweilig herrschende Gesellschafter „neben der Beteiligung an der Aktiengesellschaft **anderweitige wirtschaftliche Interessenbindungen** (hat), die nach Art und Intensität die ernsthafte Sorge begründen, er könne wegen dieser Bindung seinen aus der Mitgliedschaft folgenden Einfluss auf die Aktiengesellschaft zu deren Nachteil ausüben".[8] Der Bundesgerichtshof prüft alle Konstellationen anhand dieser Richtschnur, ohne durch Bildung von Fallgruppen weitere Orientierung zu stiften. Abgesehen von den im Folgenden dargestellten Einzelfällen gibt es bis auf weiteres keine Rechtssicherheit, welche natürliche oder juristische Personen als Unternehmer zu bezeichnen sind. Stets ist im Einzelfall zu prüfen, welche Gesichtspunkte für einen konzernrelevanten Konflikt des Interesses der abhängigen Gesellschaft mit anderweitigen Interessen sprechen.

1. Rechtsform

Einigkeit besteht darin, dass jede rechtlich selbständige Person, auch eine natürliche Person oder eine öffentlich-rechtliche Gebietskörperschaft, **herrschendes Unternehmen** im Sinne des Konzernrechts sein kann.[9] Strittig ist hingegen, ob Formkaufleute gemäß § 6 Abs. 2 HGB (also vor allem Kapitalgesellschaften) per se als Unternehmer anzusehen seien.[10] Die Frage ist höchstrichterlich nicht geklärt. Wegen der Zweckorientierung des Konzernbegriffs ist es nach unserer Auffassung unerheblich, in welcher Rechtsform die Konzernspitze organisiert ist. Deshalb ist im konkreten Fall zu entscheiden, ob der in einer bestimmten Rechtsform organisierte Gesellschafter unternehmerische Interessen hat, die den Schutz der Gesellschaft erforderlich erscheinen lassen. Im Einzelfall kann auch die Unternehmereigenschaft eines Formkaufmanns zu verneinen seinen.

---

6 Windbichler in: Großkomm AktG, § 15, Rn. 4–8.
7 Begründung des Regierungsentwurfs bei: Kropff, AktG, S. 27; BGH NJW 1978, 104.
8 BGHZ NJW 1997, 1855, 1856.
9 Grundlegend BGH NJW 1978, 104 f.
10 Dafür Emmerich in: Aktienkonzernrecht, § 15, Rn. 22 f.; Koppensteiner in: Kölner Komm. 3. Aufl., § 15, Rn. 31; dagegen Kropff in: MüKo AktG, § 15, Rn. 16.

§ 1 Grundlagen des Konzerns

Als **abhängiges Unternehmen** kommt wiederum jede rechtlich verselbständigte Organisation in Betracht. Darunter können auch Personengesellschaften[11] sowie bei einer atypischen stillen Gesellschaft auch Einzelkaufleute fallen.[12]

2. Maßgebliche Beteiligung

16 Ein für das Konzernrecht relevanter Interessenkonflikt wird angenommen, wenn ein Gesellschafter anderweitige unternehmerische Interessen verfolgt. Dies setzt eine „maßgebliche Beteiligung" voraus. Indizien dafür können eine Mehrheitsbeteiligung in dem anderen Unternehmen (unten a) oder mehrere mittelbare oder unmittelbare Beteiligungen an anderen Unternehmen, die über ein reines Anlageinteresse hinausgehen (unten b).

Auch eine mittelbare Beteiligung reicht aus, wenn der unmittelbare Mehrheitsgesellschafter Weisungen des herrschenden Unternehmens an die Geschäftsführung weitergibt und so auf diese Einfluss nehmen kann.[13]

a) Stimmenmehrheit

17 Maßgeblich ist die Beteiligung jedenfalls dann, wenn der Gesellschafter mehrheitlich beteiligt ist oder – bei einer geringeren Beteiligung – auf Grund von geringer Hauptversammlungspräsenz, Stimmbindungsverträgen oder ähnlicher Machtmittel Einfluss auf die personelle Leitung der Gesellschaft nehmen kann. Soweit der herrschende Gesellschafter über eine unmittelbare oder mittelbare Stimmenmehrheit in einer abhängigen Gesellschaft verfügt, stellt jedenfalls eine Sperrminorität (regelmäßig also 25 %) in einer weiteren Gesellschaft eine „maßgebliche Beteiligung" dar. Auch die Beteiligung in einer weiteren Gesellschaft unterhalb der Schwelle der Sperrminorität kann durch tatsächliche oder rechtliche Umstände (z.B. Stimmbindungsvereinbarungen) zu einer „maßgeblichen" Beteiligung werden. Dagegen hat es der Bundesgerichtshof abgelehnt, zur Begründung der Unternehmereigenschaft die Stimmen über eine andere Beteiligung (in casu hatte der Vorstandsvorsitzende der MLP AG neben seiner Mehrheitsbeteiligung an dieser auch unmittelbar 9 % bzw. 15 % an im Mehrheitsbesitz der MLP AG stehenden Tochtergesellschaften) gemäß § 16 Abs. 4 AktG hinzuzurechnen. Das Gericht sieht einen Zirkelschluss: § 16 Abs. 4 AktG setze schon eine anderweitig begründete Unternehmereigenschaft voraus, wo sie doch zunächst für die in Frage stehende Beteiligung zu klären sei.[14]

b) Anderweitiges unternehmerisches Interesse

18 Weiter ist zu klären, ob Mehrheitsbeteilungen per se die Unternehmereigenschaft des herrschenden Gesellschafters auslösen oder ob er – unmittelbar oder mittelbar über eine Mehrheitsbeteiligung – selbst unternehmerisch tätig sein muss. Der Gesetzgeber hat einen mit den Mitteln des Konzernrechts zu bekämpfenden Interessenkonflikt bei anlageorientierten „Privatanlegern" für unwahrscheinlicher gehalten als bei Beteiligten mit sonstigen wirtschaftlichen Interessen.

---

11 Vgl. zu den Anforderungen an die Ausgestaltung des Gesellschaftsvertrags und die Stimmenmehrheit Haas, S. 46 ff. und 52 ff.
12 Emmerich in: Aktienkonzernrecht, § 15, Rn. 25 a.; Kropff in: MüKo AKtG, § 15, Rn. 48. Ungeklärt ist die Situation bei Vereinen, Stiftungen und Genossenschaften.
13 BGH NJW 1989, 1800 ff.
14 BGHZ 148, 123, 126 f. = NJW 2001, 2973.

B. Beteiligungskonzern

Dies bestimmt die Auslegung des Unternehmensbegriffs in der Rechtsprechung des Bundesgerichtshofs bis heute. Personen, die nur an Anlagerendite interessiert sind, unterliegen deshalb – so der Bundesgerichtshof – grundsätzlich nicht dem Konzernrecht.[15] Das Gericht betont „die wirtschaftliche Interessenbindung außerhalb der Gesellschaft"[16] und unterscheidet zwischen „internen" = konzernirrelevanten und „externen" = konzernrelevanten Unternehmensinteressen".[17] Dadurch werden Beteiligungsunternehmen mit reinen Anlegerinteressen – zu Lasten anderer „interner" Interessen der Gläubiger und Arbeitnehmer – privilegiert. Dabei soll es unerheblich sein, dass das Interesse an Anlagerendite Investitionen, Rücklagen und andere dem langfristigen Überlebensinteresse des Unternehmens dienende Maßnahmen nachhaltig verhindern kann. Der dadurch begründeten Missbrauchsgefahr könne man – so die herrschende Meinung[18] – mit anderen gesellschafts- und insolvenzrechtlichen Instrumenten wie z.B. den Haftungsnormen in §§ 116, 117 AktG begegnen. Im dem sogleich unter aa) zu diskutierenden Fall von Holdinggesellschaften wird die diametrale Entgegensetzung von Privatinteressen und unternehmerischen Interessen aufgeweicht.

Der konzerntypische Interessenkonflikt ist nach der Rechtsprechung nur dann gegeben, wenn sich der Gesellschafter derart unternehmerisch betätigt, dass diese unternehmerischen Interessen typischerweise mit denen der abhängigen Gesellschaft in Konflikt geraten können. Orientierungsstiftende Typenbildung hat die Rechtsprechung bisher nur in folgenden Fällen geleistet:

aa) Holdinggesellschaften

Der Gesellschafter an der Konzernspitze muss nicht selbst anderweitig unternehmerisch tätig sein. Anderweitige unternehmerische Interessen können schon dadurch begründet werden, dass sich der Gesellschafter über andere maßgebliche Beteiligungen unternehmerisch betätigt. Dabei ist es ausreichend, wenn aus Sicht des abhängigen Unternehmens die Möglichkeit einer Beherrschung besteht.[19]

Wie bereits ausgeführt, grenzt die Rechtsprechung den unternehmerisch tätigen herrschenden Gesellschafter von dem bloßen anlageorientierten Privatanleger ab. Reine Anlageinteressen einer natürlichen Einzelperson sind nach der Rechtsprechung nicht ausreichend, wenn sie eine Mehrheitsbeteiligung oder an mehreren Gesellschaften nur eine Minderheitsbeteiligung hält und wenn keine Anzeichen dafür vorliegen, dass sie durch ihre Beteiligungen unternehmerische Aktivitäten verfolgt.[20] Wir halten die zugrunde liegende Unterscheidung zwischen „internen" und „externen" Unternehmensinteressen für künstlich und im Hinblick auf den zunehmenden Einfluss von Finanzanlegern für fragwürdig. Gleichwohl kann man sich einstweilen in der Praxis an der Rechtsprechung des Bundesgerichtshofs orientieren, wonach eine sonst nicht unternehmerisch aktive Einzelperson mit Mehrheitsbeteiligung kein „Unternehmer" im Sinne des Konzernrechts ist.

Weit strittiger ist, ob dies auch für die rein verwaltende Holdinggesellschaft mit Mehrheitsbeteiligung gilt. Nach herrschender Meinung ist die Unternehmereigenschaft der Holdinggesellschaft dann zu bejahen, wenn deren Mehrheitsbeteiligung wiederum die Beteiligung an mehreren Tochtergesellschaften und damit den Einfluss auf deren Geschäftsleitungen vermittelt.[21] Noch nicht abschließend höchstrichterlich geklärt ist, ob institutionelle Anleger oder auf die reine

---

15 Kropff in: MüKo AktG, § 15, Fn. 13 und Henze, Rn. 9 jeweils mwN.
16 BGHZ 69, 334, 336.
17 BGH NJW 1984, 1893, 1896.
18 BGH NJW 2001, 2973, 2975.
19 BGH NJW 1997, 1855, 1856 a.E.
20 BGH NJW 2001, 2973, 2975.
21 *Kropff* in: MüKo AKtG, § 15, Rn. 27.

§ 1 Grundlagen des Konzerns

Beteiligungsverwaltung beschränkte Holdinggesellschaften mit einer Mehrheitsbeteiligung oder mit mehreren Minderheitsbeteiligungen als „Unternehmen" zu werten sind.[22]

23 Bei der Beobachtung von Hedgefonds und anderen „aktivistischen" Gesellschaftern verschwimmt die Grenze zwischen „reinem" Vermögensinteresse und „unternehmerischem" Eingreifen in die Geschäftspolitik zur Förderung eben dieses Vermögensinteresses. Nach unserer Auffassung ist diese Unterscheidung somit wenig praktikabel und handhabbar; vielmehr wäre auf die Intensität des Eingriffs abzustellen. Wir empfehlen daher, vorsichtshalber alle Holding- und Anlagegesellschaften als Unternehmen im Sinne des Konzernrechts anzusehen.

bb) Öffentliche Hand

24 Die Rechtsprechung hat bei Mehrheitsbeteiligungen der öffentlichen Hand, zum Beispiel bei Gebietskörperschaften, die Anforderungen an eine anderweitige unternehmerische Betätigung gelockert. Hier unterstellt der Bundesgerichtshof, der Gemeinwohlauftrag überlagere regelmäßig das Interesse der abhängigen Gesellschaft. Deshalb müsse das Konzernrecht der „Gefahr einer einseitigen Förderung öffentlicher Aufgaben und politischer Ziele zu Lasten von Minderheitsaktionären begegnen".[23]

3. Ausländische Konzernspitze

25 Grundsätzlich können ausländische Personen an einem nach deutschem Konzernrecht zu beurteilenden Rechtsverhältnis beteiligt sein. Im deutschen internationalen Privatrecht gibt es keine allgemein geltende Anknüpfung für die Definitionsnormen des Konzernrechts. Vielmehr ist nach dem Statut der Rechtsfolge (z.B. den Ausgleichspflichten nach §§ 302, 304, 311 AktG) zu fragen, welche die Definition als Konzern auslöst.[24] Dabei ist unseres Erachtens allgemein zu unterscheiden zwischen den nur für inländische Personen geltenden Schutzvorschriften für abhängige Unternehmen einerseits und den für das deutsche Konzernrecht relevanten Beziehungen zu ausländischen herrschenden Unternehmen andererseits.[25] So wird ein ausländisches Unternehmen keinen Abhängigkeitsbericht nach § 312 AktG aufstellen müssen, eine deutsche Aktiengesellschaft mit ausländischem Mehrheitsaktionär hingegen schon. Es lässt sich aber auch nicht sagen, dass deutsches Konzernrecht im Zusammenhang mit ausländischen Rechtsträgern nur dann greift, wenn der Ausländer herrschend ist: Bei Fragen der Zurechnung von Stimmen nach § 16 AktG sind ebenso wie bei der Aufstellung des Konzernabschlusses ausländische Tochtergesellschaften zuzurechnen; entscheidend ist der Zweck der jeweiligen Vorschrift des deutschen Konzernrechts.

II. Unterordnungskonzern

26 Ein Unterordnungskonzern kommt dadurch zustande, dass aus der Sicht eines rechtlich selbständigen Unternehmens ein anderes Unternehmen unmittelbar oder mittelbar einen beherrschenden Einfluss ausüben kann (Abhängigkeit nach § 17 AktG) und das herrschende Unternehmen diesen beherrschenden Einfluss im Sinne des § 18 AktG zur einheitlichen Leitung der Unternehmen nutzt.

---

[22] Dafür *Windbichler* in: Großkomm. AktG, § 15, Rn. 21; *Emmerich* in: Aktienkonzernrecht, § 15, Rn. 16 f.; a.A. *Kropff* in: MüKo AktG, § 15, Rn. 14, 26 a.E. mwN.
[23] BGHZ NJW 1997, 1855, 1856.
[24] Windbichler in: Großkomm. AktG, Vorbem. § 15, Rn. 72.
[25] BGH NJW 1976, 191, 192; zum Thema allgemein: Koppensteiner, in: Kölner Komm. 3. Aufl., Vorb. § 15, Rn. 114.

B. Beteiligungskonzern

Der Einfluss des herrschenden Unternehmens muss
- umfassend,
- dauerhaft, und
- gesellschaftsrechtlich vermittelt

sein. Für die Feststellung der Abhängigkeit nach § 17 AktG muss das herrschende Unternehmen den Einfluss nicht tatsächlich ausüben; die strukturelle Einflussmöglichkeit reicht aus; für die einheitliche Leitung gemäß § 18 AktG ist es hingegen erforderlich, dass das herrschende Unternehmen von seinen Beherrschungsmitteln tatsächlich Gebrauch macht.[26]

Die Kriterien, dauerhaft und gesellschaftsrechtlich vermittelt, sind allein auf der Stufe der Abhängigkeit gemäß § 17 AktG zu prüfen: Der Mehrheitsgesellschafter kann in der Gesellschaft dauerhaft und gesellschaftsrechtlich vermittelt Einfluss nehmen. Das abhängige Unternehmen wird ständig zu bedenken haben, ob seine Entscheidungen einem Gesellschafter, dessen Stimmmehrheit und damit verbundene Macht zur Abberufung der Geschäftsleitung längere Zeit währen kann, missfallen könnten. Deshalb besteht der Einfluss des Gesellschafters aus Sicht des abhängigen Unternehmens unabhängig davon, ob er ihn tatsächlich ausübt.

Das andere für die Definition des beherrschenden Einflusses maßgebliche Kriterium „umfassend" ist dagegen zweifach zu prüfen, zuerst für § 17 AktG als möglicher Einfluss aus Sicht des beherrschten Unternehmens und zum Zweiten für § 18 AktG als tatsächlich ausgeübter Einfluss aus Sicht des herrschenden Unternehmens. Bis auf diese Unterschiede verläuft die Prüfung der Tatbestandsmerkmale für die einheitliche Leitung und den beherrschenden Einfluss parallel. Deshalb sind die §§ 17, 18 AktG im Folgenden zusammen dargestellt.

1. Umfassender Einfluss

„Umfassend" ist ein Einfluss, kraft dessen das Oberunternehmen beim Tochterunternehmen (siehe unten (a)) die Zusammensetzung der Geschäftsleitung und (siehe unten (b)) die grundlegenden finanziellen Entscheidungen bestimmen kann. Dies kann (siehe unten (c)) unter Umständen auch auf Minderheitsgesellschafter zutreffen.

a) Grundsatz

Wenn das herrschende Unternehmen über die Zusammensetzung der Geschäftsleitung bestimmen kann, wird die Geschäftsleitung des beherrschten Unternehmens regelmäßig schon dem mutmaßlichen oder geäußerten Willen des herrschenden Unternehmens entsprechen, ohne dass dieses tatsächlich eingreifen muss. Die pure Möglichkeit reicht aus. Deshalb ist der personalpolitische Primat entscheidend für die Feststellung der Abhängigkeit gemäß § 17 AktG.

b) Steuerung der Finanzen

Dagegen wird die Macht über die Finanzen als Merkmal für die einheitliche Leitung im Sinne des § 18 Abs. 1 Satz 1 AktG genannt. Nach der Rechtsprechung übt eine Obergesellschaft jedenfalls

---

26 Insofern konsequent das BayOLG (DB 1998, 973 ff. = BB 19998, 2129 ff.). Die einheitliche Leitung lässt sich nur aus der Sicht des herrschenden Unternehmens feststellen – und aus dessen Sicht ist es zu wenig, dass es nur beherrschen kann (vgl. Windbichler in: Großkommentar, § 18, Rn. 21, 36 f.; Hüffer, § 18, Rn. 19).

dann einen beherrschenden Einfluss aus, wenn sie die Finanzen der Tochtergesellschaft steuert.[27] Das ist etwa anzunehmen, wenn Kredite innerhalb des Konzerns für alle von allen fraglichen Gesellschaften besichert werden oder wenn die Obergesellschaft vollständig alle finanziellen Belange der Tochtergesellschaft regelt. Nicht entschieden ist bisher die Frage, ob auch die einheitliche Leitung in einem anderen zentralen Unternehmensbereich (Vertrieb, Beschaffung, Organisation, Personalwesen) ausreicht. Dies wird unter Zugrundelegung des sog. **weiten Konzernbegriffs** vertreten. Dagegen verlangen die Vertreter des sog. **engen Konzernbegriffs** einheitliche Leitung betreffend aller wesentlichen Unternehmensbereiche.[28] Allerdings haben unterinstanzliche Gerichte eine einheitliche Leitung dort angenommen, wo die Obergesellschaft grundlegende Entscheidungen der Geschäftspolitik der Tochterunternehmen aufeinander abstimmen konnte.[29] Dies spricht dafür, sich in der Praxis an dem weiten Konzernbegriff zu orientieren.

> **Praxishinweis:**
>
> *Wir empfehlen, mit dem sog „weiten Konzernbegriff" einen beherrschenden Einfluss schon darin zu sehen, dass die Untergesellschaft in einem wesentlichen Geschäftsbereich der einheitlichen Leitung der Obergesellschaft unterstellt ist.*

33 Ob dem weiten oder dem engen Konzernbegriff zu folgen ist, wird beim Abhängigkeitsverhältnis nach §§ 17, 18 Abs. 1 Satz 3 AktG kaum je von Belang sein. Ist die Tochtergesellschaft abhängig im Sinne des § 17, kann die Obergesellschaft die Geschäftsleitung bei missliebigen Entscheidungen abbestellen. Dann kann sie im Zweifel nicht nur die finanzielle, sondern auch die übrige Geschäftspolitik in ihrem Sinne ausrichten.

c) Herrschaft von Minderheitsgesellschaftern

34 Auch Minderheitsgesellschafter können unter konstant erwartbaren Umständen beherrschenden Einfluss ausüben. Dies wird vor allem dann angenommen, wenn

- die Präsenz in der Gesellschafterversammlung/Hauptversammlung regelmäßig so niedrig ist, dass die Gesellschaft mit einer faktischen Mehrheit des Minderheitsgesellschafters rechnen muss;[30]
- der Minderheitsgesellschafter kraft Treuhand- oder Stimmbindungsvereinbarungen mit anderen Gesellschaftern tatsächlich die Stimmenmehrheit hat;
- mehrere Familienangehörige mit bekanntermaßen gleichgerichteten Interessen zusammen über die Stimmrechtsmehrheit verfügen.[31] Die Familienbande allein wird dagegen nicht als entscheidendes Indiz für eine Gleichgerichtetheit der Interessen angesehen;
- bei der GmbH Regelungen des Gesellschaftsvertrags zugunsten anderer Gesellschafter die effektive Machtausübung des Mehrheitsgesellschafters verhindern; oder
- zu erwarten ist, dass mehrere Gesellschafter aufgrund tatsächlicher oder rechtlicher Umstände gemeinsam die Herrschaft ausüben.

35 Endscheidendes Kriterium für die zuletzt angesprochene gemeinsame Herrschaftsausübung ist, dass die Gesellschafter regelmäßig keine unterschiedlichen Interessen in Bezug auf das abhängige Unternehmen haben (sog. Gemeinschaftsunternehmen). Der „Zwang" zum Kompromiss bei ei-

---

27 BGHZ 107, 7, 20; 115, 187, 191.
28 Vgl. zum Diskussionsstand Emmerich in: Aktienkonzernrecht, § 18, Rn. 10 ff.
29 BayOLG, AG 1998, 523, 524; LG Mainz, AG 1991, 30, 31.
30 BGHZ 135, 107, 114 = NJW 1997, 1856 f.
31 BGHZ 80, 69, 73.

ner Beteiligung von zwei Mal 50 % schließt Interessengegensätze nicht aus. Erst wenn andere Umstände hinzukommen, etwa wenn die Geschäftsleitung beider herrschender Unternehmen identisch besetzt ist, kann ein gemeinsamer beherrschender Einfluss angenommen werden.[32] Damit soll verhindert werden, dass der Schutz der §§ 311 ff. AktG für Minderheitsaktionäre und Gläubiger durch die formale Aufspaltung einer Mehrheitsbeteiligung unterlaufen wird.

2. Dauerhafter Einfluss

Das beherrschte Unternehmen wird regelmäßig seine Finanz- und Personalpolitik an dem herrschenden Unternehmen ausrichten, wenn klar ist, dass das herrschende Unternehmen seine Beteiligung über längere Zeit hält und nicht binnen weniger Tage wieder auflöst. Deshalb muss der herrschende Einfluss dauerhaft angelegt sein. Maßgeblich ist die Erwartung aus Sicht des beherrschten Unternehmens, dass der mit der Beteiligung verbundene Einfluss dauerhaft sein wird. Die Erwartung kann auch dann bestehen, wenn die beherrschende Person im Einzelfall ihre Beteiligung wieder schnell veräußert. Deshalb kann auch kein Zeitlimit für eine Mindestdauer des herrschenden Einflusses angegeben werden.[33]

36

3. Gesellschaftsrechtlich vermittelter Einfluss

„Gesellschaftsrechtlich vermittelt" ist der Einfluss, wenn die Unternehmen auf welche Art und Weise auch immer gesellschaftsrechtlich verbunden sind. Dafür ist regelmäßig eine Beteiligung des herrschenden an dem beherrschten Unternehmen erforderlich. Dies führt dazu, dass rein schuldrechtliche Austauschbeziehungen auch dann nicht zu einem beherrschenden Einfluss führen können, wenn sie beispielsweise im Verhältnis zu einer sehr wichtigen Kreditgläubigerin bestehen. Hier unterscheidet der Bundesgerichtshof zwischen „externen Austauschbeziehungen" und „gesellschaftsinternen"[34] Interessen.

37

a) Schuldrechtliche Gläubigermacht

Nach der Rechtsprechung können die Machtmittel einer noch so mächtigen Bank oder anderer Gläubiger nicht zu einem beherrschenden Einfluss führen, soweit nicht gleichzeitig auch eine Beteiligung dieser Gläubigerin besteht. Wenn sie allerdings am Unternehmen beteiligt ist, verstärken ihre außergesellschaftsrechtlichen Machtmittel den durch das Gesellschaftsverhältnis begründeten Einfluss zu einem beherrschenden Einfluss".[35]

38

> **Praxishinweis:**
> Großgläubiger sollten vor der Übernahme einer – wenn auch geringen – Beteiligung an der Schuldnergesellschaft neben der Folge im Eigenkapitalersatzrecht gemäß § 32 a GmbHG auch mögliche konzernrechtliche Konsequenzen bedenken.

---

32 BGH NJW 1974, 857.
33 Z.B. auch nur eine Woche; vgl. BGH DStR 1997, 339, 340 = NJW 1997, 943 ff.
34 BGH NJW 1984, 1893, 1896.
35 BGH NJW 1984, 1893, 1897.

b) Unternehmensverträge

39 Auch durch Unternehmensverträge kann sich die Herrschaft des Gesellschafters gesellschaftsrechtlich vermitteln. Aufgrund der gesetzlichen Anordnung in § 18 Abs. 1 Satz 2 AktG gilt dies ohne weiteres für den Beherrschungsvertrag gemäß § 291 Abs. 1 Satz 1, 1. Alt. AktG. Die gesellschaftsrechtliche Vermittlung wird nach überwiegender Auffassung in der Literatur auch für den „isolierten" (Ergebnisabführungsvertrag gemäß § 291 Abs. 1 Satz 1, 1. Alt. AktG ohne gleichzeitigen Beherrschungsvertrag) bejaht.[36] Die Frage hat an praktischer Relevanz gewonnen, seitdem der isolierte Gewinnabführungsvertrag die körperschafts- und gewerbesteuerliche Organschaft herstellen kann. Die durch den Ergebnisabführungsvertrag begründete finanzielle Ein- und Unterordnung spricht dafür, der überwiegenden Auffassung zu folgen.

40 Strittig ist die Rechtslage auch im Hinblick auf sonstige Unternehmensverträge wie Geschäftsführungs-, Betriebspacht- und Betriebsüberlassungsverträge gemäß §§ 291 Abs. 1 Satz 2, 292 AktG.[37] Allein der Abschluss eines derartigen Vertrags begründet nach unserer Auffassung keine Abhängigkeit gemäß § 17 AktG, da es sich dabei um – wenn auch umfassende – schuldrechtliche Vereinbarungen handelt. Ähnlich wie bei der sonstigen schuldrechtlichen Gläubigermacht kann diese allerdings im Einzelfall einen ohnehin bestehenden gesellschaftsrechtlichen Einfluss so entscheidend vertiefen, dass eine Abhängigkeit der Schuldnerin zu bejahen ist.

4. Abhängigkeits- und Konzernvermutung

41 Nach der Gesetzessystematik kann sowohl die Abhängigkeitsvermutung gemäß § 17 Abs. 2 AktG als auch die Konzernvermutung gemäß § 18 Abs. 1 Satz 3 AktG widerlegt werden. An sich wären die beiden Normen deshalb gesondert zu prüfen. Tatsächlich handeln die Gerichte jedoch die beiden Vermutungen häufig in einem ab oder schließen ohne weiteres von der Abhängigkeit gemäß § 17 AktG auf die einheitliche Leitung nach § 18 AktG.[38] Dies ist daraus zu erklären, dass die Konzernvermutung nur selten widerlegt wird; dogmatisch korrekt ist es indessen nicht. In der Rechtsprechung sind nur wenige Fälle der Widerlegung der Konzernvermutung bekannt.[39] Während die Abhängigkeits- und die Konzernvermutung gemäß § 18 Abs. 1 Satz 3 AktG widerlegbar sind, ist die durch Beherrschungs- und Eingliederungsvertrag begründete Konzernvermutung gemäß § 18 Abs. 2 AktG unwiderleglich.

a) Abhängigkeitsvermutung

aa) Mehrheitsbesitz

42 Nach § 17 Abs. 2 AktG wird von einem in Mehrheitsbesitz stehenden Unternehmen die Abhängigkeit vom Mehrheitseigner vermutet. Mehrheitsbesitz ist nach § 16 Abs. 1 AktG sowohl bei Stimmrechtsmehrheit als auch bei Anteilsmehrheit gegeben. Kapital- und Stimmenmehrheit werden gemäß §§ 16 Abs. 2, 3 AktG jeweils dadurch bestimmt, dass die von dem Gesellschafter ge-

---

[36] Emmerich in: Aktienkonzernrecht, § 17, Rn. 22a mwN; a.A. Kropff in: MüKo AktG, § 17, Rn. 65 mwN; Rechtsprechung hierzu ist nicht bekannt.
[37] Emmerich in: Aktienkonzernrecht, § 17, Rn. 23 mwN.
[38] Vgl. etwa OLG Hamm, NJOZ 2002, 438, 441, wo von der „Doppelvermutung der §§ 17 Abs. 2, 18 Abs. 1 Satz 3" gesprochen wird. Das LAG Berlin (2 TaBV 945/05) führt gar eine „Konzernvermutung des § 17 Abs. 2 AktG" an.
[39] Zuletzt BayOLG, DB 2002, 1147–1150 = ZIP 2002, 1034–1038 = NZG 2002, 579–583.

haltenen Anteile bzw. Stimmberechtigungen ins Verhältnis zur Gesamtzahl der Anteile bzw. Stimmen gesetzt werden. Dabei sind diejenigen Anteile bzw. Stimmen gemäß §§ 16 Abs. 2 Satz 2 AktG abzusetzen, die von der Gesellschaft selbst gehalten bzw. ausgeübt werden können. Nach § 16 Abs. 4 sind mittelbar oder unmittelbar gehaltene Anteile an abhängigen Tochterunternehmen zuzurechnen.

bb) Widerlegung der Abhängigkeitsvermutung

Widerlegt werden kann die Abhängigkeitsvermutung des § 17 Abs. 2 AktG dadurch, dass der Mehrheitsgesellschafter das Fehlen sonstiger Beherrschungsmittel darlegt und beweist. Bei Kapitalmehrheit ist das der Fall, wenn der Mehrheitseigner nicht die Stimmenmehrheit hat und nicht die Geschäftsleitung nach seinem Willen besetzen kann. Auch bei Stimmrechtsmehrheit kann es an der Macht zur Besetzung der Geschäftsleitung mangeln, wenn dem Stimmbindungsvereinbarung, Entherrschungsvertrag oder Satzungsregelungen mit Machtbefugnissen für Minderheitsaktionäre entgegenstehen.[40]

43

b) Konzernvermutung

Nach § 18 Abs. 1 Satz 3 AktG ist zu vermuten, dass ein abhängiges Unternehmen unter der einheitlichen Leitung des herrschenden Unternehmens steht. Diese sog. Konzernvermutung kann das herrschende Unternehmen dann widerlegen, wenn es nachweist, dass es die Möglichkeiten zur einheitlichen Leitung nicht oder nur selten gebraucht. Dies kommt vor allem in Betracht, wenn das herrschende Unternehmen sich nicht in die Personalpolitik einmischt und auch sonst keine leitende Tätigkeit ausübt.[41] § 18 I 3 AktG gilt nicht bei Betriebsratswahlen gemäß § 76 IV BetrVG 1952 in einem von Gemeinschaftsunternehmen gebildeten Konzern. Hier liegt ein Unterordnungskonzern i.S.d. § 18 I AktG nur vor, wenn die Unternehmen außerdem unter der einheitlichen Leitung **eines** herrschenden Unternehmens zusammengefasst sind, wofür die Personenidentität der Vorstände der beteiligten Unternehmen nach Auffassung des Bundesarbeitsgerichts nicht genügen soll.[42]

44

5. „Konzern im Konzern"/Kettenorganschaft

Die gesetzliche Formulierung des § 18 Abs. 1 AktG legt nahe, dass im Unterordnungskonzern mehrere Unternehmen immer nur unter der einheitlichen Leitung eines anderen Unternehmens stehen können. § 5 Abs. 3 MitbestG eröffnet die Möglichkeit eines „Konzerns im Konzern" unterhalb der Ebene der nicht mitbestimmungspflichtigen (z.B. ausländischen) Konzernspitze, also etwa zwischen Tochterunternehmen als herrschendem und Enkelgesellschaft als beherrschtem Unternehmen, s.u. § 2.B.II. Im Gesellschaftsrecht wird der „Konzern im Konzern" überwiegend nicht anerkannt.[43]

45

---

40 Emmerich in: Aktienkonzernrecht, § 17, Rn. 33 ff.
41 Vgl. BayOLG, NZG 2002, 579 ff.
42 BAG, NJW 1996, 1691, 692.
43 Clausen/Scherer in: Kölner Komm., § 290 HBG, Rn. 7.

§ 1 Grundlagen des Konzerns

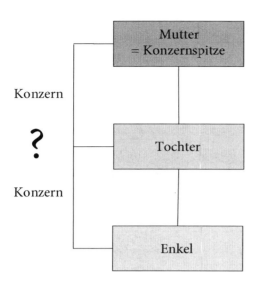

- Grundsätzlich **nicht anerkannt**: Keine doppelte Unternehmensführung bei der Enkelgesellschaft
- Für die **Mitbestimmung** relevant

III. Gleichordnungskonzern

46 Gemäß § 18 Abs. 2 AktG sind mehrere Unternehmen dann Konzerngesellschaften, wenn sie einheitlich geleitet werden, dies aber auf andere Art als durch Abhängigkeit von einander oder von einem beherrschenden Unternehmen geschieht. Konstellationen von mehreren einem herrschenden Unternehmen unterstellten Schwestergesellschaften sind aber im Hinblick auf § 18 Abs. 1 Satz 3 AktG nicht als Gleichordnungs-, sondern als Unterordnungskonzern zu werten. Deshalb beschäftigt sich die Rechtsprechung zum Gleichordnungskonzern fast ausschließlich mit kartellrechtlichen Fragestellungen. Ein Gleichordnungskonzern ist demnach anzunehmen, wenn „die Begründung einheitlicher Leitung aus den Gesamtumständen, insbesondere aufgrund personeller Verflechtungen, einheitlicher Zielvorgaben und eines gleichgerichteten Verhaltens der Konzerngesellschaften, geschlossen werden kann".[44] Indizien für ein solches gleichgerichtetes Verhalten sind in erster Linie vertragliche Absprachen (sog. vertraglicher Gleichordnungskonzern); dies ist aber nicht zwingend erforderlich. Es reicht aus, wenn sich gesellschaftsrechtlich verbundene Gesellschaften aus Sicht eines objektiven Dritten faktisch so verhalten, dass ihre einheitliche Leitung nahe liegt (sog. faktischer Gleichordnungskonzern).[45] Für das Konzernrecht ist ein faktischer Gleichordnungskonzern als normaler faktischer Konzern mit den Rechtsfolgen des § 311 AktG zu behandeln. Strittiger ist die Behandlung im Wettbewerbsrecht mit der zentralen Frage, ob Konzern- und Wettbewerbsrecht nebeneinander anzuwenden oder Gleichordnungskonzerne nicht vielmehr aufgrund eines „Konzernprivilegs" immer wettbewerbskonform sind.[46]

---

44 BGH BB 1999, 335–337 = DB 1999, 421–423.
45 BGH NJW 1993, 2114, 2115 f.
46 Vgl. näher Buntschek, WuW 2004, 374 ff.

IV. Wechselseitig beteiligte Unternehmen

1. Definition

Wechselseitig beteiligte Unternehmen sind Kapitalgesellschaften mit Sitz im Inland, die jeweils mehr als 25 % der Anteile der anderen Gesellschaft halten (**einfache wechselseitige Beteiligungen**). Bei der Berechnung sind, wie bei § 16 Abs. 4 AktG, die über abhängige Tochtergesellschaften gehaltenen Anteile hinzuzurechnen. Bei Mehrheitsbeteiligungen oder einem herrschenden Einfluss eines der Unternehmen ist das beherrschte Unternehmen als abhängig anzusehen, § 19 Abs. 2 AktG. Für die Berechnung der Mehrheitsbeteiligungen gilt neben § 16 Abs. 4 AktG auch § 16 Abs. 2 Satz 2 AktG, so dass hier auch die von der anderen Gesellschaft an sich selbst gehaltenen Anteile abzusetzen sind. Dies gilt auch im Fall wechselseitiger Mehrheitsbeteiligungen bei einseitig oder wechselseitig abhängigen Gesellschaften gemäß § 19 Abs. 3 AktG. Die Fälle der §§ 19 Abs. 2, und 3 werden auch „**qualifizierte wechselseitige Beteiligungen**" genannt.

47

2. Rechtsfolgen

§§ 71–71 d AktG bezwecken die Verhinderung und Auflösung qualifizierter wechselseitiger Beteiligungen: Nach § 71 d Satz 2, 71 b AktG ruhen die durch die Mehrheitsbeteiligung an der abhängigen wechselseitig beteiligten Gesellschaft begründeten Mitgliedschaftsrechte in Bezug auf die herrschende Gesellschaft. § 71 c AktG sieht eine Veräußerungspflicht der Anteile binnen eines Jahres vor.

48

§ 33 Abs. 2 GmbH, die entsprechende Vorschrift für Gesellschaften mit beschränkter Haftung, ordnet dagegen „nur" die Bildung ausreichender Rücklagen zur Ergänzung des Stammkapitals an. Umstritten ist, ob § 33 Abs. 2 GmbHG auch auf „einfache" oder nur auf qualifizierte wechselseitige Beteiligungen anzuwenden ist. Von der überwiegenden Meinung in der Literatur wird die Anwendung nur auf qualifizierte wechselseitige Beteiligungen bejaht.[47] Die Frage ist bisher nicht höchstrichterlich geklärt. Wir nehmen an, dass der Bundesgerichtshof bei dieser Konstellation die Anwendung des § 33 Abs. 2 GmbHG auf „einfache" wechselseitige Beteiligungen bejahen würde, sodass es sich empfiehlt, entsprechende Kapitalrücklagen zu bilden.

49

> **Praxishinweis:**
> Auch bei einfachen wechselseitigen Beteiligungen von 25 % bis 50 % empfiehlt es sich, Rückstellungen in Höhe des Nennkapitals zu bilden, das von der wechselseitig verbundenen Gesellschaft gehalten wird.

Bei (einfachen) wechselseitigen Beteiligungen ordnet § 328 AktG an, dass kein Unternehmen mehr als 25 % der Mitgliedschaftsrechte an dem anderen Unternehmen ausüben darf. Daneben greifen im Fall des § 19 Abs. 1 alle für verbundene Unternehmen und im Fall der §§ 19 Abs. 2, 3 AktG alle für den (faktischen) Konzern vorgesehenen Rechtsfolgen, einschließlich der §§ 311 AktG.

50

---

[47] Liebscher, S. 52.

C. Vertragskonzern und faktischer Konzern

51 Wie oben unter § 1 II. 3. b. erörtert, begründen jedenfalls Beherrschungs- und Gewinnabführungsverträge, auch ohne weitere Beteiligung, einen Konzern. Sie werden dann auch Vertragskonzern oder – vor allem im steuerrechtlichen Zusammenhang – Organschaftskonzern genannt. Der Begriff wird in Abgrenzung zu dem sog. „faktischen" Konzern, d.h. dem Beteiligungskonzern ohne Beherrschungs- und Gewinnabführungsvertrag, gebraucht.

D. Europäische Entwicklungen

52 Der europäische Gesetzgeber wird das Konzernrecht auf absehbare Zeit nicht vereinheitlichen. Pläne zu einer Konzernrichtlinie sind nach langem Siechtum zu Grabe getragen worden.[48] Eine gesetzgeberische Vereinheitlichung des Konzernrechts wird es nicht geben. Änderungsimpulse für das deutsche Konzernrecht kommen indessen von der Rechtssprechung des EuGH zu steuerrechtlichen Fragen.[49] Prekär ist vor allem die europarechtliche Rechtfertigung des Ausschlusses von Vertragskonzernen mit ausländischen abhängigen Gesellschaften. Dies gilt umso mehr, als der Vertragskonzern in den meisten anderen Mitgliedstaaten unbekannt ist.[50]

---

48 Siehe die Stellungnahme der Kommission dazu in NZG 2003, Sonderheft 13.
49 Siehe unten § 4 C. 10. b) und § 4 G.
50 Vgl. *Koppensteiner* in: Kölner Komm, Vorb. § 291 Rn. 130 und die Fundamentalkritik von *Wackerbarth*, Konzern 2005, 562 ff.

§ 2 Gesellschaftsrechtliche Fragen

A. Unternehmensverträge

„Unternehmensverträge" sind die in § 291 AktG definierten Beherrschungs-, Gewinnabführungs- und Geschäftsführungsverträge sowie die in § 292 AktG definierten Gewinngemeinschaften, Teilgewinnabführungsverträge und Betriebspacht- bzw. Betriebsüberlassungsverträge (siehe unten I.). §§ 291–299 AktG bestimmen die verschiedenen Arten der Unternehmensverträge und regeln die Wirksamkeitsvoraussetzungen für deren Abschluss, Änderung und Beendigung (siehe unten II.); §§ 300–308 AktG regeln die Rechte außenstehender Aktionäre und Gläubiger bei Vertragskonzernen (siehe unten III.) und §§ 309 und 310 AktG die Leitungsverantwortung im Rahmen von Beherrschungsverträgen (siehe unten § 2 B. 1.).

I. Typen und Merkmale von Unternehmensverträgen

Beim Abschluss von Unternehmensverträgen sollten sich die Parteien an den in §§ 291, 292 AktG bezeichneten Vertragsformen orientieren. In Abweichung von § 23 Abs. 5 AktG können die Verträge aber grundsätzlich Gestaltungsrechte (vor allem zur Kündigung und Aufhebung gemäß §§ 295–297 AktG) vorsehen, die vom dispositiven Gesetzesrecht abweichen. Die Grenze der Gestaltung liegt erst dort, wo entweder zwingendes Recht verletzt oder „die nähere Regelung eines einzelnen Punktes" ohne Deckung durch einen zustimmenden Gesellschafterbeschluss den jeweiligen Geschäftsleitungen überlassen würde.[1]

Um die Vertragsart zu bestimmen, vergleicht man die wesentlichen Bestimmungen des konkreten Vertrags mit den gesetzlich vorgesehenen Vertragstypen. Wenn die Parteien den Vertrag anders nennen als nach dieser Inhaltsbestimmung erforderlich, geht der objektive Inhalt vor. Dieses Prinzip ist nach der herrschenden Meinung auf von ihrer Wirkung her ähnliche Verträge auszuweiten, auch wenn sie weder nach einem der Vertragsarten gemäß §§ 291, 292 AktG benannt sind noch deren Wirksamkeitserfordernissen entsprechen. Vor allem sog. „verschleierte" Beherrschungsverträge sollen dann hinsichtlich der Vorschriften zum Schutz der Gläubiger so behandelt werden, wie wirksam abgeschlossene Beherrschungsverträge.[2]

II. Beteiligte Rechtsträger

1. Untergesellschaft

Nach dem Gesetzeswortlaut muss die Untergesellschaft (im Rahmen des § 291 AktG) oder die die vertragstypischen Leistungen erbringende Partei (im Rahmen des § 292 AktG) AG oder KGaA sein. Die ganz überwiegende Meinung befürwortet die analoge Anwendung des § 291 AktG auch auf andere Kapitalgesellschaften (Genossenschaften und GmbHs) und Vereine.[3]

---

[1] BGH NJW 1993, 1976, 1977 a.E.
[2] *Altmeppen* in: MüKo AktG, § 291, Rn. 41 mwN.
[3] *Emmerich* in: Aktienkonzernrecht, Vor § 291, Rn. 6–15; *Liebscher*, S. 212 mwN.

Nach herrschender Meinung können Personengesellschaften als abhängige Gesellschaft Unternehmensverträge abschließen – allerdings dürfte der Fall angesichts der fehlenden steuerlichen Anerkennung als Organschaft eher ein theoretisches Problem sein.

Ansonsten kann das Regelungsregime der §§ 291–310 AktG nicht *en bloque* auf andere Kapitalgesellschaften und Vereine übertragen werden. Besonders für die GmbH werden wir im Folgenden die Anwendbarkeit des Aktiengesetzes bei der Darstellung der jeweiligen Norm erörtern.

2. Obergesellschaft

4   Das Gesetz verlangt für die Unternehmensverträge nach § 291 AktG und die Gewinngemeinschaft nach § 292 Abs 1 Nr. 1 AktG, dass die Konzernspitze ein Unternehmen im Sinne des § 15 AktG ist (also ein „anderweitiges wirtschaftliches Interesse" hat; siehe oben § 1 1. 2. b)). Danach können auch Personengesellschaften oder Einzelpersonen an der Konzernspitze Unternehmensverträge abschließen, solange sie als „Unternehmer" qualifizieren. Dies ergibt sich aus dem Wortlaut des § 291 Abs. 1 Satz 1 AktG. Daher ist es nur *de lege ferenda* überzeugend, den Abschluss eines Unternehmensvertrags auch mit einer Privatperson als Konzernspitze für zulässig zu erachten,[4] da in der Tat kein Grund dafür ersichtlich ist, warum nur Unternehmen Unternehmensverträge abschließen dürfen. Für die weiteren in § 292 AktG genannten Fälle, den Teilgewinnabführungsvertrag und den Betriebsüberlassungs- bzw. Betriebspachtvertrag ist die Unternehmereigenschaft des „anderen Teils" nicht erforderlich.

3. Gesellschaftsrechtliche Verbundenheit

5   Die in § 292 AktG bezeichneten Verträge können auch von nicht unmittelbar gesellschaftsrechtlich miteinander beteiligten Unternehmen geschlossen werden.[5] Dies ist insbesondere für im Sinne des § 14 Abs. 1 Satz 1 Nr. 1 Satz 2 KStG mittelbar verbundene Unternehmen interessant.

4. Abgrenzungsprobleme

6   Wie die Parteien den Vertrag nennen, hat für seine Qualifizierung allenfalls Indizwirkung. Maßgeblich ist sein materiell prägender Inhalt. Im Rahmen von Dauerschuldverhältnissen mit großem Gläubigereinfluss (z.B. Kreditverträge oder Exklusivlieferverträge) oder von Betriebspacht- und -überlassungsverträgen nach § 292 Abs. 1 Ziffer 3 AktG ist die Schuldnergesellschaft bisweilen ebenso den Weisungen der Gläubigergesellschaft unterstellt wie aufgrund eines Beherrschungsvertrags. Die daran anschließende Frage ist, wie Unternehmen vor potentiell unternehmensschädlichen Weisungen von Dritten zu schützen sind, die so mächtig sind wie die Konzernspitze im Rahmen eines Beherrschungsvertrags.

Es ist umstritten, wie diese Konstellationen zu behandeln sind.[6] Als geklärt gilt bisher nur ein Teilaspekt im Hinblick auf einen Betriebsführungsvertrag. In dem zugrunde liegenden Fall hat der Bundesgerichtshof einen Betriebsführungsvertrag als mit dem Grundsatz der Selbstorganschaft

---

4   *Rubner*, Konzern 2003, 735 ff.
5   Hinsichtlich der Verträge nach § 291 AktG wird dieses Problem nicht praktisch, denn die vertragsschließenden Parteien sind in aller Regel gesellschaftsrechtlich verbunden.
6   *Koppensteiner*, § 291 Rn. 24 ff. und § 292 Rn. 76 ff.; *Hüffer*, § 292, Rn. 23 f.; *Emmerich* in: Aktienkonzernrecht, § 291 Rn. 9, § 292 Rn. 60 ff., *Altmeppen* in: MüKo AktG, § 292, Rn. 132 ff.

bei Personengesellschaften vereinbar erklärt und daher für zulässig gehalten. Voraussetzung ist, dass dem überlassenden Unternehmen wesentliche Entscheidungsbefugnisse verbleiben.[7] Keine Beherrschung liegt demnach vor, wenn das betriebsführende Unternehmen im Widerspruch zu der beim Beherrschungsvertrag vorausgesetzten Weisungsbefugnis gemäß § 308 AktG nicht über alle wesentliche Entscheidungsbefugnisse verfügt. Ferner wird vorgeschlagen, die Abgrenzung danach zu bestimmen, ob sich der Vertrag überwiegend als Austauschvertrag im Sinne des § 292 AktG oder als Beherrschungsvertrag charakterisieren lässt.[8]

Auch die Rechtsfolgen sind strittig. Die Abgrenzung der einzelnen Vertragstypen des § 292 AktG untereinander und zu ähnlichen schuldrechtlichen Austauschverträgen ist so vielgestalig, dass wir im Rahmen dieses Handbuchs nicht näher darauf eingehen. Hinsichtlich der Rechtsfolgen ist grundsätzlich zu unterscheiden zwischen

(1) nichtigen, aber durchgeführten Verträgen, die nach den Grundsätzen der fehlerhaften Gesellschaft behandelt werden (siehe unten § 2 VI. 6); und

(2) Beherrschungsverhältnissen, bei denen ein Einzelausgleich nach §§ 304 AktG analog bzw. §§ 311, 317 AktG nicht möglich ist (nach früherer Diktion: „qualifiziert faktischer Konzern"). Diese Konstellationen sind nach der Rechtssprechung nunmehr entweder nach den Grundsätzen des existenzvernichtenden Eingriffs (siehe unten § 2 B. IV.) oder den §§ 311 ff. AktG (siehe unten § 2 B. III.) zu behandeln.

Das, was sonst unter dem Begriff „atypischer"[9] oder „faktischer"[10] Beherrschungsvertrag, behandelt wird, kann also nur Beherrschungsverhältnisse betreffen, die einerseits nach ihrer Intensität nicht einem früheren „qualifiziert faktischen Konzern" entsprechen und andererseits nicht auf Abschluss eines Beherrschungsvertrags gerichtet gewesen sind. Nach unserer Auffassung gibt es keinen Grund, die in Rede stehenden Konstellationen nicht ausschließlich anhand der gesetzlichen Regelungen zum faktischen Konzern nach § 311 ff. AktG zu beurteilen. Da § 311 ff. AktG gesetzliche Regeln für das Problem faktischer Beherrschung vorsehen, können wir keine die analoge Anwendung der § 300 ff. AktG rechtfertigende Regelungslücke erkennen.[11]

❶ Praxishinweis:

Zur Rechts- und wirtschaftlichen Orientierungssicherheit sollte immer dann auch ein Beherrschungsvertrag geschlossen werden, wenn unklar ist, ob ein Austauschverhältnis auf Basis eines der Vertragstypen in § 292 AktG eine zu weitgehende Beherrschung eines Vertragspartners umfasst. In dieser Situation sind jeweils die gesetzlichen Vorschriften für beide Vertragstypen zu beachten.

Im Gegensatz zur steuerlichen Anerkennung der Organschaft im Fall einer abhängigen GmbH[12] ist es für die gesellschaftsrechtliche Wirksamkeit des Ergebnisabführungs- und des Beherrschungsvertrags nicht erforderlich, dass die gesetzliche Verlustausgleichspflicht nach § 302 AktG im Vertrag wiederholt wird.

---

7 BGH NJW 1982, 1817.
8 *Koppensteiner*, § 291, Rn. 30.
9 So *Koppensteiner*, Kölner Komm., § 291, Rn. 24.
10 So *Hirte*/Schall, Der Konzern 2006, 243.
11 Wie hier für die Anwendung von § 311 ff. AktG: *Emmerich* in: Aktienkonzernrecht, § 292, Rn. 63.
12 Vgl. das BMF Schreiben vom 16. Dezember 2005, das Urteil des BFH v. 22. Februar 2006; zur Situation bei der GmbH vgl. die Ausführungen unten § 4 C II 2 g) dd).

III. Beherrschungsvertrag

8 Durch den Beherrschungsvertrag wird die abhängige Gesellschaft der Leitung eines anderen Unternehmens unterstellt. Damit verliert der Vorstand des abhängigen Unternehmens sein Leitungsrecht nach § 76 AktG. Der Beherrschungsvertrag muss die Art und Weise der Leitung nicht näher beschreiben. Nach herrschender Meinung reicht die Paraphrasierung oder Wiederholung des Gesetzeswortlauts aus.[13]

Der Beherrschungsvertrag muss zwingend einen Ausgleich für die außenstehenden Aktionäre gemäß § 304 Abs. 3 Satz 1 AktG vorsehen. Anderenfalls ist der Vertrag nichtig. Für die GmbH ist ein isolierter Beherrschungsvertrag angesichts des gesetzlichen Weisungsrechts gemäß § 37 Abs. 1, 1. Alt. GmbHG praktisch irrelevant.

IV. Gewinnabführungsvertrag

9 Nach § 291 Abs. 1 Satz 1, 2. Alt. AktG kennzeichnet Gewinnabführungsverträge die Verpflichtung eines Unternehmens, an ein anderes Unternehmen seinen gesamten Bilanzgewinn abzuführen. Im Hinblick auf die Verlustausgleichspflicht gemäß § 302 AktG werden sie auch als Ergebnisabführungsverträge bezeichnet. Ergebnisabführungsverträge können mit oder – „isoliert" – ohne Beherrschungsverträge abgeschlossen werden. Es aber auch zulässig, einen Beherrschungs- und Ergebnisabführungsvertrag folgendermaßen zu gestalten: Einerseits wird (zur Begründung der körperschaftssteuerlichen Organschaft) die Gewinnabführung mit Rückwirkung zum Anfang des Geschäftsjahres der Untergesellschaft vereinbart. Andererseits kann sich das abhängige Unternehmen (zur Begründung der umsatzsteuerlichen Organschaft) im selben Dokument der Leitung der Obergesellschaft ab Wirksamwerden des Vertrags unterstellen.

> **Praxishinweis:**
> Anders als beim Beherrschungsvertrag kann durch einen (isolierten) Ergebnisabführungsvertrag eine Organschaft zwischen den Vertragsparteien gebildet werden, die zum Anfang des Geschäftsjahres der Untergesellschaft rückwirkt.

Der Vertrag muss so ausgestaltet sein, dass die Untergesellschaft ihren gesamten ohne den Ergebnisabführungsvertrag auszuweisenden Bilanzgewinn – unter Abzug des in die gesetzliche Rücklage der Untergesellschaft (§§ 300, 301 AktG) einzustellenden Betrags – an die Obergesellschaft abführt.[14]

Die Zuzugs- und Abzugsposten im Einzelnen:

Jahresüberschuss gemäß § 275 Abs. 2 Nr. 20, Abs. 3 Nr. 19 HGB
+ gegebenenfalls außerordentlicher Gewinn aus Auflösung vorvertraglicher stiller Reserven;[15]
+ gegebenenfalls außerordentlicher Gewinn aus Auflösung von Sopos mit Rücklageanteil;

---
13 Altmeppen in: MüKo AKtG, § 291, Rn. 56–73 mwN.
14 Soweit der Vertrag dies nicht regelt, hat die Obergesellschaft allerdings keinen Anspruch auf die Hinzurechnung gemäß § 301 Satz 2 AktG.
15 BVerfG NJW 1999, 1699, 1700. Soweit die Obergesellschaft nicht Alleingesellschafterin ist, plädiert *Emmerich* (Aktienkonzernrecht, § 301, Rn. 12 a) für eine „Gewinnausschüttung" mit quotaler Beteiligung der außenstehenden Aktionäre. Dieses Vorgehen wäre systemwidrig. Zum Schutz der außenstehenden Aktionäre sind stille Reserven bei der Berechnung ihrer Ausgleichs- und Abfindungsansprüche zu berücksichtigen (*Hirte*, Großkommentar AktG, § 301 Rn. 22).

+ andere Gewinnrücklagen gemäß § 272 Abs. 3 Satz 2 HGB (nicht aber während der Vertragslaufzeit gebildete Kapitalrücklagen gemäß § 272 Abs. 2 Nr. 4 HGB wegen der fehlenden steuerlichen Anerkennung);[16]
+ Gewinnvorträge;
− Verlustvortrag aus den vorangegangenen Geschäftsjahren, und
− (nur für die AG bzw. KGaA[17]) der höhere Betrag aus (1) dem zur gleichmäßigen Auffüllung der gesetzlichen Gewinnrücklage binnen 5 Jahren erforderliche Betrag (§ 300 Nr. 1 AktG) und dem (2) dem 2% des Grundkapitals entsprechenden Betrag (§ 300 Nr. 2 AktG i.V.m. § 150 Nr. 2 AktG)[18].

Die zugrunde liegende Bilanzierung muss nach HGB erfolgen, auch wenn der Jahresabschluss der Gesellschaft sonst nach IAS/IFRS aufgestellt wird.

V. Sonstige Unternehmensverträge

Wie unter § 1. B. II. 3. b) näher erläutert, folgt aus dem Abschluss eines anderen Unternehmensvertrags nicht *eo ipso*, dass eine Abhängigkeit des Schuldners der vertragstypischen Leistung und damit ein Beteiligungskonzern besteht. Allerdings können die anderen Unternehmensverträge, besonders der Betriebspacht – oder Betriebsüberlassungsvertrag, als Indiz für einen Beteiligungskonzern herangezogen werden. Mit Ausnahme des Teilgewinnabführungsvertrags werden diese Verträge jedoch ohnehin fast ausschließlich im Rahmen von bereits bestehenden Beteiligungskonzernen abgeschlossen.

10

1. Geschäftsführungsvertrag

Dem Ergebnisabführungsvertrag gleichgestellt sind gemäß § 291 Abs. 1 Satz 2 AktG Verträge, wonach sich eine AG oder KGaA verpflichtet, ihr Unternehmen für Rechnung eines anderen Unternehmens zu führen. Im Unterschied zu dem Ergebnisabführungsvertrag entsteht der abzuführende Gewinn erst gar nicht bei der Untergesellschaft, sondern von vornherein nur bei der Obergesellschaft. Geschäftsführungsverträge werden steuerlich nicht als organschaftsbegründend anerkannt und sind daher selten.

11

2. Gleichordnungskonzernvertrag

Der Gleichordnungsvertrag gemäß § 292 Abs. 2, wonach sich die Vertragsparteien einheitlicher Leitung unterstellen, ist nach ganz überwiegender Auffassung kein Unternehmensvertrag.[19] Kartellrechtliche Probleme können sich, wie bereits unter § 1. B. III. erörtert, vor allem für Gleichordnungskonzerne ohne Vertrag ergeben.[20]

12

---

16 Seit der Entscheidung des Bundesfinanzgerichtshofs vom 8.8.2001 (BFHE 196, 485 ff.) und der Orientierung der Finanzverwaltung (BMF-Schreiben v. 27.11.2003) ist die bis dahin abweichende herrschende Meinung in der gesellschaftsrechtlichen Literatur praktisch irrelevant. Vgl. dazu Cahn/Simon Konzern, 2003, 1, 8 f.
17 Für die GmbH wird die Verpflichtung zur Rücklagenbildung sowohl nach § 150 AktG als auch nach § 300 AktG abgelehnt. *Liebscher*, Rn. 731 mwN.
18 Detaillierte Erläuterungen bei *Hirte*, Großkommentar AktG, § 300 Rn. 28 ff.
19 Altmeppen, MüKo AktG, § 291, Rn. 213; Hüffer, § 291 Rn. 34; Emmerich, Aktienkonzernrecht, § 291, Rn. 73; Koppensteiner, Kölner Komm., § 291, Rn. 104.
20 Vgl. BGH NJW 1993, 2114, 2115 a.E.

3. Gewinngemeinschaft

13 Die Gewinngemeinschaft gemäß § 292 Abs. 1 Nr. 1 AktG verpflichtet die beteiligten Unternehmen, ihre Bilanzgewinne zusammenzulegen und nach einem vertraglich festgelegten Schlüssel wieder zu verteilen. Treten keine weiteren Indizien hinzu, begründet die Gewinngemeinschaft keinen Konzern. Ihre praktische Bedeutung ist ebenfalls gering.

4. Teilgewinnabführungsvertrag

14 Nach § 292 Abs. 1 Nr. 2 AktG besteht ein Teilgewinnabführungsvertrag, wenn die Gesellschaft sich verpflichtet, einen Teil ihres Gewinns an einen anderen abzuführen. Da der Teilgewinnabführungsvertrag keine Unternehmereigenschaft des anderen Teils und keinen abzuführenden Mindestbetrag voraussetzt, kommt er vor allem bei stillen Gesellschaften gemäß §§ 230 ff. HGB häufig vor. In diesen Fällen wird in aller Regel kein Beteiligungskonzern bestehen. Genussrechte vermitteln keinen gesellschaftsrechtlichen Einfluss und begründen daher keinen Teilgewinnabführungsvertrag.[21] Gewinnbeteiligungen mit Vorstand, Aufsichtsrat, einzelnen Arbeitnehmern, Lizenzgebern und sonstigen Vertragspartnern im Rahmen des gewöhnlichen Geschäftsverkehrs im Sinne des § 116 HGB sind nach § 292 Abs. 2 AktG keine Teilgewinnabführungsverträge.

15 Höchstrichterlich nicht entschieden ist, ob § 292 Abs. 1 Nr. 2 AktG Anwendung auf die GmbH findet. Das BayOLG hat dies abgelehnt und mit dem Bedürfnis nach Rechtssicherheit begründet.[22] Diese Rechtsprechung ist zu Recht auf Kritik in der Literatur gestoßen.[23] Es dürfte in der Tat kaum zu rechtfertigen sein, warum die Minderheitsgesellschafter der GmbH anders als die der AG die Beschränkung ihres Gewinnrechts ohne ihre Zustimmung hinnehmen müssen. Wir empfehlen daher sicherheitshalber, deren Zustimmung einzuholen und auch sonst die Wirksamkeitsvoraussetzungen der §§ 293–299 AktG zu beachten.

5. Betriebspacht- und Betriebsüberlassungsvertrag

16 Der Betriebspacht- bzw. Betriebsüberlassungsvertrag nach § 292 Abs. 1, Nr. 3 AktG verpflichtet die verpachtende bzw. überlassende Gesellschaft, die Gesamtheit aller ihrer Betriebe an den Betriebspächter bzw. -übernehmer zu verpachten bzw. zu überlassen und ihr ganzes Geschäftsergebnis an diesen abzuführen. Der Betriebspächter bzw. -übernehmer führt den Betrieb also auf eigene Rechnung. Beim Betriebspachtvertrag tut er dies auch im eigenen Namen, beim Betriebsüberlassungsvertrag im Namen der überlassenden Gesellschaft aufgrund Vollmacht.

17 Die Vollmacht und das sonstige Rechtsverhältnis kann in den Grenzen der gesetzlichen Vorschriften frei ausgestaltet werden, also entweder als Prokura gemäß §§ 48, 49 HGB oder als Generalhandlungsvollmacht gemäß § 54 HGB.[24] Betriebspächter bzw. -übernehmer kann jeder sein; die Qualifikation als Unternehmer wird vom Gesetz nicht gefordert.

Das Rechtsverhältnis wird in Entsprechung zum Pachtvertrag (gemäß § 581 ff. BGB analog) bzw. zum Auftrag (nach § 662 ff. BGB analog) konstruiert. Daraus ergibt sich, dass der Pächter bzw. Übernehmer im Gegenzug zur Freistellung und zum Aufwendungsersatz nach § 670 BGB verpflichtet ist.

---

21 BGH NJW 2003, 3412, 3413.
22 BayOLG, NJW-RR 2003, 908, 909, im Anschluss auch LG Darmstadt, ZIP 2005, 402, 404.
23 Emmerich in: Aktienkonzernrecht, § 292, Rn. 37 mwN.
24 Emmerich in : Aktienkonzernrecht, § 292 Rn. 42 f.

6. Betriebsführungsvertrag

Der gesetzlich nicht explizit geregelte Betriebsführungsvertrag stellt das Gegenbild zum Geschäftsführungsvertrag gemäß § 291 Abs. 1 Satz 2 AktG dar: Während bei letzterem das Unternehmen zur Führung ihres Unternehmens auf fremde Rechnung verpflichtet ist, so übernimmt beim Betriebsführungsvertrag ein anderes Unternehmen die Betriebsführung für Rechnung des Unternehmens, dem der Betrieb gehört. Der Betriebsführungsvertrag ist dem vorgenannten Betriebspacht- bzw. Betriebsüberlassungsvertrag nach § 292 Abs. 1, Ziffer 3 AktG gleichzustellen[25] mit der Folge, dass für ihn alle für Unternehmensverträge geltenden Wirksamkeitsvoraussetzungen gelten.[26]

VI. Wirksamkeitsvoraussetzungen (Abschluss, Änderung, Beendigung)

1. Vertragsschluss

Zuständig für den Abschluss des Unternehmensvertrags ist die Geschäftsleitung (in der Regel der jeweilige Vorstand der AG bzw. der Geschäftsführer der GmbH) der beteiligten Unternehmen. Der Unternehmensvertrag als solcher bedarf nicht der notariellen Beurkundung; § 293 Abs. 3 AktG verlangt nur die Schriftform. Ein Gewinnabführungsvertrag kann auch rückwirkend zum Anfang des laufenden Geschäftsjahres des abhängigen Unternehmens abgeschlossen werden, solange das herrschende Unternehmen die Ausgleichspflichten nach §§ 302, 304 AktG für den Zeitraum der Rückwirkung übernimmt und der Jahresabschluss noch nicht festgestellt worden ist.[27] Auch hinsichtlich der Unternehmensverträge gemäß § 292 AktG können die Vertragsparteien die Rückwirkung vereinbaren. Beim Beherrschungsvertrag ist dies hingegen nicht zulässig, denn die Leitungsorgane der beteiligten Rechtsträger müssen, um ihre Sorgfaltspflichten zu erfüllen, stets gegenwärtig wissen, ob sie Weisungen erteilen dürfen bzw. folgen müssen.[28]

2. Gesellschafterversammlung

Da die Unternehmensverträge die Verfassung der beteiligten Rechtsträger verändern (sog. Grundlagengeschäfte), werden sie nur mit Zustimmung der jeweiligen Gesellschafter wirksam. Folgende Formalien sind gemäß § 293 AktG zu beachten:

- Vorbereitung: Vom Zeitpunkt der Einberufung an sind in den Geschäftslokalen der beteiligten Rechtsträger gemäß § 293 f. AktG der Unternehmensvertrag, die Jahresabschlüsse/Lageberichte für die vorangegangenen drei Geschäftsjahre und der Bericht des Vorstands über Ausgleich und Abfindung für außenstehende Aktionäre (§ 293 a AktG) sowie der Prüfungsbericht über die Angemessenheit des Ausgleichs und der Abfindung (§ 293 b–e AktG) auszulegen.

---

25 Emmerich in: Aktienkonzernrecht, § 292, Rn. 58; Koppensteiner, Kölner Komm., § 292, Rn. 81.
26 Zur Abgrenzung zum Beherrschungsvertrag ist maßgeblich, welche wesentlichen Rechte (vor allem weitgehendes Kündigungsrecht) beim Unternehmen verbleiben.
27 So die h.M.; dagegen vertreten Schaber/Hertstein (Konzern 2004, 6, 9 f.) die Auffassung, eine Rückwirkung sei zulässig, bis ein Gewinnverwendungsbeschluss gefasst worden ist.
28 Emmerich in: Aktienkonzernrecht, § 291, Rn. 55 f.; Koppensteiner, Kölner Komm, § 294, Rn. 31–35; a.A. Altmeppen in: MüKo AktG, § 294, Rn. 51 ff.

§ 2 Gesellschaftsrechtliche Fragen

Soweit nicht alle Gesellschafter der beteiligen Rechtsträger auf die beiden Berichte in notarieller Form verzichten (§§ 293 a Abs. 3, 293 b Abs. 2 AktG), ist angesichts der Untersuchung der unabhängigen Prüfer, der dreißigtägigen Einberufungsfrist und des den Beschlussfassungen folgenden Registerverfahrens mit einem zeitlichen Vorlauf von mindestens drei Monaten zu rechnen.

> **Praxishinweis:**
>
> *Soweit die Anteilseigner nicht auf die Vorstands- und Prüfungsberichte verzichten, dauert das gesamte Verfahren bis zur Wirksamkeit des Vertrags durch Registereintragung erfahrungsgemäß mindestens drei Monate.*

21 ■ <u>Mehrheitserfordernisse</u>: Die Gesellschafter der beherrschten bzw. zu der Leistung nach § 292 Abs. 1 Satz 2 AktG verpflichtenden Aktiengesellschaft oder KGaA müssen dem Unternehmensvertrag mit einer Mehrheit von mindestens 75 % des vertretenen Grundkapitals zustimmen. Die Gesellschafterversammlung einer beherrschten GmbH sowie Personengesellschaft muss dem Unternehmensvertrag nach überwiegender – und im Hinblick auf die personalistische Struktur der GmbH vorzugswürdiger – Auffassung einstimmig zustimmen.[29] Nach ebenfalls vorzugswürdiger Auffassung darf auch der Mehrheitsgesellschafter einer abhängigen GmbH bei der Beschlussfassung mit abstimmen.[30] Da der Abschluss eines Unternehmensvertrags der Sache nach einer Satzungsänderung gleichkommt, sollten alle Gesellschafter mitstimmen und der Geltungsbereich des § 47 Abs. 4 GmbHG teleologisch reduziert werden. Fordert man mit der zutreffenden Auffassung für die GmbH Einstimmigkeit, so kommt es aber auf diesen Streit nicht mehr an.

Nach § 293 Abs. 2 AktG ist für den Hauptversammlungsbeschluss der **herrschenden** Gesellschaft ebenfalls eine Mehrheit von mindestens 75 % des vertretenen Grundkapitals erforderlich. Für den Fall einer GmbH als herrschende Gesellschaft hat der Bundesgerichtshof ebenfalls eine Mehrheit von 75 % der abgegebenen Stimmen gefordert.[31]

Aus § 140 Abs. 2 Satz 2 AktG sind bei der Stimmenzählung etwaige Vorzugsaktien bzw. -geschäftsanteile abzusetzen.

> **Praxishinweis:**
>
> *Die Gesellschafterversammlungen aller beteiligter Rechtsträger sollten dem Unternehmensvertrag mit einer Mehrheit von 75 % der abgegebenen Stimmen zustimmen. Die Gesellschafter einer beherrschten GmbH müssen nach umstrittener, aber praktisch vorzugswürdiger Auffassung sogar einstimmig zustimmen.*

22 ■ <u>Notarielle Form</u>: Der dem Unternehmensvertrag zustimmende Hauptversammlungsbeschluss einer abhängigen oder herrschenden AG muss immer notariell beurkundet werden. §§ 130 Abs. 1 Satz 3, 293 Abs. 2 AktG. Dies gilt nicht für den lediglich schriftlich zu fassenden Zustimmungsbeschluss der Gesellschafter einer herrschenden GmbH.[32] Demgegenüber muss der entsprechende Beschluss in der beherrschten GmbH auch notariell beurkundet werden.[33] Der Bundesgerichtshof verlangt diesen notariell beurkundeten Zustimmungsbeschluss auch

---

29 Übersicht über den Streitstand hinsichtlich des Beherrschungs- und Gewinnabführungsvertrags und der übrigen Unternehmensverträge bei *Liebscher*, Rn. 637 und Rn. 670–677.
30 *Liebscher*, Rn. 648 f.
31 BGHZ 105, 324 ff. *Emmerich* in: Aktienkonzernrecht, § 293, Rn. 42 f. und 47 f. Der BGH hat die Frage für die Personengesellschaft (BGH, NJW 1982, 1817, 1818 a.E.) und für die abhängige GmbH (BGHZ 105, 324 ff.) offen gelassen.
32 BHGZ 105, 324 ff. = NJW 1989, 295 ff.
33 BGHZ 105, 324 ff.

dann, wenn die herrschende Gesellschaft alleinige Gesellschafterin der beherrschten Gesellschaft ist. Der BGH begründet dies damit, dass nur so die Gläubiger der abhängigen Gesellschaft ausreichend geschützt werden.[34] Nachvollziehbar ist diese Begründung allenfalls unter dem Gesichtspunkt, dass Notare den Beschluss aufbewahren und gegebenenfalls eine Kopie zur gerichtlichen Beweisführung aushändigen müssen.

Praxishinweis:
Ein notariell beurkundeter Gesellschafterbeschluss ist auch bei 100 %en Anteilsbesitz der Ober- an der Untergesellschaft erforderlich.

3. Anmeldung zum Handelsregister

Nach § 294 Abs. 2 AktG wird der Unternehmensvertrag erst mit Eintragung beim Handelsregister des beherrschten Unternehmens wirksam. Die Anmeldung des Vertrages zu den Handelsregistern des beherrschten Unternehmens bedarf der notariellen Beglaubigung. Nach § 294 Abs. 1 Satz 1 AktG muss das Bestehen und die Art des Unternehmensvertrags sowie der Name des anderen Vertragsteils angemeldet werden. Bei einer Vielzahl von Teilgewinnabführungsverträgen kann jeder Vertrag statt mit dem Namen auch auf andere Art und Weise individualisiert werden. Relevant ist dies vor allem für stille Gesellschaftsverträge. In der Praxis gebräuchlich ist die Angabe des Datums des Vertragsschlusses.

Des Weiteren sollte man zur Beschleunigung des Verfahrens neben dem ohnehin gemäß § 294 Abs. 1 Satz 2 AktG geforderten

- Vertrag samt der Berichte des Vorstands und der Prüfer bzw. der notariellen Verzichtserklärungen auch
- Gesellschafterbeschlüsse des herrschenden Unternehmens,[35] und
- etwa erforderliche behördliche Genehmigungen (z.B. nach KWG) einschließlich der Freigabe durch das Bundeskartellamt oder die Europäische Kommission

der Anmeldung beifügen.

Das herrschende Unternehmen muss hingegen nach überwiegender Meinung den Unternehmensvertrag nicht anmelden.[36] Wir empfehlen, diese Frage mit dem zuständigen Handelsregister abzuklären. Der Registeranmeldung sind – neben dem Vertrag selbst – der ggf. nach § 293a ff. AktG erforderliche Prüfungsbericht und die zustimmenden Gesellschafterbeschlüsse der beteiligten Rechtsträger beizufügen.

4. Änderung

Die Änderung eines Unternehmensvertrags unterliegt zum Einen den gleichen Anforderungen wie der Abschluss. Als Änderung im Sinne des § 295 AktG ist jede inhaltliche Änderung des Vertrags anzusehen. Keine klaren Richtlinien bestehen für die Abgrenzung zwischen „inhaltlichen" und „formalen" Änderungen. Unseres Erachtens sollte man in Anlehnung an § 44a Beurkundungsgesetz abgrenzen, wonach der Notar offensichtliche Unrichtigkeiten durch einen von ihm

---
34 Henze, Rn. 178.
35 BGH NJW 1992, 1452 ff. in einem Fall mit einer GmbH als herrschendes Unternehmen.
36 BGHZ 105, 324 ff.

§ 2 Gesellschaftsrechtliche Fragen

zu unterschreibenden Nachtragsvermerk richtig stellen kann. Keine Vertragsänderung stellen auch Formwechsel und andere Maßnahmen nach dem Umwandlungsgesetz dar, da deren Voraussetzungen abschließend geregelt sind.

26 Zum Anderen müssen die außenstehenden Gesellschafter der Änderung per Sonderbeschluss mit 75 % des bei der Beschlussfassung anwesenden Kapitals zustimmen, wenn ihre Rechtsposition hinsichtlich ihrer Ausgleichs- und Abfindungsansprüche beeinträchtigt wird. Bei einem Vertragsbeitritt ist das nicht der Fall, wenn die außenstehenden Aktionäre „lediglich einen weiteren Schuldner für die Erfüllung ihrer Ansprüche hinzugewinnen."[37] Die Verkürzung der Vertragsdauer stellt der Sache nach eine – zeitlich aufgeschobene – Aufhebung dar, sodass auch hier ein Sonderbeschluss gemäß § 296 Abs. 2 AktG erforderlich ist. Im Gegensatz dazu kommt die Vertragsverlängerung einem Neuabschluss gleich und kann damit ohne Sonderbeschluss herbeigeführt werden.[38]

5. Beendigung

27 Unternehmensverträge können durch alle Vertragsparteien im Wege des Aufhebungsvertrags und einseitig im Wege der Kündigung beendet werden. Jedenfalls die außenstehenden Gesellschafter der Untergesellschaft müssen der Beendigung per Sonderbeschluss zustimmen, soweit der Vertrag Ausgleichs- und Abfindungsansprüche vorgesehen hat, §§ 296 Abs. 2, § 297 Abs. 2 AktG. Aufhebung (§ 296 Abs. 1 Satz 3 AktG) und Kündigung (§ 297 Abs. 3 AktG) bedürfen der Schriftform. Die Beendigung muss gemäß § 298 AktG zum Handelsregister der beteiligten Rechtsträger angemeldet werden.[39] Anders als beim Zustandekommen des Unternehmensvertrags ist die Eintragung der Beendigung allerdings kein Wirksamkeitserfordernis.[40]

Ein weiterer Beendigungsgrund ist in § 307 AktG zum Schutz von außenstehenden Aktionären vorgesehen: Wenn sich diese nach Abschluss eines Beherrschungs- oder Gewinnabführungsvertrags an der Gesellschaft beteiligen, endet der Vertrag zum Ende des im Zeitpunkt des Beitritts laufenden Geschäftsjahres.

a) Aufhebungsvertrag

28 Das Gesetz gestattet die Aufhebung eines Unternehmensvertrags nur mit Wirkung zum Ende des Geschäftsjahres bzw. des relevanten Abrechnungszeitraums der Untergesellschaft und ohne Rückwirkung. Dies ist aus Sicht der Praxis bedauerlich, da es den Gestaltungsspielraum von Unternehmen erheblich einengt. § 296 Abs. 1 AktG ist in seinem Wortlaut jedoch trotz der bekannten Kritik aus der Praxis unverändert geblieben und insoweit eindeutig. Auch der Vertrag mit einer abhängigen GmbH kann nicht rückwirkend aufgehoben werden.[41] Dies gilt nach vorherrschender Ansicht auch für die unterjährige Aufhebung.[42] Zuständig für die Aufhebung ist ausschließlich die

---

37 Leitsatz in: BGH NJW 1992, 2760 (mit weiteren Ausführungen S. 2762).
38 Emmerich in: Aktienkonzernrecht, § 295, Rn. 10; Koppensteiner, Kölner Komm, § 295, Rn. 16 f.
39 Der Anmeldung sollte der Aufhebungsvertrag bzw. die Kündigungserklärung in beglaubigter Kopie beigefügt werden. Nach einhelliger Auffassung in der Literatur (vgl. *Hüffer*, § 298, Rn. 4) kann davon abgesehen werden, auch den Sonderbeschluss der Minderheitsaktionäre beizufügen. Wir empfehlen, dies vorab mit dem Registerrichter zu besprechen.
40 Gewichtige Stimmen in der Literatur (*Emmerich*, Aktienkonzernrecht, § 296, Rn. 7 c) bestreiten dies für die Aufhebung im GmbH-Konzern, weil dort § 54 GmbH analog anzuwenden sei (siehe Erläuterung im weiteren Text).
41 BGH NJW 2002, 822, 823.
42 *Emmerich*, in Scholz, GmbHG, Anh. § 13, Rn. 195; a.A. Paschos/Goslar, 479, 482 ff.

48

Geschäftsleitung der beteiligten Rechtsträger, sodass ein zustimmender Gesellschafterbeschluss grundsätzlich nicht erforderlich ist. Ist eine GmbH Untergesellschaft, wird teilweise wegen der tiefgreifenden Wirkung der Aufhebung ein zustimmender Gesellschafterbeschluss gemäß §§ 53, 54 GmbHG gefordert.[43] Obwohl diese Auffassung mittlerweile von zwei Oberlandesgerichten verworfen worden ist, sollte die Frage vorsichtshalber mit dem Registerrichter besprochen werden.

b) Kündigung

§ 297 Abs. 1 AktG gestattet jedem Vertragsteil die Kündigung des Unternehmensvertrags aus wichtigem Grund. Das Kündigungsrecht besteht unabhängig davon, ob der Vertrag befristet oder unbefristet abgeschlossen worden ist. Die Kündigung wird sofort wirksam. § 297 Abs. 1 Satz AktG nennt als Beispiel eines Grundes die voraussichtliche Unfähigkeit eines Vertragsteils, seine Verpflichtungen zu erfüllen. Die richterlich eine Kündigung rechtfertigenden Gründe sind zumeist durch die dauernde Unzuverlässigkeit oder dauernde wirtschaftliche Schwierigkeiten eines Vertragsteils gekennzeichnet.[44] Kein wichtiger Grund ist nach unterinstanzlicher Rechtsprechung die Veräußerung der Beteiligung an der Untergesellschaft.[45] Die entgegenstehende Regelung in den Körperschaftssteuerrichtlinien sei für das Gesellschaftsrecht unmaßgeblich.

Praxishinweis:

Wir empfehlen, die Veräußerung der Beteiligung an der Untergesellschaft – wenn gewünscht – als außerordentliches Kündigungsrecht im Vertrag auszugestalten.

Das Gesetz erlaubt implizit in § 297 Abs. 2 AktG auch die ordentliche Kündigung ohne rechtfertigenden Grund, soweit dies vertraglich vorgesehen ist. Allerdings ist es im Hinblick auf die steuerliche Anforderung des § 14 Abs. 1 Nr. 3 KStG eine fünfjährige Mindestlaufzeit ratsam, während der das Recht zur ordentlichen Kündigung ausgeschlossen ist.

Anders als beim Aufhebungsvertrag wird die ordentliche Kündigung zu den vertraglich vorgesehenen Kündigungsfristen und nicht erst zum Ende des Geschäftsjahres wirksam. Der Bundesgerichtshof begründet dies damit, dass die Vertragsparteien und deren Gesellschafter bereits vor Abschluss des Unternehmensvertrags die Gelegenheit hatten, sich über die Ausgestaltung der Kündigungsrechte zu informieren.[46] Form, Zeitpunkt des Wirksamwerdens und Anlass der Kündigung sei für sie daher, anders als bei dem nur von den Geschäftsleitungen ausgehandelten Aufhebungsvertrag, vorhersehbar.

6. Unwirksame durchgeführte Verträge

Auf unwirksame Unternehmensverträge sind die Grundsätze der fehlerhaften Gesellschaft anzuwenden, soweit sich die Vertragsparteien so verhalten haben, als bestände ein wirksamer Vertrag.[47] Zum Vollzug des Vertrags gehören nach überwiegender Auffassung in der Literatur neben tatsächlichen Eingriffen der Obergesellschaft in die Geschäftsführung der abhängigen Gesellschaft auch Verlustausgleichsleistungen nach § 302 AktG.[48] Umstritten ist, ob zum Vollzug auch

---
43 Streitstand bei Hüffer, § 296, Rn. 5.
44 Übersicht bei Hüffer, § 297, Rn. 6 f.
45 Übersicht bei Henze, Rn. 195.
46 BGH NJW 1993, 1976, 1980 f.
47 BGH NJW 1988, 1326 ff.
48 Henze, Rn. 215–217 mwN.

die Anmeldung des Vertrags zum Handelsregister gehört. Spätestens ab der sog. „Supermarkt"-Entscheidung des BGH vom 24. Oktober 1988 (BGHZ 105, 324) durfte eine GmbH als Parteien eines Unternehmensvertrags ohne Registereintragung nicht mehr annehmen, dass ein Unternehmensvertrag bestand. Der BGH hat jedoch in seiner Entscheidung vom 11. November 1991 die Registereintragung als nicht erforderlich für den Vollzug des fehlerhaften Unternehmensvertrags angesehen.[49] Diese Rechtsprechung ist unseres Erachtens ist aber praktisch obsolet geworden, da die Finanzverwaltung sämtlichen fehlerhaften Unternehmensverträge die Anerkennung versagt.[50] Dies gilt auch für diejenigen, die aufgrund eines nur anfechtbaren Gesellschafterbeschlusses abgeschlossen wurden.

Wichtigste Rechtsfolgen des fehlerhaften Unternehmensvertrags sind:

- die Verträge sind (gesellschaftsrechtlich) grundsätzlich als wirksam zu behandeln,[51]
- beide Vertragsparteien können den Vertrag jederzeit durch schriftliche zustellungsbedürftige Erklärung für die Zukunft beenden, und
- die Beendigung muss zum Handelsregister angemeldet werden, soweit der Vertrag eingetragen war.

VII. Rechtsfolgen

1. Anwendungsbereich

32 Die Ausgleichs- und Abfindungspflichten sowie die weiteren Rechtsfolgen der §§ 302 ff. AktG gelten nur für Beherrschungs- und Gewinnabführungsverträge. Nach § 302 Abs. 2 AktG ist die Obergesellschaft auch bei Betriebspacht- und überlassungsverträgen ohne angemessene Gegenleistung zum Ausgleich des Jahresfehlbetrags der Untergesellschaft verpflichtet. Wie bereits unter § 2 A. I. 2. erörtert, wird u.a. deshalb für derartige Betriebspacht- und überlassungsverträge generell die Anwendung der §§ 302 ff. AktG diskutiert, was nach unserer Auffassung wegen der insoweit vorrangigen gesetzlichen Regeln der §§ 311 AktG abzulehnen ist.

Grundsätzlich sind die Ausgleichs-, Gläubigerschutz- und Abfindungsregeln der §§ 302–305 AktG auch im Rahmen des GmbH-Vertragskonzerns anwendbar. Auf vereinzelte Ausnahmen werden wir im Folgenden hinweisen.

2. Vermögensbindung bzw. Kapitalerhaltung

33 Nach § 291 Abs. 3 AktG verstoßen Leistungen aufgrund eines wirksamen Beherrschungs- oder Gewinnabführungsvertrags nicht gegen die Gebote der Vermögensbindung aus § 57 ff. AktG. Die Reichweite dieser Befreiung ist in einigen Bereichen lebhaft umstritten: Nicht höchstrichterlich geklärt ist erstens die Anwendung auf § 71 a AktG,[52] zweitens deren Anwendung im faktischen Konzern[53] und schließlich die Frage, ob § 291 Abs. 3 auf §§ 30 ff. GmbHG und die GmbH als Untergesellschaft analoge Anwendung findet.[54] Der Regierungsentwurf zur Novellierung des GmbHG („MoMiG") stellt nunmehr *de lege ferenda* in § 30 Abs. 1 Satz 2 GmbHG n.F. klar, dass

---

[49] BGH NJW 1992, 505, 507.
[50] Abschn. 65 KStR 2004.
[51] BGH NJW 1988, 1326 f.
[52] Bejahend die wohl h.M. *Oechsler*, MüKo AktG, § 71 a, Rn. 8; *Fleischer*, AG 1996, 494 ff.
[53] Siehe unten § 2 B. III. 1.
[54] *Liebscher*, Rn. 734 mwN; *Dampf*, Konzern 2007, 157, 168–170.

Beherrschungs- oder Gewinnabführungsverträge auch die Kapitalerhaltungsvorschriften (nicht aber die Kapitalaufbringungsvorschriften)[55] des GmbHG suspendieren.

Etwas genauer ist indessen zu beleuchten, wie weit die Suspensivwirkung des § 291 Abs. 3 AktG (analog) reicht. Aufgehoben sind § 57 ff. AktG nur hinsichtlich solcher Leistungen, die „aufgrund eines Beherrschungsvertrages oder eines Gewinnabführungsvertrages" erbracht werden. Bei einem Gewinnabführungsvertrag können das nur Leistungen sein, die nach Aufstellung des Jahresergebnisses als Ergebnis abgeführt werden. Deshalb kann die Untergesellschaft unterjährige Zuwendungen wie Kredite oder Sicherheitsleistungen zugunsten der Obergesellschaft nie „aufgrund eines Gewinnabführungsvertrags", sondern nur aufgrund von Weisungen im Rahmen eines Beherrschungsvertrags erbringen. Dagegen scheint die Formulierung des § 30 Abs. 1 Satz 2 GmbHG n.F.[56] großzügiger: Danach gilt das Auszahlungsverbot des § 30 Abs. 1 Satz 1 GmbHG nicht „bei Leistungen, die zwischen den Vertragsteilen eines Beherrschungs- oder Gewinnabführungsvertrags (§ 291 AktG) erfolgen". In der Begründung des Regierungsentwurfs wird die vom Aktiengesetz abweichende Wortwahl nicht weiter erläutert. Interpretiert man die Vorschrift strikt nach dem Wortlaut, so wären auch unterjährige Zuwendungen zwischen Vertragsparteien eines isolierten Gewinnabführungsvertrags zulässig. Dies würde unseres Erachtens dem Zusammenspiel des Gläubiger- und Minderheitenschutzes in den Kapitalersatzvorschriften einerseits und den §§ 291 AktG (analog) nicht gerecht. Denn nach § 291 Abs. 3 AktG soll das geschlossene Schutzsystem des Gewinnabführungsvertrags sowie der §§ 291 AktG die Vermögensbindung der §§ 57 AktG bzw. die Kapitalerhaltung nach § 30 ff. GmbHG ersetzen. Dieser Ersatz kann aber nur soweit reichen, wie der Gewinnabführungsvertrag einen Schutz vorsieht. Deshalb muss auch im Rahmen des § 30 Abs. 1 Satz 2 GmbHG n.F. ein Beherrschungsvertrag geschlossen werden, wenn die Untergesellschaft der Obergesellschaft andere Leistungen als die Ergebnisanführung nach Ende des Geschäftsjahres zuwenden soll.

❗ Praxishinweis:

Wenn die Leistungsbeziehungen und Finanzierung (z.B. beim cash-pool) im Konzern flexibel gestaltet werden soll, hilft ein (isolierter) Ergebnisabführungsvertrag nicht. Vielmehr ist der Abschluss eines Beherrschungsvertrags anzuraten.

3. Ausgleichspflicht gegenüber der Gesellschaft (§ 302 AktG)

Als Gegenstück zur Aufhebung der Vermögensbindung bzw. Kapitalerhaltung und zu den sonstigen Eingriffsrechten der Obergesellschaft ist diese gemäß § 302 Abs. 1 AktG verpflichtet, den während der Dauer des Unternehmensvertrags „sonst", also ohne vorherige Buchung der Ausgleichspflicht, entstandenen Jahresfehlbetrag der Untergesellschaft auszugleichen.

a) Verwendung von Gewinnrücklagen

Wäre die Untergesellschaft nicht abhängig, könnte ihre Geschäftsleitung einen Jahresfehlbetrag verhindern und die Bilanz ausgleichen, indem sie Gewinnrücklagen in Höhe des Jahresfehlbetrags auflöst. Diese Möglichkeit eröffnet § 302 Abs. 1 AktG auch für die durch einen Unternehmensvertrag gebundene Gesellschaft, soweit die Gewinnrücklagen während der Laufzeit des Unternehmensvertrags gebildet wurden.

---

55 Siehe BGH DB 2006, 772 ff.; OLG München, BB 2006, 286.
56 http://www.bundesjustizministerium.de/files/-/2109/RegE%20MoMiG.pdf.

b) Berechnung

37 Der Jahresfehlbetrag ist aus der ordnungsgemäß nach HGB-Vorschriften aufgestellten (Vor-) Bilanz der abhängigen Gesellschaft zu ermitteln, bevor zu ihren Gunsten der Ausgleichsanspruch gegen die herrschende Gesellschaft gebucht worden ist. Verlustvorträge aus der Zeit vor Wirksamkeit des Unternehmensvertrags muss die herrschende Gesellschaft nicht ausgleichen. Andererseits darf gemäß § 301 AktG auch kein Gewinn abgeführt werden, solange der Verlustvortrag nicht abgebaut und statt dessen eine Gewinnrücklage gebildet wurde. Bei unterjährigem Beginn bzw. bei unterjähriger Beendigung des Unternehmensvertrags muss eine Bilanz für den relevanten Zeitraum aufgestellt und der sich hiernach ergebende Fehlbetrag ausgeglichen werden.[57]

38 Nach zutreffender, aber stark umstrittener Ansicht, umfasst der Anspruch aus § 302 AktG nicht den Ersatz sog. Abwicklungsverluste nach Beendigung des Unternehmensvertrags bzw. Liquidationsbeschluss der Untergesellschaft.[58] Zudem versagt der Schutz der §§ 302–305 AktG, wenn die abhängige Gesellschaft durch Auflösung und Abführung aller stiller Reserven *während* der Vertragsdauer so geschwächt ist, dass sie *nach* Ablauf des Vertrags nicht mehr nachhaltig lebensfähig ist.[59] Die Rechtsordnung nimmt diese Schutzlücke gerade für Minderheitsgesellschafter hin. Sicherheitsleistung gemäß § 303 AktG können nur die Gläubiger verlangen. De *lege lata* vermögen wir keine gesetzliche Grundlage für eine extensive Auslegung des § 302 AktG zugunsten von Minderheitsaktionären zu erkennen.

39 Dies erscheint uns jedoch im Hinblick auf Art 14 GG allerdings für jene Konstellationen verfehlt, in denen die Abwicklungsverluste über den gesamten Zeitraum seit Abschluss des Unternehmensvertrags insgesamt dazu führen, dass die Minderheitsbeteiligung deutlich weniger wert ist als ohne Abschluss des Unternehmensvertrags.[60] Nach einer – kontrovers diskutierten – Entscheidung des Bundesverfassungsgerichts kann der Minderheitsaktionär mit seinem Begehr auf vollen Wertersatz nicht auf den Weg des Ausscheidens gegen Abfindung verwiesen werden; denn „… sowohl Ausgleich als auch Abfindung (müssen), je für sich gesehen, zur „vollen" Entschädigung (führen)".[61]

40 Der Ausgleichsanspruch ist grundsätzlich auf Geld gerichtet, kann aber nach neuerer Rechtsprechung des BGH auch in Sachmitteln und im Wege der Aufrechnung mit werthaltigen Forderungen der herrschenden Gesellschaft geleistet werden.[62]

c) Fälligkeit

41 Soweit die Untergesellschaft einen (fiktiven) Jahresfehlbetrag festgestellt hat, entsteht ihr Ausgleichsanspruch gemäß §§ 271, 199 Abs. 1 Nr. 1 BGB sofort zum Ende jedes Geschäftsjahres und nicht erst mit seiner Berechnung im Rahmen der Feststellung der Bilanz.[63]

42 Umstritten ist, ob die herrschende Gesellschaft zu unterjährigen Abschlagszahlungen verpflichtet ist, wenn die beherrschte Gesellschaft in Zahlungsschwierigkeiten gerät. Befürwortet wird dies mit dem Argument, dass der mit der Verlustausgleichspflicht nach § 302 AktG verfolgte gesetz-

---

57 BGH, NJW 1988, 1326, 1327 f.
58 A.A. *Altmeppen*, Münch Komm AktG, § 302, Rn. 39, 71; *Emmerich*, Aktienkonzernrec302, Rn. 39; *Liebscher*, Rn. 743, *Hirte*, Großkommentar, § 302 Rn. 23; wie hier: *Koppensteiner*, Kölner Komm, § 302 Rn. 36 mwN.
59 Cahn, Simon, Konzern 2003, 1, 12 ff.
60 BVerfG NJW 1999, 3769 ff.
61 Beschluss des BVerfG NJW-RR 2000, 842, 843.
62 BGH, DStR 2006, 1564 ff. = BB 2006, 1759 ff. = DB 2006, 1778 ff.
63 BGH, NJW 2000, 210, 211.

liche Zweck auch eine Überlebensgarantie für die beherrschte Gesellschaft umfasse.[64] Dies ist aber ein unzulässiger Zirkelschluss. Dagegen spricht außerdem, dass die gesetzliche Konzeption keinen Liquiditätsschutz, sondern nur einen bilanziellen Schutz vorsieht.[65] Nicht bilanziell wirksame Eingriffe können eine Haftung (nur) auf Grundlage der Rechtsprechung zum existenzvernichtenden Eingriff begründen.

d) Verzinsung

Gemäß §§ 352, 353 HGB ist der Ausgleichsanspruch auch sofort zu verzinsen. Daraus resultiert die folgende Schwierigkeit: Einerseits weiß die Obergesellschaft vor der Feststellung der Bilanz noch nicht, in welcher Höhe der Ausgleichsanspruch entstanden ist. Andererseits fordert aber die Finanzverwaltung die tatsächliche Durchführung des Vertrags einschließlich der Verzinsung, um die Organschaft anzuerkennen. Daher sollte der Vertrag nach unserer Auffassung eine Verzinsung des Anspruchs mindestens in Höhe der nach § 352 HGB vorgesehenen 5 % vorsehen, sofern die Obergesellschaft diesen Betrag dann auch tatsächlich unmittelbar nach der Bilanzfeststellung bezahlt.[66] Alternativ kann die Obergesellschaft zum Bilanzstichtag eine Abschlagszahlung auf den voraussichtlichen Ausgleichsbetrag leisten, sodass nach Bilanzfeststellung nur noch Spitzen ausgeglichen werden müssen.[67]

43

e) Verzicht bzw. Verjährung

Die Untergesellschaft kann gemäß § 302 Abs. 3 AktG erst drei Jahre, nachdem die Eintragung der Beendigung des Unternehmensvertrags im Handelsregister bekanntgemacht worden ist, auf ihren Ausgleichsanspruch verzichten oder sich darüber vergleichen. Die Sperrfrist gilt nicht, wenn die Obergesellschaft zahlungsunfähig oder überschuldet ist und zur Abwendung der Insolvenz oder im Rahmen eines Insolvenzplanverfahrens ein Vergleich mit den Gläubigern geschlossen wird. Eine Sperrminorität von 10 % der außenstehenden Aktionären kann die Wirksamkeit des Verzichts bzw. Vergleichs blockieren, § 302 Abs. 3 Satz 3 AktG.

44

Nach § 302 Abs. 4 AktG i.V.m. § 10 Abs. 2 HGB verjährt der Ausgleichsanspruch zehn Jahre, nachdem die Eintragung der Beendigung des Unternehmensvertrags im Handelsregister bekannt gemacht worden ist.

4. Gläubigerschutz nach Vertragsbeendigung, § 303 AktG

Bei Beendigung des Beherrschungs- oder Gewinnabführungsvertrags ist das herrschende Unternehmen verpflichtet, Gläubigern der beherrschten Gesellschaft Sicherheit gemäß § 232 BGB zu leisten. Praktisch lösen herrschende Unternehmen ihre Verpflichtung zur Sicherheitsleistung häufig durch Übernahme einer – nicht zwingend selbstschuldnerischen – Bürgschaft ab, § 303 Abs. 3 AktG. Das herrschende Unternehmen hat dann eine Wahlschuld im Sinne des § 262 BGB.

45

---

64 Altmeppen, MüKo AktG, § 302, Rn. 36 f., 71; Emmerich, Aktienkonzernrecht, § 302, Rn. 41.
65 Zutreffend Hirte, Großkommentar, § 302, Rn. 62; Im Ergebnis auch Liebscher, Rn. 742; Koppensteiner, Kölner Komm, § 302, Rn. 57 ff.
66 A.A. *Philllipi/Fickert*, BB 2006, 1809, 1811, die verschiedene Gestaltungsmöglichkeiten erwägen und alle als steuerlich riskant bezeichnen. Sieht der Vertrag explizit eine Verzinsung vor, so besteht bei Nichtzahlung der Zinsen ein erhöhtes Risiko, dass die Finanzverwaltung die Organschaft nicht anerkennt.
67 Emmerich, Aktienkonzernrecht, § 302, Rn. 40.

46 Maßgeblich für den Anspruch der Gläubiger ist der Stichtag, an dem die Eintragung der Beendigung des Unternehmensvertrags im Handelsregister bekanntgemacht wurde, § 10 Abs. 2 HGB. Der Gläubiger ist anspruchsberechtigt, wenn seine Forderung *vor dem Stichtag* begründet worden ist und er die Forderung mit spätestens sechs Monate *nach dem Stichtag* dem herrschenden Unternehmen zugehender Mitteilung meldet.

Die vorstehend beschriebene Verpflichtung zur Sicherheitsleistung gemäß § 303 Abs. 1 AktG wandelt sich im Fall der Vermögenslosigkeit der beherrschten Gesellschaft in eine direkte Ausfallhaftung des herrschenden Unternehmens gegenüber den Gläubigern.[68]

47 Weder gesetzlich noch höchstrichterlich geklärt ist die Dauer der Nachhaftung bei Schuldverhältnissen mit lange aufgeschobenem Fälligkeitszeitpunkt (z.B. Miet-, Pacht und Arbeitsverträge). Hier wird zum Einen namentlich von Altmeppen vorgeschlagen, die Dauer entsprechend dem Sicherungsbedürfnis der Gläubiger zu begrenzen.[69] Die Gegenmeinung stellt auf die Fünfjahresfrist der §§ 26, 159, 160 HGB ab.[70] Dieser Auffassung ist im Interesse der Rechtssicherheit zu folgen. Die von Altmeppen dargestellte Situation enttäuschten Vertrauens von Kreditgebern kann nicht eintreten; denn deren Ansprüche werden regelmäßig schon im Zeitpunkt der Beendigung des Unternehmensvertrags im Sinne des § 198 BGB begründet sein. Eine Schutzlücke besteht allerdings zu Lasten von noch nicht unverfallbaren bzw. nicht durch den Pensionssicherungsverein gedeckten betrieblichen Pensionsanwartschaften.

Um einen doppelten Schutz zu vermeiden, sind ab- oder aussonderungsberechtigte Gläubiger gemäß § 302 Abs. 2 AktG aus dem Kreis der anspruchsberechtigten Gläubiger ausgeschlossen.[71]

5. Ausgleich für Minderheitsaktionäre, § 304 AktG

48 Soweit außenstehende Gesellschafter an der Gesellschaft beteiligt sind, muss der Beherrschungs- bzw. Ergebnisabführungsvertrag angemessene Ausgleichszahlungen zu deren Gunsten vorsehen; sonst ist der Vertrag gemäß § 304 Abs. 3 Satz 1 AktG nichtig. Beim isolierten Beherrschungsvertrag und entsprechender Leistungsfähigkeit der Untergesellschaft kann dies durch eine Garantiedividende geschehen, § 304 Abs. 1 Satz 2 AktG. Ansonsten haben das herrschende Unternehmen oder mehrere herrschende Unternehmen als Gesamtschuldner den angemessenen Ausgleich direkt an die Minderheitsgesellschafter zu leisten.

49 Der Ausgleichsanspruch unterfällt dem Schutzbereich des Grundrechts auf Eigentum gemäß Art. 14 GG und muss daher für eine volle Entschädigung der außenstehenden Aktionäre sorgen, wobei der Börsenkurs grundsätzlich als Wertuntergrenze heranzuziehen ist.[72] Richtschnur für die Ermittlung der „Angemessenheit" des Ausgleichs ist, dass die außenstehenden Gesellschafter grundsätzlich jährlich das erhalten sollen, was sie aufgrund ihrer bisherigen Ertragslage nach Schätzung im Zeitpunkt des Vertragsschlusses als Jahresgewinn bekämen, wenn kein Ergebnisabführungs- bzw. Beherrschungsvertrag abgeschlossen worden wäre. Das Ergebnis wird in der Praxis regelmäßig dadurch nach oben korrigiert, dass der Ausgleichsanspruch auf der – tatsächlich eher unwahrscheinlichen – Annahme beruht, dass der gesamte Jahresgewinn ausgeschüttet

---

[68] BGH NJW 1986, 188, 192.
[69] Altmeppen, Münch Komm., § 303, Rn. 31.
[70] Emmerich, Aktienkonzernrecht, § 303, Rn. 11 b; Hirte, Großkomm AktG, § 303, Rn. 17; Koppensteiner, Kölner Komm, § 303 Rn. 16.
[71] Siehe Emmerich, Aktienkonzernrecht, § 303, Rn. 26 für Fälle analoger Anwendung des Abs. 2.
[72] BVerfG NJW 1999, 3769, 3771; BGH NJW 2001, 2080, 2081.

wird.[73] Übersteigt die hypothetische Dividende der unanhängigen Gesellschaft für Vorzugsaktionäre diesen Ausgleichsanspruch, können diese überdies einen entsprechenden Aufschlag verlangen.[74] Die Parteien des Ergebnisabführungs- bzw. Beherrschungsvertrag können zwischen dem sog. festen Ausgleich gemäß § 304 Abs. 2 Satz 1 und – wenn die Obergesellschaft eine AG oder KGaA ist – dem sog. variablen Ausgleich gemäß § 304 Abs. 2 Satz 2, 3 wählen.

a) Fester Ausgleich

Der Ausgleich ist „fest", d.h. für die Dauer des Vertrages gleich bleibend, wenn er aufgrund der bisherigen Ertragslage geschätzt wird. Anders als etwa im Rahmen des § 302 AktG ist die Ausgangsgröße, der künftig zu erwartende Jahresgewinn, nicht streng nach (§ 275 Abs. 2, 3) HGB zu ermitteln.[75] Vielmehr dürfen international übliche Verfahren zur Gewinnermittlung berücksichtigt werden, solange sie im weitesten Sinne die voraussichtliche Ertragskraft des Unternehmens berücksichtigen.[76] Um das Ergebnis nicht durch außergewöhnliche betriebs- oder volkswirtschaftliche Ereignisse zu verzerren, wird der Durchschnitt mehrerer Jahre zugrunde gelegt. Der für die Ertragskraft maßgebliche Betrachtungszeitraum sollte branchenspezifisch, d.h. vor allem unter Berücksichtigung von besonderen Konjunkturschwankungen, ermittelt werden. Darüber hinaus sind folgende Gesichtspunkte zu berücksichtigen: Maßgeblich sind gemäß § 305 Abs. 3 Satz 2 AktG diejenigen Verhältnisse, die im Zeitpunkt der Beschlussfassung der Hauptversammlung über den Vertrag erkennbar sind. Schon erkennbare Entwicklungen bzw. konkrete Planungen dürfen also berücksichtigt werden. Ausgenommen davon werden die durch die Konzernierung entstehenden Vor- oder Nachteile; das Unternehmen ist also isoliert zu betrachten.[77]

50

Die Zuzugs- und Abzugsposten im Einzelnen:[78]

51

Jahresüberschuss gemäß § 275 Abs. 2 Nr. 20, Abs. 3 Nr. 19 HGB zuzüglich zuvor als Steueraufwand abgezogener Beträge oder andere angemessene Ausgangsgröße
- während der Vertragslaufzeit gebildete gesetzliche Gewinnrücklagen,[79]
- die fiktive Körperschaftssteuer, die von der Gesellschaft aufgrund des im Jahr des jeweiligen Ausgleichs geltenden Körperschaftsteuertarifs zu leisten ist;[80]
- Sondereffekte aus der Auflösung von stillen Reserven, sofern dadurch in dem für die Beurteilung der künftigen Ertragskraft relevanten Zeitraum ein punktuell erhöhter Ertrag entstanden ist;
+ zum Stichtag für die Vertragslaufzeit erwartete Erträge aus der Auflösung stiller Reserven,[81]

---

73 *Emmerich*, Aktienkonzernrecht, § 304, Rn. 32 mwN.
74 Roth, Konzern 2005, 685, 689.
75 *Hirte*, Großkomm AktG, § 304, Rn. 73.
76 BGH NJW 2003, 3272, 3273 f. Danach wären auf den abgezinsten Cashflow ausgerichtete Verfahren zulässig, nicht hingegen ein reines Substanzwertverfahren und wahrscheinlich auch nicht das Substanz und Ertragswerte kombinierende Stuttgarter Verfahren.
77 BGHZ 138, 136, 140 = NJW 1998, 1866, 1867.
78 Überblick bei OLG Düsseldorf, NZG 2000, 693 ff.
79 Aber unter Berücksichtigung vorvertraglicher Gewinnrücklagen.
80 BGH, NJW 2003, 3272–3274.
81 OLG Düsseldorf, NZG 2000, 693, 696. In der Literatur wird dagegen häufiger danach differenziert, ob die stillen Reserven „nur" auf Wertsteigerungen beruhen (dann seien sie abzuziehen) oder „aus dem Ertrag gebildet" (sic! *Emmerich*, Aktienkonzernrecht, § 304, Rn. 30) bzw. „aus Erträgen gebildet" (sic! *Hirte*, Großkommentar, § 304, Rn. 78) werden. Unklar bleibt, welche stillen Reserven nicht auf Wertsteigerungen beruhen und wie stille Reserven aus Erträgen bilden können, wo Erträge doch in der Gewinn- und Verlustrechnung gemäß § 275 HGB aufgedeckt und damit realisiert werden müssen. Vgl. den Diskussionsstand bei *Koppensteiner*, Kölner Komm. § 304, Rn. 61 f.

§ 2   Gesellschaftsrechtliche Fragen

+ zur Substanzerhaltung nicht erforderliche Abschreibungen und Wertberichtigungen nach §§ 253, 279 ff. HGB,[82]
+ etwaige Ausgleichs- und Schadensersatzansprüche gegen die Obergesellschaft gemäß §§ 311, 317, und
+ Abzinsung des Ergebnisses auf den Bewertungsstichtag nach der Rentenformel (Basiszins, Abschlag für Inflationsrisiko, Zuschlag für Unternehmensrisiko).

b)   Variabler Ausgleich

52   Die Ermittlung des variablen Ausgleichs fußt auf der Fiktion, die abhängige Gesellschaft sei auf die herrschende Gesellschaft verschmolzen worden. Bei der Bestimmung der Verschmelzungswertrelation ist ein etwaiger Börsenkurs der Untergesellschaft grundsätzlich wiederum als Wertuntergrenze heranzuziehen.[83] Die Erklärungskraft der Fiktion ist allerdings dadurch begrenzt, dass die außenstehenden Aktionäre nicht an künftigen Abführungen der abhängigen Gesellschaft und damit einem etwaigen Wertzuwachs der herrschenden Gesellschaft teilnehmen.

Bei herrschenden Gesellschaften ist der variable Ausgleich auch deshalb die beliebtere Methode, weil zu dessen Berechnung nach überwiegender Ansicht – anders als im Rahmen eines festen Ausgleichs – die tatsächlich geleisteten und womöglich künstlich niedrigen Ausschüttungen der herrschenden Gesellschaft maßgeblich sind.[84] Korrigiert wird dieses Ergebnis nur durch ein *obiter dictum* in der Rechtsprechung des Bundesverfassungsgerichts, wonach eine strikte Thesaurierungspolitik der herrschenden Gesellschaft und geringe bzw. gar keine Ausschüttungen in Anlehnung an § 162 BGB missbräuchlich sein können.[85]

c)   Rechtsfolgen eines unangemessenen Ausgleichs

53   Der Beherrschungs- bzw. Ergebnisabführungsvertrag ist nach § 304 Abs. 3 Satz 1 AktG nur dann nichtig, wenn überhaupt keine Ausgleichszahlung vorgesehen ist. Ist der Ausgleich unangemessen niedrig, kann der außenstehende Aktionär den dem Vertrag zu Grunde liegenden Gesellschafterbeschluss nicht anfechten, sondern nur die Höhe des Ausgleichs im Spruchverfahren nach dem Spruchverfahrensgesetz überprüfen lassen, § 304 Abs. 3 Satz 3 AktG. Nach der Entscheidung des Gerichts kann das herrschende Unternehmen gemäß § 304 Abs. 4 AktG den Beherrschungs- oder Gewinnabführungsvertrag für die Zukunft kündigen, § 304 Abs. 4 AktG.

6.   Abfindung der Minderheitsaktionäre, § 305 AktG

54   Die Minderheitsgesellschafter haben die Wahl, ob sie in der Gesellschaft bleiben und sich nach § 304 AktG einen Ausgleich zahlen lassen oder gemäß § 305 AktG aus der Gesellschaft ausscheiden. Der Beherrschungs- und Gewinnabführungsvertrag muss gemäß § 305 Abs. 1 AktG einen Abfindungsanspruch vorsehen, wobei die Art der Abfindung sich gemäß § 305 Abs. 2 AktG danach unterscheidet, ob

---

82   *Hirte*, Großkomm. AktG, § 304 Rn. 82 mwN.
83   Diese Rechtsprechung des Bundesverfassungsgerichts ist dann problematisch, wenn auch die Aktien der herrschenden Gesellschaft an der Börse gehandelt werden und deren Aktionäre unter Umständen benachteiligt werden.
84   *Hüffer*, § 304, Rn. 15 mwN.
85   BVerfG NJW-RR 2000, 842 = AG 2000, 40, 41 = ZIP 2000, 1804.

- die Obergesellschaft eine nicht abhängige Gesellschaft ist → dann Aktien dieser Gesellschaft,
- die Obergesellschaft ihrerseits eine abhängige Gesellschaft ist → dann Aktien der gegenüber der Obergesellschaft herrschenden Gesellschaft (nur zulässig, soweit diese herrschende Gesellschaft ihren Sitz innerhalb der EU hat) oder Bargeld, und
- in allen übrigen Fällen → Bargeld.

a) Anspruchsinhaber

Der Abfindungsanspruch ist im Vertrag als Verkaufs- bzw Tauschoption zugunsten der Minderheitsaktionäre auszugestalten. Da diese selbst nicht Vertragspartei sind, handelt es sich hierbei um einen echten Vertrag zugunsten Dritter.[86] Inhaber des Anspruchs kann nur derjenige sein, der im Zeitpunkt der Begründung bzw. des Bestehens des Beherrschungs- bzw. Gewinnabführungsvertrags außenstehender Gesellschafter war. Der Der BGH hat gegen die bis dahin herrschende Auffassung in der Literatur[87] entschieden, dass der Abfindungsanspruch

- sich ausschließlich aus dem Vertrag ergibt und nicht in der Aktie verkörpert ist,
- zwar nach Beendigung des Vertrags fortbesteht, dann aber ohne Zustimmung der Vertragsparteien nicht mehr übertragen werden kann.[88]

b) Höhe der Abfindung

Die Höhe der Abfindung ist – wie beim variablen Ausgleich im Rahmen des § 304 AktG – nach dem Umtauschverhältnis zu bestimmen, das bei einer Verschmelzung der Vertragsparteien angemessen wäre.

Die Grundsätze zur Wertberechnung nach einer Ertragswertmethode zu § 304 AktG sind auch hier zu beachten. Anders als bei der Berechnung des Ausgleichs sind hier jedoch auch vorvertraglich gebildete stille Reserven und damit im gewissen Sinn auch die „Substanz" der Untergesellschaft zu berücksichtigen.[89] Der Börsenkurs stellt wiederum grundsätzlich die Wertuntergrenze dar. Ausnahmen davon sind dann angezeigt, wenn

(1) über einen längeren Zeitraum mit Aktien der Gesellschaft praktisch kein Handel stattgefunden hat,

(2) auf Grund einer dauerhaften Marktenge der einzelne Aktionär nicht in der Lage ist, seine Aktien zum Börsenpreis zu veräußern,

(3) der Börsenpreis manipuliert worden ist, oder

(4) der Börsenkurs noch durch ein Abfindungsangebot aus einem früheren Unternehmensvertrag geprägt war.[90]

Der Abfindungsanspruch ist gemäß § 305 Abs. 3 Satz 3 AktG mit 2 % über dem Basiszinssatz gemäß § 247 BGB zu verzinsen.

---

86 BGH NJW 1997, 2242 ff.
87 Vgl. Hüffer, § 305, Rn. 7 mwN.
88 BGH NJW 2006, 3146 ff., BVerfG DStR 2007, 960 ff. = WM 2007, 1179 = ZIP 2007, 1055.
89 Von daher ist – anders als bei § 304 AktG – auch das Stuttgarter Verfahren nicht von vornherein als unzulässige Methode zu werten. Vgl. auch Hüffer, § 305, Rn. 20.
90 OLG Düsseldorf, NZG 2007, 36, 39 f.

c) Befristung

59 Nach dem Gesetz kann der Minderheitsaktionär die Verkaufsoption während der gesamten Laufzeit des Unternehmensvertrags ausüben. Der damit einhergehenden Planungsunsicherheit kann die Obergesellschaft begegnen, indem sie auf eine Befristung des Abfindungsangebots im Unternehmensvertrag drängt, § 304 Abs. 4 Satz 1 AktG. Gemäß § 304 Abs. 4 Satz 2 AktG i.V.m. § 10 HGB beträgt die Frist mindestens zwei Monate seit der Bekanntmachung der Eintragung des Vertrags im Handelsregister. Ist ein Antrag auf Überprüfung im Spruchverfahren gestellt, so darf der Abfindungsanspruch frühestens zwei Monate nach Bekanntmachung der Entscheidung im elektronischen Bundesanzeiger enden.

d) Spruchverfahren

60 Fehlt ein Abfindungsanspruch oder hält ein Minderheitsaktionär die vertraglich vorgesehene Abfindung für unangemessen niedrig, kann dieser im Spruchverfahren gemäß § 305 Abs. 5 Satz 2 und 3 AktG die Höhe der Abfindung überprüfen lassen. Wegen der Abfindungshöhe und des Ob einer Abfindung kann der Minderheitsaktionär nicht mehr den zustimmenden Hauptversammlungsbeschluss der Untergesellschaft anfechten, § 305 Abs. 5 Satz 1 AktG. Hinsichtlich der weiteren Einzelheiten des Spruchverfahrens müssen wir auf die einschlägige Kommentierung verweisen.

7. Vertragsbeendigung im Fall des Beitritts und zur Sicherung außenstehender Gesellschafter, § 307 AktG

61 Tritt ein Minderheitsaktionär einer bis dahin von einem Alleingesellschafter gehaltenen Konzerngesellschaft bei, so endet ein mit dieser abgeschlossener Beherrschungs- oder Gewinnabführungsvertrag spätestens mit dem Ende des Geschäftsjahres des Beitritts, § 307 AktG.

Ein Unternehmensvertrag ohne Minderheitsaktionär wird regelmäßig keine Ausgleichs- und Abfindungsregelungen gemäß §§ 304, 305 AktG vorsehen.[91] Die zwingende Beendigung des § 307 AktG bezweckt, den Abschluss eines neuen Unternehmensvertrag mit Ausgleichs- und Abfindungsregelungen zum Schutz der Minderheitsaktionäre herbeizuführen.

62 Allerdings ist der gesetzgeberische Sinn fragwürdig, wenn die beitrittswilligen Minderheitsaktionäre von dem Unternehmensvertrag wissen und gleichwohl beitreten wollen. Angesichts des klaren Wortlauts der Vorschrift ist die Rechtsfolge der Beendigung für die AG unumgehbar. Nach unserer Auffassung sollte aber § 307 AktG allenfalls dann analog auf den Beitritt eines Minderheitsgesellschafters einer GmbH anzuwenden sein,[92] wenn dieser nichts über den Unternehmensvertrag weiß und wissen kann. Anderenfalls würde die zwingende und rigide Rechtsfolge des § 307 AktG die Flexibilität von Transaktionen ohne erkennbaren Schutz auch in der GmbH einschränken.

---

91 Die Vorschrift gilt aber auch bei Vorratsregelungen. Vgl. *Hüffer*, § 307, Rn. 1.
92 Meist wird der Unternehmensvertrag schon im Handelsregister eingetragen sein, so dass ein Wissenmüssen in aller Regel zu bejahen ist. Die Frage der analogen Anwendung auf die abhängige GmbH ist höchstrichterlich noch nicht geklärt. Übersicht über den Streitstand bei Pluskat, Konzern 2004, 525, 529 f.

B. Leitung und Haftung

I. Geschäftsleitung

Immer wieder wird die Frage diskutiert, inwieweit und in welcher Intensität die Geschäftsführung eine Pflicht zur Konzernleitung trifft. Zunächst ist dabei zwischen der Leitung der Obergesellschaft und der der Untergesellschaft zu differenzieren. Für den Vorstand der Obergesellschaft bestehen wiederum unterschiedliche Anforderungen gegenüber der eigenen Gesellschaft und der abhängigen Gesellschaft.

1. Grundlegendes

Die Organisationsverfassung der Aktiengesellschaft sieht vor, dass der Vorstand die Gesellschaft unter eigener Verantwortung leitet (§ 76 AktG). Ihm steht dabei gemäß der *business judgement rule* ein weiter unternehmerischer Ermessensspielraum zu. Der Vorstand legt die Richtlinien der Unternehmenspolitik nach eigenem Ermessen fest und ergreift die erforderlichen Maßnahmen, die für deren Umsetzung notwendig sind. Weder der Aufsichtsrat noch die Hauptversammlung sind dem Vorstand gegenüber berechtigt, konkrete Weisungen zu erteilen. Das einzige begrenzende Moment der Leitungsmacht des Vorstandes in der unverbundenen Aktiengesellschaft ist – vereinfacht ausgedrückt – die Grenze des unternehmerischen Ermessensspielraums.

Wenn eine Aktiengesellschaft ihre unternehmerische Tätigkeit nicht mehr (nur) unmittelbar verfolgt, sondern sich einer Vielzahl von Beteiligungen oder eigener Tochtergesellschaften bedient, hat dies Auswirkungen auf die inhaltliche Qualität der Leitungsbedingungen des Vorstands. Denn der Vorstand leitet nicht mehr nur seine „eigene" Gesellschaft, sondern er hat zusätzlich die Aufgabe der Konzernführung. § 76 AktG nimmt in diesem Zusammenhang keine Differenzierung zwischen den Leitungsorganen unverbundener und verbundener Aktiengesellschaften vor, so dass sich aus dieser Vorschrift nicht unmittelbar erschließt, welchen Leitungsauftrag der Vorstand gegenüber seiner eigenen Gesellschaft bzw. gegenüber der abhängigen Gesellschaft zu erfüllen hat. Nicht zuletzt treffen die Leitungsorgane der abhängigen Gesellschaften (beim Vertragskonzern eingeschränkte) eigene Leitungspflichten aus § 76 AktG,[93] die mit Leitungspflichten und Leitungsrechten des Vorstands der herrschenden Gesellschaft kollidieren können. Das gesamte Thema wird in Rechtsprechung und Literatur unter dem Schlagwort der **Konzernleitungspflicht** diskutiert und kann wie folgt beschrieben werden.

---

[93] Emmerich/Habersack, Aktien- und GmbH-Konzernrecht, 4. Aufl. 2005, § 311 Rn. 10 f., 78 f.; Hüffer, AktG, 7. Aufl. 2006, § 76, Rn. 17; Fleischer, DB 2005, 759, 760.

2. Vorstand der Obergesellschaft

a) Die Leitungsverpflichtung des Vorstands gegenüber der herrschenden Gesellschaft

65 Der Vorstand einer Muttergesellschaft ist nach einhelliger Auffassung nicht nur verpflichtet, sein Unternehmen eigenverantwortlich zu leiten, sondern ebenso die Konzernunternehmen. Dies lässt sich damit begründen, dass eine einflussermöglichende Beteiligung in der Regel nicht nur reine Finanzanlage ist, sondern Nutzbarmachung unternehmerischen Potenzials. Nur wenn die Satzung der Aktiengesellschaft den Erwerb einer kapitalistischen Beteiligung als reine Finanzanlage vorsieht, braucht der Vorstand die abhängige Gesellschaft nicht in seine Konzernleitung einzubeziehen.

66 Damit ist allerdings noch keine Aussage zur gebotenen Leitungsintensität im Hinblick auf eine unternehmerische Beteiligung getroffen. Einige Autoren im juristischen Schrifttum legen das Normprogramm des § 76 Abs. 1 AktG sehr weit aus: Demnach wäre die herrschende Gesellschaft und damit deren Vorstand zur Einflussnahme bereits dadurch verpflichtet, dass ein tatsächliches Einflusspotenzial auf die Geschäftsführung im Konzern und damit auch auf die Geschäftsführung der Untergesellschaft besteht.[94] Daraus folgt auch im Konkreten eine weitgehende Verpflichtung zur Einflussnahme auf die Geschäftsführung der abhängigen Gesellschaften (z.B. konkrete Vorgaben an die Geschäftsführung, Kontrolle von Geschäftsführungsentscheidungen, eigene aktive Eingriffsmöglichkeiten).[95] Die herrschende Gegenansicht in der Literatur lehnt diese umfassende Verpflichtung des Vorstandes zur Konzernleitung mit Blick auf den weiten unternehmerischen Ermessensspielraum ab. Von diesem Ermessenspielraum muss auch die Entscheidung umfasst sein, mit welcher Intensität der Vorstand den Konzern leiten möchte. So ist es dem Vorstand beispielsweise gestattet, den Konzern bewusst dezentral zu leiten, sprich die Konzernunternehmen im weiten Sinne selbstständig operieren zu lassen, so lange dies dem Konzernganzen zuträglich ist. Er kann aber ebenso eine zentrale Konzernorganisation wählen.

> **❗ Praxishinweis:**
> *Nach herrschender und vorzugswürdiger Ansicht ist der unternehmerische Ermessensspielraum des Vorstands auch bei der Ausgestaltung seiner Konzernleitungspflicht zu respektieren.*

67 Weiter ist zwischen dem faktischen Konzern und dem Vertragskonzern zu differenzieren. Im ersteren Fall wird dem Vorstand ein weiter Ermessensspielraum im Hinblick auf die Intensität der Konzernführung zugesprochen, wohingegen im letzteren Fall eine intensivere Leitungspflicht verlangt wird.

68 Damit lässt sich feststellen, dass der Vorstand der Muttergesellschaft im Rahmen der Konzernleitung als Mindeststandard zur Konzernkontrolle, d.h. zur Überwachung der Konzernunternehmen im Hinblick auf deren Geschäfts- und Ergebnisentwicklung durch ein Konzerncontrolling bzw. eine Konzernrevision, und zur sachgerechten Konzernorganisation (Aufbau- und Ablauforganisation) verpflichtet ist. Ebenso fällt die Sicherung der konzernweiten Liquidität und des konzernweiten Informationsflusses in seinen Verantwortungsbereich.

---

94 S. Hommelhoff, S. 417f.; vgl. auch die Darstellung bei Wagner, S. 111 ff.
95 Hommelhoff aaO.

b) Die Leitungsverpflichtung des Vorstands gegenüber der abhängigen Gesellschaft

Den Konzernvorstand treffen gegenüber der abhängigen Gesellschaft nicht die gleichen Leitungspflichten wie gegenüber der herrschenden („eigenen") Gesellschaft. Dagegen spricht bereits, dass der Vorstand der abhängigen Gesellschaft weiterhin zur eigenverantwortlichen Leitung (§ 76 AktG) verpflichtet ist. Dies gilt gerade im faktischen Konzern. Selbst im Vertragskonzern gilt für den Konzernvorstand nur das Weisungsrecht (nicht: Weisungspflicht) nach § 308 AktG. Die Annahme einer Konzernleitungspflicht würde das eigenverantwortliche Leitungsermessen des Vorstands über Gebühr einschränken. Dafür gibt es weder eine rechtliche Grundlage noch ein praktisches Bedürfnis.

3. Vorstand der Untergesellschaft

a) Vertragskonzern bzw. eingegliederte Gesellschaft

Für den Vorstand einer eingegliederten bzw. einer durch einen Beherrschungsvertrag nach § 291 AktG beherrschten Aktiengesellschaft gilt § 76 AktG nur eingeschränkt bzw. gar nicht.[96] Dies folgt daraus, dass der Vorstand der Hauptgesellschaft bzw. der herrschenden Gesellschaft gegenüber dem Vorstand der Untergesellschaft weisungsbefugt ist.[97] Diese Weisungsbefugnis findet ihre Grenzen naturgemäß in gesetzes- oder satzungswidrigen Weisungen. Zudem besteht auch ein „unveräußerlicher Kernbereich"[98] der Leitungsbefugnis des Vorstandes der Untergesellschaft, deren konkrete Ausgestaltung allerdings unklar ist und in der Rechtsprechung noch nicht weiter ausdifferenziert wurde. Umsetzungsakte der Konzernleitung (z.B. die arbeitsrechtlichen Anweisungen an Arbeiter und Angestellte) und auch die Überwachung der Geschäfts- und Ergebnisentwicklung dürfte aber beim Vorstand des abhängigen Unternehmens verbleiben.[99]

Macht der konzernführende Vorstand hingegen keinen Gebrauch von seinem Weisungsrecht, bleibt es beim allgemeinen Anwendungsbereich des § 76 AktG.[100]

b) Faktischer Konzern

Im faktischen Konzern hat der Vorstand keinerlei weitere Einschränkung seiner Leitungsmacht hinzunehmen. Insbesondere ist er nicht verpflichtet, Weisungen des Konzernvorstandes zu befolgen. Allerdings hat er bei Weisungen durch den konzernleitenden Vorstand diese im Rahmen seines allgemeinen Leitungsermessens pflichtgemäß zu berücksichtigen.

---

96 Hefermehl/Spindler in: MüKo AktG, Band 3, 2. Aufl. 2004, § 76 Rn. 35 f.; Hüffer, AktG, 7. Auflage 2006, § 76 Rn. 18.
97 §§ 323 Abs. 1, 308 AktG.
98 S. z.B. Liebscher in: Becksches Handbuch der AG, § 6, Rn. 118.
99 Liebscher aaO.
100 Emmerich/Habersack, Aktien- und GmbH-Konzernrecht, 4. Aufl. 2005, § 308 Rn. 34.

> **Praxishinweis:**
>
> *Zusammenfassend lässt sich sagen, dass der Vorstand einer Konzernobergesellschaft gegenüber seiner eigenen Gesellschaft verpflichtet ist, den Konzern im Rahmen seines unternehmerischen Leitungsermessens zu führen. Eine solche Pflicht besteht dagegen nicht gegenüber dem abhängigen Unternehmen. Dem Vorstand einer Untergesellschaft im faktischen Konzern steht das uneingeschränkte Leitungsermessen nach § 76 AktG zu. In einem Vertragskonzern bzw. einer eingegliederten Gesellschaft kann sich der Vorstand nur eingeschränkt bzw. gar nicht auf § 76 AktG berufen.*

II. Mitbestimmung

72 Anders als im Aktienrecht wird für das deutsche Mitbestimmungsregime zum Teil ein anderer, funktionaler Konzernbegriff zu Grunde gelegt. Anknüpfungspunkt ist nicht der gesellschaftsrechtliche Konzernbegriff, sondern die jeweilige gesetzliche Wertung, z.B. in § 5 MitbestG, § 2 DrittelBG, § 6 f. EBRG, §§ 54 ff. BetrVG.

73 In einer Aktiengesellschaft mit in der Regel mehr als 2000 Arbeitnehmern, welche nicht der Montanmitbestimmung unterliegt und auch nicht als so genanntes Tendenzunternehmen oder Unternehmen von Religionsgemeinschaften anzusehen ist, sind die Hälfte der Aufsichtsratsmitglieder von Seiten der Arbeitnehmer zu wählen. Dabei wächst der Aufsichtsrat in Abhängigkeit von der Arbeitnehmeranzahl. Unter den von den Arbeitnehmern zu wählenden Mitgliedern müssen sich mindestens ein Arbeiter, ein Angestellter, ein leitender Angestellter sowie Gewerkschaftsvertreter befinden.

Nach Ansicht des BVerfG wird dem verfassungsrechtlich garantierten Grundrecht der Aktionäre auf Eigentum dadurch hinreichend Rechnung getragen, dass der Aufsichtsratsvorsitzende bei Stimmengleichheit von den Anteilseignern gestellt wird und bei Pattsituationen ein Zweistimmenrecht besitzt.

Drittelparitätisch zusammengesetzt ist der Aufsichtsrat bei Aktiengesellschaften, die nicht mehr als 2000 Arbeitnehmer beschäftigen, nicht der Montanmitbestimmung unterliegen und auch nicht als so genanntes Tendenzunternehmen oder Unternehmen von Religionsgemeinschaften anzusehen sind. Auch diese drittelparitätische Mitbestimmung findet allerdings nicht statt, sofern die Gesellschaft entweder unter 500 Arbeitnehmer beschäftigt und frühestens am 10. August 1994 in das Handelsregister eingetragen worden ist oder sofern es sich – im Falle einer früheren Eintragung – um ein so genanntes Familienunternehmen handelt.

74 Die Mitbestimmung von Arbeitnehmern zielt auf eine Beteiligung der Arbeitnehmer an unternehmerischen Entscheidungen im Aufsichtsrat ab. Daher durchbricht die gesetzlichen Wertung des § 5 Abs. 3 MitbestG die in § 18 Abs. 1 Satz 3 AktG zu Grunde liegende Vermutung, dass im Unterordnungskonzern mehrere Unternehmen nur unter einheitlicher Leitung eines anderen Unternehmens stehen können. Es wurde bereits o. § 1.B.II.5 darauf hingewiesen, dass der „Konzern im Konzern" im Gesellschafts- und Handelsrecht überwiegend nicht anerkannt wird. Für das Mitbestimmungsrecht sind Begriff und Funktion allerdings dogmatisch wie praktisch äußerst relevant. § 5 Abs. 3 MitbestG und die daran anknüpfende Rechtsprechung bezweckt, der Mitbestimmung möglichst weitgehende Geltung zu verschaffen – wenn nicht bei der Konzernleitung, so doch bei dem der Konzernleitung am nächsten stehenden Unternehmen, das mitbestimmungspflichtig und über das die Konzernleitung andere Konzernunternehmen beherrscht.[101]

---

101 So das OLG Stuttgart (NJW-RR 1995, 1067) für den Fall einer schweizerischen Konzernspitze.

Diese mitbestimmungsrechtliche Einordnung bzw. Anknüpfung des Konzerns hat in der Praxis Vermeidungsstrategien zur Folge, z.B. durch Verlagerung von Entscheidungskompetenzen auf Dritte. In solchen Konstellationen kann die wirtschaftliche Mitbestimmung der Arbeitnehmer unterlaufen werden. Daher ist eine solche Verlagerung nur in engen gesetzlichen Grenzen zulässig. So wird der Konzern mitbestimmungsrechtlich derart als Einheit behandelt, dass das Mitbestimmungsrecht der Arbeitnehmer dort ansetzt, wo die maßgeblichen Entscheidungen fallen, z.B. im Aufsichtsrat des herrschenden Unternehmens. Im Ergebnis gelten dann Arbeitnehmer der Konzerngesellschaft als Arbeitnehmer des herrschenden Unternehmens, so dass auch bei dem herrschenden Unternehmen ein Aufsichtsrat zu bilden ist, sofern die Gesamtzahl der Arbeitnehmer des Konzerns in der Regel mehr als 2000 beträgt.[102]

Wurde die Gesellschaft an der Konzernspitze in einer mitbestimmungsfreien Rechtform gegründet, beispielsweise als Einzelkaufmann, BGB-Gesellschaft, OHG oder als ausländisches Unternehmen, so ist ein mitbestimmter Aufsichtsrat bei der Spitze des Teilkonzerns zu bilden. Das MitbestG stellt für das Unternehmen, das im Teilkonzern der Konzerspitze am nächsten steht, die Fiktion auf, dieses sei das „herrschende Unternehmen". Zu berücksichtigen ist an dieser Stelle allerdings, dass diese Fiktion alleine nicht ausreicht, um eine Zurechnung von Arbeitnehmern zu begründen. Denn ein Unterordnungskonzern liegt erst dann vor, wenn das herrschende Unternehmen zugleich auch die einheitliche Leitung ausübt. Ist die Zwischengesellschaft an der Leitung der Untergesellschaft hingehen nicht beteiligt, so besteht auch kein Anlass dafür, die Arbeitnehmer der Untergesellschaft im Aufsichtsrat der Zwischengesellschaft zu beteiligen.

III. Haftung im faktischen Konzern

Die Haftungsfolgen des faktischen, also nur auf Beteiligungsverhältnisse gründenden, Konzerns werden in der Praxis häufig unterschätzt. Viele Unternehmen scheinen die gravierenden Folgen der verschuldens- und kenntnisunabhängige Haftung gemäß §§ 311, 317 AktG nicht immer im Blick zu haben.[103] Andererseits bietet der faktische Konzern Gestaltungsspielräume, die bisweilen übersehen werden: Aus der Zulässigkeit der Nachteilszufügung (bei hinausgeschobenem Nachteilsausgleich zum Geschäftsjahresende) ist zu entnehmen, dass das Gesetz faktische Konzerne anerkennt. Insofern werden §§ 117, 243 Abs. 2 AktG verdrängt, die es der herrschenden Gesellschaft sonst verbieten würden, auch nur vorübergehend auf Kosten der abhängigen Gesellschaft Sondervorteile zu erlangen. Im Folgenden gehen wir auf die wichtigsten Rechtsfolgen des faktischen Konzerns ein:

- das Recht des herrschenden Unternehmens, für das abhängige Unternehmen nachteilige Maßnahmen zu ergreifen, sofern diese ausgeglichen werden, § 311 AktG (siehe unten 1.);
- der Schadensersatzanspruch des abhängigen Unternehmens bei fehlendem Nachteilsausgleich, § 317 AktG (siehe unten 2.);
- die Pflicht des abhängigen Unternehmens zur Erstattung eines Abhängigkeitsberichts, §§ 312–316 AktG sowie die Verantwortung der Geschäftsleitung bei fehlendem oder fehlerhaftem Bericht, § 318 AktG (siehe unten 3.); und
- das Regelungsregime für die abhängige GmbH (siehe unten 4.).

---

102 Aktionäre, die die Mitbestimmung aus welchen Gründen auch immer ablehnen, können Entscheidungen nur in engem, gesetzlich begrenzten Umfang verlagern. Eine Alternative wäre die Wahl der Rechtsform der Europäischen Gesellschaft (SE), da in der SE ein weniger strenges Mitbestimmungsmodell möglich ist.
103 *Ekkenga/Weinbrenner/Schütz* (Konzern 2005, 261 ff.) berichten, dass weniger als 25% der ausgleichspflichtigen Unternehmen den Ausgleich tatsächlich leisten.

§ 2 Gesellschaftsrechtliche Fragen

1. Möglichkeit und Grenzen der Nachteilszufügung

78 Nach § 311 Abs. 1 AktG ist es dem herrschenden Unternehmen untersagt, die abhängige Gesellschaft zu einer nachteiligen Maßnahme zu veranlassen, ohne dass es den Nachteil ausgleicht. Die Norm setzt eine abhängige[104] AG oder KGaA voraus. Auf die GmbH finden die §§ 311 ff. AktG nach herrschender Meinung keine Anwendung.[105] § 311 AktG soll neben Minderheitsaktionären und Gläubigern auch die Gesellschaft selbst schützen.

79 Nach vorzugswürdiger Auffassung[106] verdrängen die §§ 311, 317 AktG die Vorschriften über die Vermögensbindung nach §§ 57 ff. AktG, bis feststeht, dass das herrschende Unternehmen keinen Nachteilsausgleich gewährt hat. Denn bis dahin steht ihr das Privileg des aufgeschobenen Nachteilsausgleichs gemäß § 311 Abs. 2 AktG zu. Nach diesem Zeitpunkt finden §§ 311, 317 AktG und §§ 57 ff. AktG parallel Anwendung.

a) Nachteil

80 Vor dem Hintergrund des Schutzzwecks des § 311 AktG ist unter einem Nachteil jede Minderung oder konkrete Gefährdung der Vermögens- oder Ertragslage der Gesellschaft zu verstehen, soweit sie auf die Abhängigkeit zurückzuführen ist.[107] Nach ganz herrschender Meinung fehlt es an einem Nachteil, wenn ein ordentlicher und gewissenhafter Geschäftsleiter einer unabhängigen Gesellschaft sich ebenso verhalten hätte wie der Vorstand der abhängigen Gesellschaft.[108] Maßgeblich für das Vorliegen eines Nachteils ist das fiktive Verhalten einer Gesellschaft, die zwar nicht in einem Abhängigkeitsverhältnis zu dem herrschenden Unternehmen steht, die aber im Übrigen unter den gleichen tatsächlichen und rechtlichen Bedingungen wie die abhängige Gesellschaft zu agieren hat.

Maßgeblicher Zeitpunkt für die Beurteilung des nachteiligen Charakters und der Höhe des Nachteils ist der Zeitpunkt der Vornahme des Rechtsgeschäfts. Es ist also eine *ex-ante*-Prognose anzustellen, wobei sämtliche Umstände zu berücksichtigen sind, die einem ordentlichen und gewissenhaften Geschäftsleiter zum damaligen Zeitpunkt erkennbar gewesen wären.[109]

> **Beispiel:**
> Als die Regulierungsbehörde für den Bund im August 2000 UMTS-Lizenzen versteigerte, ersteigerte eine Konzerntochter der im Mehrheitsbesitz des Bundes stehende Deutsche Telekom AG zwei Lizenzpakete für rund 16,5 Milliarden DM. Ein Aktionär der Deutschen Telekom AG nahm den Bund aus §§ 317, 311 AktG in Anspruch. Das OLG Köln hat in der Ersteigerung kein nachteiliges Rechtsgeschäft gesehen, da den „exorbitanten Kosten für die Lizenz im Zeitpunkt der Ersteigerung enorme wirtschaftliche Chancen gegenüberstanden".[110]

81 Nachteilig sind alle Geschäfte, bei denen der Wert der Leistung des herrschenden Unternehmens nicht vollständig dem Wert der Leistung des beherrschten Unternehmens entspricht. Die Äquivalenz von Leistung und Gegenleistung muss für alle Typen von Geschäften (Konzernverrech-

---

104 Zur Begriffsbestimmung siehe oben § 1 B. II. 4. a).
105 Siehe unten IV.
106 OLG Stuttgart Ag 1994, 411, 412; *Hüffer*, § 311, Rn. 49 mwN.
107 BGHZ 141, 79, 84; *Habersack* in: Aktienkonzernrecht, 4. Aufl., § 311 Rn. 39.
108 *Hüffer*, AktG, § 311 Rn. 27; *Kropff* in: MüKo. AktG, § 311 Rn. 139 f.; *Koppensteiner* in: Kölner Komm., § 311 Rn. 36.
109 ganz hM. *Habersack* in: Aktienkonzernrecht., § 311 Rn. 44; *Hüffer*, AktG, § 311 Rn. 28; *Kropff* in: MüKo. AktG, § 311 Rn. 141; *Koppensteiner* in: Kölner Komm., § 311 Rn. 39.
110 OLG Köln, NZG 2006, 547 ff. (noch nicht rechtskräftig).

nungspreise, konzerninterne Darlehen oder sonstige Finanzierungsmaßnahmen, Konzernumlagen, Steuerumlagen) je einzeln geprüft werden. Pauschalierungen sind nicht möglich.

b) Veranlassung

Es muss eine kausale Verknüpfung zwischen dem Einfluss des herrschenden Unternehmens auf die Gesellschaft und der Veranlassung zu einer nachteiligen Maßnahme bestehen. Eine Veranlassung setzt voraus, dass das herrschende Unternehmen, gestützt auf seinen Einfluss, das Verhalten der abhängigen Gesellschaft zu bestimmen versucht.[111]

Nach der herrschenden Meinung ist allein aufgrund der faktischen Konzernierung das Tatbestandsmerkmal der Veranlassung zu vermuten.[112] Zudem wird eine unwiderlegbare Veranlassungsvermutung angenommen, wenn eine personelle Verflechtung zwischen der abhängigen und der herrschenden Gesellschaft, etwa bei Vorstandsdoppelmandaten, besteht.[113]

c) Nachteilsausgleich

Das herrschende Unternehmen ist gemäß § 311 Abs. 2 AktG zum Ausgleich von Nachteilen verpflichtet, sofern diese Nachteile

- zu Lasten der beherrschten Gesellschaft gehen;
- mit Vorteilen des herrschenden Unternehmens verbunden sind;
- grundsätzlich bezifferbar bzw. quantifizierbar sind; und
- konkret, das heißt nicht lediglich Reflexe der Konzernzugehörigkeit (z.B.: weniger Aufträge von Wettbewerbern der Konzernmutter)[114] sind.

Nach § 311 Abs. 2 AktG kann das herrschende Unternehmen wählen, ob es den Nachteil der beherrschten Gesellschaft tatsächlich ausgleicht oder dieser einen Rechtsanspruch auf Ausgleich verschafft. Zum Ende des Geschäftsjahres der beherrschten Gesellschaft sollten diese, ihre Gläubiger und die außenstehenden Aktionäre grundsätzlich wissen und nachprüfen können, ob und in welcher Form die im Laufe des Jahres zugefügten Nachteile ausgeglichen werden. Wählt das herrschende Unternehmen den Ausgleich über Gewährung eines Rechtsanspruchs, so muss in einem Vertrag Art und Umfang der Leistung sowie der Leistungszeitpunkt und Zinsen festgehalten werden.[115]

d) Möglichkeiten der Einflussnahme

Grundsätzlich kann es im faktischen Konzern kein Weisungsrecht geben. Der Vorstand der Untergesellschaft bleibt gemäß § 76 AktG für die Geschäftsleitung eigenverantwortlich. Damit sind die Möglichkeiten des herrschenden Unternehmens zur Einflussnahme im Rahmen des faktischen Konzerns schwächer ausgestaltet als die Weisungsmacht aufgrund eines Beherrschungsvertrags nach §§ 308, 309 AktG:

---
111 *Habersack*, in: Aktienkonzernrecht., 2005, § 311 Rn. 22.
112 BGH NJW 1999, 1706, 1707.
113 Vgl. dazu *Hüffer*, AktG, § 311 Rn. 22; Neuhaus DB 1970, 1913, 1916; *Kropff* in: MüKo AktG, § 311 Rn. 100 f.; *Koppensteiner* in: Kölner Komm., § 311 Rn. 30.
114 Sog. „passive Konzerneffekte"; *Habersack* in: Aktienkonzernrecht., § 311 Rn. 52.
115 *Habersack* in: Aktienkonzernrecht., § 311 Rn. 72 ff.

§ 2 Gesellschaftsrechtliche Fragen

- Die Einflussnahme außerhalb des Gesellschaftszwecks und des satzungsmäßigen Unternehmensgegenstands sind rechtswidrig;
- die Geschäftsleitung des abhängigen Unternehmens ist zwar berechtigt, nicht aber verpflichtet, den Vorschlägen des herrschenden Unternehmen zu folgen;
- die Einflussnahme des herrschenden Unternehmens muss sich auf Maßnahmen beziehen, die jede für sich bezifferbar und je einzeln ausgleichsfähig sind.[116]

2. Schadensersatz bei fehlendem Nachteilsausgleich

85 Gemäß §§ 317, 311 AktG hat die Organgesellschaft gegen den Organträger einen durchsetzbaren Anspruch auf Schadensersatz, wenn

- der Organträger die Organgesellschaft zur Vornahme eines nachteiligen Rechtsgeschäfts veranlasst hat und den Nachteil nicht spätestens mit Ablauf des Geschäftsjahres der Organgesellschaft ausgeglichen (hat siehe unten a),
- die Organgesellschaft aufgrund des nicht ausgeglichenen Nachteils einen Schaden erlitten hat (siehe unten b), und
- der Anspruch nicht schon verjährt ist (siehe unten c).

a) Nachteil ohne Ausgleich

86 Wie bereits dargestellt führt eine Nachteilszufügung nur dann zur Schadensersatzpflicht des herrschenden Unternehmens, wenn es den Nachteil grundsätzlich[117] nicht spätestens zum Geschäftsjahresende des abhängigen Unternehmens tatsächlich oder durch Gewährung eines Anspruchs ausgleicht. Nach herrschender Ansicht ist der Absatz 2 des § 317 AktG funktionslos, da die Prüfung, ob ein gewissenhafter Geschäftsführer einer unabhängigen Gesellschaft das Geschäft vorgenommen hätte, bereits beim Tatbestandsmerkmal „Nachteil" vorgenommen wird.[118]

b) Schaden

87 Nach § 317 Abs. 1 AktG haftet das herrschende Unternehmen auf Schadensersatz. Der Inhalt des Anspruchs bestimmt sich nach §§ 249 ff. BGB. Grundsätzlich schuldet das herrschende Unternehmen Naturalrestitution, d.h. es hat den wirtschaftlichen Zustand herzustellen, der ohne das schädigende Ereignis bestehen würde.[119] Dies bedeutet nicht nur die Wiederherstellung des ursprünglichen Zustands (negatives Interesse), sondern auch die hypothetische Weiterentwicklung des früheren Zustands ausgehend von der *ex-ante* Sicht im Zeitpunkt der nachteiligen Maßnahme. Als Mindestschaden ist der Betrag des Nachteils zu ersetzen. Unvorhersehbar günstige Entwicklungen sind also nicht umfasst.[120]

---

[116] Bei fehlender Möglichkeit des Einzelausgleichs greift die Haftung aus Existenzvernichtung gemäß § 826 BGB, oder andere Durchgriffshaftungen (z.B. Vermögensvermischung). Siehe dazu unten IV.
[117] Siehe zu Ausnahmen der früheren und späteren Anspruchsentstehung unten c).
[118] *Habersack* in: Aktienkonzernrecht., § 317 Rn. 7; *Hüffer*, AktG, § 317 Rn. 5; *Koppensteiner* in: Kölner Komm., § 317 Rn. 14.
[119] *Heinrichs*, Palandt, § 249 Rn. 2. Soweit dies nicht möglich ist, ist der Ersatz in Geld zu leisten, § 251 Abs. 1 BGB.
[120] *Habersack* in: *Emmerich/Habersack*, Aktienkonzernrecht, § 317 Rn. 15.

Unbeachtlich ist im Rahmen der §§ 311, 317 AktG der Einwand, dass die abhängige Gesellschaft bei rechtmäßigen Alternativverhalten genau so stünde wie aufgrund der Nachteilszufügung, beispielsweise weil das herrschende Unternehmen den Vorteil auch auf rechtmäßige Weise mittels einer Kapitalherabsetzung oder einer Gewinnausschüttung hätte erlangen können. Dies gilt im Hinblick auf die dritt- und gläubigerschützenden Wirkung des ordnungsgemäßen Gewinnverteilungsverfahrens (z.B. Einlage in gesetzliche Gewinnrücklage gemäß § 150 AktG) auch dann, wenn keine Minderheitsaktionäre vorhanden sind.[121]

88

> **Beispiel:**
> Die AG B und deren Alleingesellschafterin A vereinbaren über Marktniveau liegende Preise für die zentrale Konzernleistungen der A (Marketing, Rechnungswesen, Controlling usw.). Hier besteht der Schaden zunächst in den durch die verdeckte Gewinnausschüttung entstandenen Mehrsteuern zu Lasten der B. Darüber hinaus muss A der B aber auch die das Marktniveau überschießende Differenzbeträge ersetzen. Dies gilt selbst dann, wenn B die als Ersatz gezahlten Beträge bei nächster Gelegenheit wieder als Gewinn an A ausschüttet.

c) Verjährung

Ansprüche nach § 317 AktG verjähren in fünf Jahren ab ihrer Entstehung, § 317 Abs. 4, 309 Abs. 5 AktG, § 200 BGB. Dies gilt auch für Ansprüche, die vor dem 31.12. 2001 entstanden sind, 198 BGB a.F., Art. 229 § 6 Abs. 1 Satz 2 EGBGB.

89

Der Schadenersatzanspruch entsteht nach herrschender Ansicht erst, wenn das herrschende Unternehmen seiner aus § 311 AktG herrührenden Pflicht zur Nachteilsausgleichung zum Ende des Geschäftsjahres der abhängigen Gesellschaft nicht nachgekommen ist.[122]

Unter Umständen kann der Anspruch aber auch vor oder nach Ende des Geschäftsjahres entstehen: Eine unterjährige Anspruchsentstehung sei denkbar, wenn bereits im Zeitpunkt der Veranlassung objektiv vorhersehbar ist, dass der Nachteil nicht ausgeglichen werde[123] oder wenn der Nachteil „seiner Art nach" einem Nachteilsausgleich nicht zugänglich ist,[124] etwa, weil das herrschende Unternehmen von vornherein nicht gewillt ist, den Nachteils auszugleichen.

90

Eine Anspruchsentstehung nach Ende des Geschäftsjahres kommt vor allem bei Fällen in Betracht, in denen der für die Ermittlung eines Nachteils relevante Zeitraum die Abrechnungsperiode Geschäftsjahr übergreift. Dies wäre etwa bei an die Organträgerin gezahlten Gewerbesteuerumlagen aufgrund eines Umlagevertrags denkbar. Die zugrunde liegenden Probleme sind noch nicht hinreichend geklärt.

91

d) Mithaftung der Geschäftsleitung

Zum Schadensersatz verpflichtet ist neben dem herrschenden Unternehmen auch dessen gesetzliche Vertreter, § 317 Abs. 3 AktG. Dazu zählen Vorstand, Geschäftsführer bzw. geschäftsführende Gesellschafter, nicht aber Aufsichtsräte oder Prokuristen. Die Haftung trifft nicht das Kollektiv des Vorstands bzw. der Geschäftsführung, sondern nur denjenigen, der die nachteilige Maßnahme veranlasst hat.

92

---

121 *Kropff*, Müko-AktG,. § 317 Rn. 36.
122 *Hüffer*, AktG, § 317 Rn. 6; *Habersack*, Aktienkonzernrecht, § 317 Rn. 50; *Kropff*, Müko-AktG,. § 317 Rn. 16; *Koppensteiner*, Kölner Komm, § 317 Rn. 7 f.
123 *Kropff* MüKo, AktG, § 317 Rn. 20.
124 *Hüffer*, AktG, § 317 Rn. 4; *Habersack*, Aktienkonzernrecht, § 317 Rn. 18.

3. Abhängigkeitsbericht

93 Nach § 312 AktG hat der Vorstand der abhängigen AG binnen drei Monaten nach Ende des Geschäftsjahres einen Bericht über die Beziehungen der Gesellschaft zu verbundenen Unternehmen zu erstellen.

Zweck der §§ 312–316 AktG ist es, die Geschäftsleitung, den Abschlussprüfer und den Aufsichtsrat dazu zu zwingen, dafür Sorge zu tragen, dass alle dem abhängigen Unternehmen zugefügten Nachteile dokumentiert werden. Durch die Dokumentation soll zum Einen sichergestellt werden, dass alle Nachteile gemäß § 311 Abs. 2 AktG vollständig ausgeglichen werden. Zum anderen sollen außenstehende Aktionäre und Gläubiger der Gesellschaft so informiert werden, dass sie Schadensersatzansprüche gegen das herrschende Unternehmen und dessen gesetzliche Vertreter (§ 317 AktG) sowie die Mitglieder von Vorstand und Aufsichtsrat des beherrschten Unternehmens (§ 318 AktG) prüfen und geltend machen können.[125] Informiert werden außenstehende Aktionäre und Gläubiger der Gesellschaft allerdings zumeist nur mittelbar über den Bericht des Aufsichtsrats an die Hauptversammlung gemäß § 314 AktG. Sie haben keinen direkten Zugriff auf den Inhalt des Abhängigkeitsberichts; denn es besteht keine Pflicht zur Publikation. Aus dem Abhängigkeitsbericht selbst muss nur die formelhafte Schlusserklärung gemäß § 312 Abs. 3 AktG der ordentlichen Hauptversammlung vorgelegt werden, §§ 120 Abs. 3 Satz 2, 175 Abs. 2 AktG.

94 Auch die Prüfung der Schlusserklärung durch die Abschlussprüfer muss nur mittelbar veröffentlicht bzw. der Hauptversammlung zugeleitet werden: Bezweifelt der Abschlussprüfer die sachliche Richtigkeit der Schlusserklärung, muss er dies gemäß § 313 Abs. 2 Satz 3 AktG dem Aufsichtsrat mitteilen, der dies in seinen Bericht einzubeziehen hat, § 314 Abs. 2 Satz 2 AktG. Verweigert der Abschlussprüfer sein Testat, muss der Aufsichtsrat dies in seinem Bericht an die Hauptversammlung erwähnen, § 314 Abs. 2 Satz 3 2. HS AktG. Die Verweigerung des Bestätigungsvermerks befugt jeden Aktionär gemäß § 315 Satz 1 Nr. 1 AktG, eine Sonderprüfung zur Vorbereitung von Schadensersatzansprüchen zu fordern.

95 Die Kosten für die Erstellung und Prüfung des Berichts hat zunächst die abhängige Gesellschaft zu tragen. Umstritten und nicht richterlich entschieden ist, ob es dabei bleibt oder ob das herrschende Unternehmen zum Ausgleich der Kosten verpflichtet ist. Dafür spricht, dass die gesetzliche Verpflichtung aus § 312 AktG eher ein Reflex der Konzernzugehörigkeit ist. Danach sind die Kosten nicht gemäß § 311 AktG ausgleichspflichtig.[126]

a) Anwendungsbereich

96 Verpflichtet zur Erstellung des Abhängigkeitsberichts sind nur die abhängige AG oder KG aA, die weder einen Gewinnabführungs- (§ 316 AktG) noch einen Beherrschungsvertrag (§ 312 Abs. 1 Satz 1 AktG) abgeschlossen hat. Da die §§ 312–316 auch dem Gläubigerschutz dienen sollen, entfällt die Pflicht auch dann nicht, wenn die Gesellschaft im Alleinbesitz des herrschenden Unternehmens steht. Mehrheitsaktionär muss ein Unternehmen im Sinne des § 15 AktG sein (siehe oben § 2 A. II.).

---

125 BGH NJW 1997, 1855.
126 *Habersack*, Aktienkonzernrecht, § 312 Rn. 17.

b) Inhalt des Berichts

Berichtet werden muss gemäß § 312 Abs. 1 Satz 2 AktG hinsichtlich des abgelaufenen Geschäftsjahres vollständig über

- alle Rechtsgeschäfte zwischen der abhängigen Gesellschaft und dem herrschenden Unternehmen bzw. dessen verbundene Unternehmen; und
- alle Maßnahmen, die das abhängige Unternehmen aufgrund der Veranlassung des herrschenden Unternehmens ergriffen oder unterlassen hat.

Der Bericht kann sich darin erschöpfen, dass keine Rechtsgeschäfte oder Maßnahmen geschehen sind. Auch darüber muss aber berichtet werden.[127]

c) Prüfung des Abschlussprüfers

Außer bei der kleinen AG im Sinne des § 267 AktG müssen die Berichte aller abhängigen Unternehmen von dem Abschlussprüfer geprüft werden, § 313 AktG. Der Abschlussprüfer muss gemäß § 313 Abs. 1, 3 AktG prüfen und bestätigen, dass

- die im Bericht dargestellten Tatsachen zutreffen,
- Leistung der abhängigen Gesellschaft und Gegenleistung aus der Sicht eines vernünftigen Geschäftsmanns im Zeitpunkt des Leistungsaustauschs[128] gleichwertig waren bzw. Nachteilsausgleich geleistet wurde; und
- hinsichtlich der im Bericht aufgeführten Maßnahmen keine Umstände für eine andere Beurteilung als die des Vorstands des abhängigen Unternehmens sprechen.

Anders als bei der Prüfung des Jahresabschlusses ist der Abschlussprüfer im Rahmen des § 313 AktG auch verpflichtet, konkrete Aussagen über die Angemessenheit von Geschäften zu treffen.[129] Im Übrigen, besonders im Hinblick auf die Prüfungsintensität und die Einsichtsrechte des Prüfers unterscheidet sich die Prüfung nicht von der Prüfung des Jahresabschlusses.[130]

d) Prüfung des Aufsichtsrats

Gemäß § 314 AktG muss der Aufsichtsrat die Berichte des Vorstands und des Abschlussprüfers prüfen und dazu schriftlich Stellung gegenüber der Hauptversammlung nehmen. Gemäß § 314 Abs. 4 AktG hat dem die sog. Bilanzsitzung des Aufsichtsrats voranzugehen, in der der Abschlussprüfer über seine Prüfungsergebnisse berichtet.

Der Aufsichtsrat hat den Bericht des Abschlussprüfers auch dann zu prüfen, wenn dieser ein uneingeschränktes Testat erteilt hat. Dabei haben auch die Aufsichtsratsmitglieder des herrschenden Unternehmens alle ihnen bekannten kritischen Informationen zu berücksichtigen und unter Umständen zum Nachteil des herrschenden Unternehmens aufzudecken. Tun sie dies nicht, machen sie unter Umständen gegenüber der abhängigen Gesellschaft schadensersatzpflichtig.[131]

---

127 *Hüffer*, § 312 Rn. 8.
128 *Kropff* MüKo, AktG, § 313 Rn. 42.
129 *Kropff* MüKo, AktG, § 313 Rn. 6.
130 *Kropff* MüKo, AktG, § 313 Rn. 64 ff.
131 *Kropff* MüKo, AktG, § 314 Rn. 24.

e) Sonderprüfung

100 § 315 AktG erleichtert die Durchführung einer Sonderprüfung gegenüber der Sonderprüfung gemäß § 142 AktG. Antragsbefugt ist unter den Voraussetzungen des § 315 Satz 1 AktG (vor allem Versagung oder Einschränkung des Testats) jeder Aktionär; bei Anhaltspunkten für einen Verdacht auf Nachteilszufügung sind dies Aktionäre, die entweder nominal EUR 100.000 oder 1 % des Grundkapitals darstellen §§ 315 Satz 2, 142 Abs. 2 AktG.

4. Faktischer GmbH-Konzern

101 Auf die GmbH finden die §§ 311 ff. AktG keine Anwendung.[132]

a) Grundlagen

102 Aus dem stärker personalistischen Charakter und der daraus folgenden Treuepflicht des Mehrheitsgesellschafters hat die Rechtsprechung das umfassende Verbot hergeleitet, die abhängige GmbH zu schädigen.[133] Die Treuepflicht des herrschenden Unternehmens wird als unvereinbar mit der Berechtigung angesehen, der abhängigen Gesellschaft einen Nachteil mit herausgeschobenem Nachteilsausgleich nach § 311 AktG zuzufügen.[134] Ob die abhängige GmbH geschädigt wurde, kann in Anlehnung an die Rechtsprechung des BGH zum Nachteil im Rahmen der §§ 311, 317 AktG[135] ermittelt werden (siehe oben § 2 B. III 1. a)).[136] Danach liegt eine Schädigung vor, wenn ein ordentlicher und gewissenhafter Geschäftsführer einer unabhängigen Gesellschaft sich im Zeitpunkt der fraglichen Maßnahme ebenso verhalten hätte wie der Geschäftsführer der abhängigen Gesellschaft. Ebenso wie im Rahmen des faktischen AG-Konzerns ist darauf zu achten, dass jede Leistung der abhängigen GmbH an ihren Mehrheitsgesellschafter eine äquivalente Gegenleistung gegenübersteht. Auf die vielgestaltigen Einzelfälle und die Besonderheiten der Kapitalerhaltungsregeln kann hier nicht näher eingegangen werden.[137]

b) Beteiligungsrechte

103 Im Unterschied zu dem auf die Hauptversammlung begrenzten Auskunftsrecht des Aktionärs nach § 131 AktG kann der GmbH-Gesellschafter gemäß § 51 a GmbHG jederzeit Auskunft über die Angelegenheiten der Gesellschaft verlangen. Dies berechtigt zur Auskunft über Geschäfte mit dem herrschenden Unternehmen und auch interne Verhältnisse des herrschenden oder anderer Konzernunternehmen, sofern dies zur Beurteilung der wirtschaftlichen Lage der abhängigen Gesellschaft relevant ist oder in den Konzernabschluss eingeht.[138] Darüber hinaus leitet der BGH aus der gesellschaftsrechtlichen Treuepflicht die Verpflichtung des GmbH-Gesellschafters ab, seinen Mit-

---

132 *Emmerich* in: Scholz, GmbHG Anhang § 13, Rn. 68.
133 BGH NJW 1976, 191, 192 war die erste Entscheidung, in der der BGH eine Schadensersatzpflicht des herrschenden Gesellschafters der GmbH jenseits der Fälle des § 826 BGB anerkannt hat.
134 *Liebscher*, Rn. 312 ff.
135 BGH, NJW 1999, 1706.
136 *Emmerich* in: Scholz, GmbHG Anhang § 13, Rn. 73.
137 *Liebscher*, Rn. 357 ff.
138 *Zöllner* in: *Baumbach/Hueck*, GmbHG, § 51 a, Rn. 12.

gesellschafter auch ungefragt „über Vorgänge, die dessen mitgliedschaftliche Vermögensinteressen berühren und ihm nicht bekannt sein können, vollständig und zutreffend zu informieren".[139]

Das Aktiengesetz sieht einen Stimmrechtsausschluss des Mehrheitsaktionärs nur in den Fällen der Entlastung, der Befreiung einer Verbindlichkeit und der Geltendmachung eines Anspruchs gegen den Mehrheitsaktionär vor. Dagegen ist der GmbH-Mehrheitsgesellschafter gemäß § 47 Abs. 4 GmbHG in sehr viel weiterem Maße von der Abstimmung ausgeschlossen; nämlich immer schon dann, wenn über die Vornahme eines Rechtsgeschäfts gegen ihn Beschluss gefasst werden soll. Dies umfasst nach herrschender Meinung auch Geschäfte, bei denen das herrschende Unternehmen nur indirekt, z.B. über eine weitere Tochtergesellschaft, von dem Rechtsgeschäft profitiert. Während die Dispositivität des § 47 Abs. 4 GmbHG allgemein sehr umstritten ist, kann als einigermaßen gesichert angesehen werden, dass durch Neufassung der Satzung zumindest der Stimmrechtsausschluss bei Vornahme eines Rechtsgeschäfts beseitigt werden kann.[140]

❗ Praxishinweis:

Aus Sicht der Konzernspitze sollte zur Wahrung des Einflusses auf die Tochtergesellschaft deren Satzung dahingehend angepasst werden, dass § 47 Abs. 4 GmbH durch die entsprechende Anwendung des § 136 AktG ersetz wird.

c) Ansprüche der abhängigen Gesellschaft

Verstößt der herrschende Gesellschafter schuldhaft gegen die Treuepflicht und das Schädigungsverbot, so ist er der geschädigten Gesellschaft primär nach §§ 249 ff. BGB zur Leistung von Schadensersatz bzw. Unterlassung verpflichtet. Daneben greift die Erstattungspflicht des § 31 GmbHG bei Auszahlung des zur Deckung der Stammkapitalziffer erforderlichen Nettovermögens. Ferner kommt ein Eintrittsrecht der abhängigen Gesellschaft in eine vom herrschenden Unternehmen treuwidrig erlangte Vertragsposition gemäß § 113 Abs. 1 HGB oder § 687 Abs. 2 BGB in Betracht.[141]

Schließlich kann sich auch der Geschäftsführer der abhängigen GmbH haftbar machen, wenn er nachteiligen Weisungen des herrschenden Unternehmens ohne weiteres folgt, es sei denn, die Weisungen beruhen auf einem Gesellschafterbeschluss. Haftungsmaßstab ist gemäß § 43 GmbHG die Sorgfalt eines ordentlichen und gewissenhaften Geschäftsleiters.

Häufig ist der Geschäftsführer der abhängigen Gesellschaft zugleich deren Gesellschafter bzw. auch Geschäftsführer in der Obergesellschaft und deshalb nicht willens und in der Lage, die Schadensersatzansprüche der abhängigen Gesellschaft geltend zu machen. In diesem Fall kann jeder Minderheitsgesellschafter die Ansprüche gegen das herrschende Unternehmen im Wege der *actio pro socio* geltend machen. Soweit Ansprüche gegen Geschäftsführer und Aufsichts- bzw. Beiratsmitglieder der Gesellschaft geltend gemacht werden, ist im Hinblick auf den klaren Wortlaut des § 46 Nr. 8 GmbHG allerdings ein vorheriger Beschluss der Gesellschafterversammlung erforderlich, bei dem das in Anspruch genommene Organmitglied gemäß § 47 Abs. 4 GmbHG nicht mitstimmen darf.[142] Nach unserer Ansicht bedarf es eines derartigen Beschlusses dann nicht, wenn Anspruchsgegner nur die herrschende Gesellschaft ist, da der Wortlaut des § 46 Nr. 8 GmbHG

---

139 BGH NJW 2007, 917, 918.
140 *Zöllner* in: *Baumbach/Hueck*, GmbHG, § 47, Rn. 106.
141 *Emmerich* in: Scholz, GmbHG Anhang § 13, Rn. 83 ff.; *Liebscher*, Rn. 376 ff.
142 Nur bei Ansprüchen gegen die Organmitglieder fordert *Zöllner* (*Baumbach/Hueck*, GmbHG, § 46, Rn. 59; Schlußanhang, Rn. 87) den Gesellschafterbeschluss.

nur Gründungsgesellschafter erfasst, die in der Regel gleichzeitig Geschäftsführungsaufgaben übernommen werden haben und deshalb den Organmitgliedern gleichgestellt werden können.[143]

d) Ansprüche der Gläubiger?

108 Das Gesetz sieht keine direkten Ansprüche von Gläubigern einer GmbH gegen das herrschende Unternehmen vor, § 13 Abs. 2 GmbHG. Eine Durchgriffshaftung besteht nach der Änderung der Rechtsprechung des BGH zur sog. Existenzvernichtung (siehe unten IV. 2.) nur noch in Fällen der sog. Vermögensvermischung.[144]

IV. Insolvenz und Existenzvernichtung

1. Insolvenz

109 Das Insolvenzrecht kennt keine an den Konzernbegriff anknüpfenden Rechtsfolgen. Eine Konzerninsolvenz oder ein Konzerninsolvenzplanverfahren ist unbekannt.[145] Auch durch die unter dem „MoMiG" geplante Verlagerung des Eigenkapitalersatzrechts der GmbH in die Insolvenzordnung hat sich daran nichts geändert. Allerdings sieht die durch das MoMiG neu einzufügende Vorschrift des § 15a n.F. InSO vor, dass jeder Gesellschafter einer führungslosen GmbH sowie jedes Aufsichtsratsmitglied einer führungslosen AG oder Genossenschaft verpflichtet ist, bei Überschuldung bzw. Zahlungsunfähigkeit der Kapitalgesellschaft Insolvenzantrag zu stellen.

2. Haftung wegen Existenzvernichtung bzw. -gefährdung

110 Nach § 54 Abs. 1 AktG sowie § 13 Abs. 2 GmbHG haften Gesellschafter der AG bzw. GmbH nur mit dem Betrag ihrer Einlage. Eine weitergehende Haftung der Gesellschafter ist grundsätzlich ausgeschlossen (sog. „Trennungsprinzip"). Das GmbHG sieht keine und das AktG (in §§ 117 Abs. 1 Satz 2, 319 Abs. 4, 309 Abs. 4 Satz 3 AktG) nur geringfügige Ausnahmen von diesem Prinzip vor. Die Rechtsprechung hat diese Trennung dort als unbefriedigend empfunden, wo Gesellschafter systematisch Geschäftschancen von der Gesellschaft abziehen und ihr geschäftliche Risiken zuweisen. In diesen Fällen wird das Gesellschaftsvermögen als Haftungsmasse schnell ausgehöhlt. Die Gläubiger gehen meist leer aus; es sei denn, ihnen wird ermöglicht, die Gesellschafter in Haftung zu nehmen. Um die zutreffende Begründung und Begrenzung einer Durchgriffshaftung wird schon lange gestritten.

a) Qualifiziert faktischer Konzern

111 Bis zu seinem Urteil „Bremer Vulkan" vom 17. September 2001[146] hatte der Bundesgerichtshof eine Durchgriffshaftung der Gläubiger über das Institut des „qualifiziert faktischen" Konzerns

---

143 A.A. die wohl herrschende Meinung, Vgl. *Liebscher*, Rn. 397 mwN. Zentrales Argument der h.M. ist wohl die vom BGH (NZG 2004, 962, 964) geäußerte Befürchtung, dass in der Gerichtsöffentlichkeit schmutzige Wäsche gewaschen wird.
144 BGH, ZIP 2006, 467 ff.
145 *Lwowski*, in: Müko InSO, § 35 Rn. 72; *Eidenmüller* in: Müko InSO, vor §§ 217–269, Rn. 34.
146 BGH NJW 2001, 3622 ff.

begründet. Ein herrschender Gesellschafter haftete nach den Grundsätzen des qualifiziert faktischen Konzerns, wenn er bei der Ausübung seiner Konzernleitungsmacht Eigenbelange der abhängigen Gesellschaft nicht angemessen berücksichtigt, so dass sich der der Gesellschaft insgesamt zugefügte Nachteil nicht durch den Ausgleich einzelner nachteiliger Maßnahmen kompensieren lässt.[147] Der Anspruch richtete sich auf Zahlung an die Gesellschaft analog § 302 AktG und – bei Vermögenslosigkeit der Gesellschaft – an die Gläubiger analog § 303 AktG. Da die Gläubiger den haftungsbegründenden Sachverhalt regelmäßig nicht oder nur unzureichend kannten, hat die Rechtsprechung eine abgestufte Darlegungs- und Beweislast des Gläubigers entwickelt.

b) Existenzvernichtungshaftung

Mit zwei Urteilen aus den Jahren 2001 („Bremer Vulkan") und 2002 („KBV") begründete der BGH die Haftungsgrundlage der Existenzvernichtung[148] und verabschiedete sich von der konzernrechtlichen Begründung der Gesellschafterhaftung bei der GmbH. Während das „Bremer-Vulkan"-Urteil noch Züge einer ausufernden verschuldensunabhängigen Insolvenzverursachungshaftung[149] aufwies, gewann die Haftung aus Existenzvernichtung durch das KBV-Urteil und deren Folgeurteilen an dogmatischen Konturen. Zuletzt hat der BGH die Haftung mit der vorsätzlichen Schädigung des Gesellschaftsvermögens gemäß § 826 BGB begründet.[150] Danach haftet der Gesellschafter nur gegenüber der geschädigten Gesellschaft auf Schadensersatz. Deren Gläubiger können also nur dann den Gesellschafter direkt in Anspruch nehmen, wenn das Insolvenzverfahren wegen Masselosigkeit eingestellt wird und sie dann aufgrund eines Titels gegen die Gesellschaft deren Ansprüche gegen den Gesellschafter pfänden. Folgende Tatbestandsmerkmale der Existenzvernichtungshaftung lassen sich festhalten.

aa) Pflichtwidrig/Missbräuchlich

Die durch die Existenzvernichtungshaftung sanktionierte Pflichtwidrigkeit bzw. Missbräuchlichkeit liegt in der Missachtung der Zweckbindung des Gesellschaftsvermögens zur Befriedigung der Gesellschaftsgläubiger.

Diese Definition scheint einen sehr großen Interpretationsspielraum zu eröffnen. Bei jeder riskanten, aber unter Umständen auch chancenträchtigen Investitionsentscheidung würden Gesellschafter und Management in den Abgrund der Existenzvernichtungshaftung sehen. Riskante Managemententscheidungen werden aber erst dann zu pflichtwidrigen Eingriffen, wenn im Zeitpunkt der Entscheidung nicht mit relativ großer Wahrscheinlichkeit zu erwarten ist, dass die Gesellschaft auch noch nach dieser Maßnahme imstande ist, nachhaltig ihre Verbindlichkeiten zu befriedigen. Deshalb können bloße Managementfehler keine Existenzvernichtungshaftung begründen, wenn die zugrunde liegende Maßnahme aus Sicht eines besonnenen Geschäftsmanns auf einem grundsätzlich vertretbaren Verhältnis von Chancen und Risiken beruht.[151]

Was „vertretbar" ist bzw. wie hoch die Wahrscheinlichkeit der nachhaltigen Zahlungsfähigkeit sein muss, ist nicht entschieden und in der Literatur umstritten.[152] Aus Vorsichtsgründen ist da-

---

147 So der Leitsatz im dem zuletzt grundlegenden BGH-Urteil „TBB", NJW 1993, 1200 ff. Weitere nachweise bei *Liebscher*, Rn. 450 ff.
148 BGH NJW 2001, 3622 ff.; BGH NJW 2002, 3024 ff.
149 BGH NJW 2001, 3622 ff.: „An einer solchen (angemessenen) Rücksichtnahme fehlt es, wenn die GmbH infolge der Eingriffe ihres Alleingesellschafters ihren Verbindlichkeiten nicht mehr nachkommen kann."
150 BGH, Urteil vom 16. Juli 2007, II ZR 3/09.
151 OLG Köln v. 13. April 2006, BeckRS 2006, 15073.
152 *Liebscher*, Rn. 508 mwN.

her anzuraten, eine Maßnahme nur dann zu ergreifen, wenn die bleibende Fähigkeit der Gesellschaft zur Bedienung ihrer Verbindlichkeiten als wahrscheinlich einzuschätzen ist. Zur Bestimmung des Zeitraums, in dem die Zahlungsfähigkeit erhalten bleiben muss, ist nach Branchen bzw. durchschnittlichen Investitionszyklen zu differenzieren. Nach unserer Ansicht bietet sich hierfür eine Anlehnung an die Grundsätze des sog. *solvency test* im angelsächsischen Gesellschafts- und Handelsrecht an.

116 Bei sog. upstream-Darlehen oder bei der sog. Rekapitalisierung[153] bzw. Sonderdividenden fließt in meist großem Maßstab Liquidität der Untergesellschaft zugunsten ihrer Gesellschafter ab. Eine derartige Maßnahme ist pflichtwidrig bzw. missbräuchlich, wenn im Zeitpunkt des Liquiditätsabflusses nicht mit hoher Wahrscheinlichkeit zu erwarten ist, dass die Gesellschaft fähig bleibt, nachhaltig ihre Verbindlichkeiten zu befriedigen.

> **❗ Praxishinweis:**
> *Bei sog. upstream-Darlehen oder bei sog. Sonderdividenden ist es der Geschäftsführung der Untergesellschaft zur Vermeidung einer Haftung anzuraten, sich von einem unabhängigen Wirtschaftsprüfer bestätigen zu lassen, dass die Gesellschaft auch nach der Liquiditätseinbuße mittelfristig ihre fälligen Verbindlichkeiten erfüllen kann.*

bb) Eingriff

117 Die vom BGH benutzten Begriffe „Eingriff" und „Schädigung" sind weit zu interpretieren; auch eine lange anhaltende nachteilige Einflussnahme zu Lasten der Gesellschaft kann existenzvernichtend und haftungsauslösend sein. In diesen Fällen gibt es nicht den „einen" existenzvernichtenden Eingriff, sondern viele kleine Eingriffe, die jeder für sich harmlos sein mögen, aber in der Summe die Überlebenschancen der Gesellschaft nachhaltig beeinträchtigen können.[154]

118 Im Gegensatz zu § 30 ff. GmbHG kommt es im Rahmen der Existenzvernichtungshaftung nicht darauf an, dass der Eingriff bilanziell wirksam ist. Vielmehr haftet der Gesellschafter auch für Abzug von Geschäftschancen, stille Reserven, das Eingehen unverhältnismäßiger Risiken und andere zunächst bilanzneutrale Eingriffe, wenn dies die Fähigkeit der Gesellschaft beeinträchtigt oder gefährdet, nachhaltig ihre Verbindlichkeiten zu bedienen.

cc) Existenzvernichtung

119 Die Existenzvernichtung ist meist, aber nicht zwingend identisch mit der Insolvenz. Erfasst sind selbstverständlich gerade auch jene Fälle, in denen es angesichts Masselosigkeit überhaupt nicht zur Eröffnung des Insolvenzverfahrens kommt oder eine bereits bestehende Überschuldung oder Zahlungsunfähigkeit vertieft wird. Nicht ausreichend dürfte dagegen die bloße Insolvenzgefahr sein.

dd) Verschulden

120 Voraussetzung für die Haftung ist nach der neuesten Wendung in der Rechtsprechung des BGH eine „sittenwidrige vorsätzliche Schädigung".[155] Danach ist es ausreichend, aber auch erforderlich, dass der Gesellschafter die durch seine Schädigung verursachte Zahlungsunfähigkeit der Gesellschaft zumindest billigend in Kauf nimmt. Dazu müssen ihm die Tatsachen, die der Schädigung zugrunde liegen, bewusst sein, nicht deren Sittenwidrigkeit.

---

153 Ausschüttung eines Sondergewinns aufgrund eines gegenüber dem gezahlten Kaufpreis höheren Firmenwerts, auf den neuerlich ein Bankkredit aufgenommen wird.
154 Vgl. OLG Düsseldorf (NZG 2007, 388 ff.).
155 BGH, Urteil vom 16. Juli 2007, II ZR 3/04.

ee) Anspruchskonkurrenz mit § 30 ff. GmbHG

Zwischen der Existenzvernichtungshaftung und der Rückzahlungsverpflichtung nach § 31 GmbHG besteht Anspruchsgrundlagenkonkurrenz. Von der Subsidiarität gegenüber § 30 GmbHG hat sich der BGH nunmehr verabschiedet.[156]

121

ff) Adressat

Für eine Haftung kommt nach den Grundsätzen der Existenzvernichtungshaftung jeder unmittelbare Gesellschafter in Betracht, der in das Haftvermögen der GmbH eingegriffen und selbst davon profitiert hat. Es handelt sich nicht um einen konzernrechtlichen Tatbestand. Deshalb sind die für die Begründung der Konzernhaftung maßgeblichen Merkmale irrelevant: Es ist gleichgültig, ob der Gesellschafter Unternehmer ist, Mehrheitsbesitz hat oder dauernden und umfassenden Einfluss ausübt.

122

Auch mittelbare Gesellschafter, die unter Umgehung des unmittelbaren Gesellschafters oder unter Benutzung von Strohmännern Weisungsrechte und sonstige Einflussnahmemöglichkeiten zum Schaden der Gesellschaft ausüben, können nach den Grundsätzen der Existenzvernichtungshaftung haften.[157] Das gleiche gilt für die Konzerngroßmutter, die über ihre Mehrheitsbeteiligung bei der Gesellschafterin einen herrschenden Einfluss auf die Geschäftsführung der GmbH hat.[158]

Auch für die Geschäftsführer der Untergesellschaft ergibt sich ein Haftungsrisiko. Dies nicht unmittelbar aus der Existenzvernichtungshaftung, aber im Hinblick auf eine strafrechtliche Haftung aus Untreue zu Lasten der Gesellschaft: Ein Gesellschafterbeschluss, der zu einem existenzvernichtendem Eingriff ermächtigt, ist treuwidrig und entfaltet keine den Tatbestand des § 266 StGB ausschließende Wirkung.[159]

gg) Rechtsfolgen

Mit seinem Urteil vom 16. Juli 2007 hat der BGH die Haftung der Gesellschafter gegenüber den Gesellschaftsgläubigern analog §§ 128, 129 HGB durch eine Innenhaftung gegenüber der Gesellschaft ersetzt. Grundsätzlich haftet der Gesellschafter nunmehr nur noch der Gesellschaft selbst. Reicht deren Haftungsmasse nicht für die Eröffnung des Insolvenzverfahrens aus, muss der Gläubiger sich die Ansprüche der Gesellschaft gegen den schädigenden Gesellschafter pfänden und überweisen lassen. Auch derjenige Gesellschafter haftet mit, der – ohne notwendig von dem Eingriff selbst zu profitieren – im Sinne des § 830 BGB an dem Vermögensabzug von der GmbH mitgewirkt hat.[160]

hh) Anspruchsberechtigung

Anspruchsberechtigt ist allein die Gesellschaft.[161] Zur prozessualen Geltendmachung des Anspruchs muss die Gesellschaft bzw. der Insolvenzverwalter konkret vortragen, durch welche Rechtsgeschäfte oder sonstige Maßnahmen von der Gesellschaft benötigte Vermögenswerte zugunsten des Gesellschafters beiseite geschafft wurden.[162] Dem Gesellschafter obliegt dagegen der Beweis,

124

---

156 BGH, aaO.
157 BGH, Urteil vom 16. Juli 2007, aaO.
158 BGH GmbHR 2005, 225 ff.
159 BGH NJW 2000, 154, 155.
160 Urteil v. 16. Juli 2007, aaO.
161 BGH, DB 2182, 2185; LAG Köln 2003, 1893 ff.; Böckmann, ZIP 2005, 2186 ff.
162 OLG München WM 2005, 2232.

dass der Gesellschaft im Vergleich zu der Vermögenslage bei einem redlichen Verhalten nur ein begrenzter – und dann nur in diesem Umfang auszugleichender – Nachteil entstanden ist.[163]

ii) Anwendung auf die AG

125 Nach unserer Auffassung sind die Grundsätze zur Existenzvernichtungshaftung auch auf die Aktiengesellschaft übertragbar; denn auch bei der Aktiengesellschaft sind Fälle denkbar, in denen ein Gesellschafter die den Gläubigern dienende Haftungsmasse durch nicht bilanzwirksame oder nicht einzelausgleichsfähige Maßnahmen nachhaltig beeinträchtigt.[164] Allerdings bietet das Aktiengesetz über §§ 317, 311 AktG einen wirksameren Schutz im Vorfeld eines vermögensgefährdenden Eingriffs als das GmbHG. Die Existenzvernichtungshaftung kann bei der AG demnach nur dann Platz greifen, wenn eine Haftung über §§ 317, 311 AktG nicht hinreichend gläubigerschützend wirkt. Insofern ist die Existenzvernichtungshaftung gegenüber §§ 317, 311 AktG subsidiär.

c) Grundlagen für die Durchgriffshaftung

126 Allgemein bürgerrechtliche Haftungsgrundlagen wie die Vermischung des Privat- und des Geschäftsvermögens[165] bleiben von der Änderung der Rechtssprechung zur Existenzvernichtungshaftung unberührt.

C. Strukturmaßnahmen

127 Im Hinblick auf die gesetzlichen und vertraglichen Möglichkeiten zur Konzernbildung gehen wir im Folgenden auf die wichtigsten Strukturmaßnahmen einzeln ein. Aufgrund der trotz einiger prominenter Beispiele[166] immer noch geringen Verbreitung von Europäischen Gesellschaften (SE) und Europäischen Genossenschaften in der Praxis, dem eine umgekehrt proportionale Anzahl an eigenständigen Veröffentlichungen und Darstellungen gegenüber steht, wird auf die Gründung bzw. Sitzverlegung Europäischer Gesellschaften und Genossenschaften verzichtet.

I. Eingliederung

128 §§ 319 ff. AktG bietet Aktiengesellschaften die Möglichkeit, mit einer anderen Aktiengesellschaft durch Eingliederung ein Konzernverhältnis einzugehen, ohne dass das eingegliederte Unternehmen seine rechtliche Selbständigkeit verliert. Die in der Praxis wichtigste Rechtsfolge der Eingliederung ist ein umfassendes Weisungsrecht der Hauptgesellschaft gegenüber der Geschäftsleitung des eingegliederten Unternehmens, welches auch den Zugriff auf das Vermögen einschließt, § 323 Abs. 2 AktG. Daher kann die Eingliederung immer nur ein Unterordnungskonzernverhältnis begründen, aber keinen Gleichordnungskonzern schaffen. Die durch Eingliederungsvertrag hergestellte Konzernvermutung ist nicht widerlegbar.

---

163 BGH GmbHR 2005, 225; siehe zur Beweislast des klagenden Gläubigers andererseits die Entscheidung des OLG München v. 06. Juli 2005, BeckRS 2005, 10805.
164 Offengelassen in OLG Stuttgart ZIP 2007, 1210; *Koppensteiner*, Kölner Komm, Anh. § 318 AktG Rn. 73; vgl. auch *Jäger*, § 31 Rn. 28–33.
165 BGH WM 2005, 573 ff. = ZIP 2005, 467 ff.
166 In Deutschland: Allianz SE, Porsche SE (in Planung).

§§ 319 ff. AktG unterscheiden zwischen der Eingliederung einer 100 %igen Tochter und der Eingliederung einer Tochter, die sich zu mindestens fünfundneunzig Prozent im Besitz der Hauptgesellschaft befindet, durch Mehrheitsbeschluss. Die Unterscheidung ist sinnvoll, da (nur) im letzteren Fall Minderheitsaktionäre aus der Gesellschaft ausscheiden und abgefunden werden müssen.

1. Eingliederung (anhand § 319 AktG)

a) Rechtsform und Sitz

Eingliederungen kommen lediglich zwischen Aktiengesellschaften in Betracht. In der Literatur wird zwar vereinzelt diskutiert, ob nicht die Eingliederung in eine KGaA möglich sein müsse.[167] Gegen eine solche erweiternde Auslegung und damit gegen eine Qualifizierung der KGaA als Hauptgesellschaft i.S.d. § 319 Abs. 1 AktG spricht aber der Gesetzeswortlaut.

Die beteiligten Gesellschaften müssen gem. § 319 Abs. 1 Satz 1 AktG ihren Sitz im Inland haben. Inwieweit dies noch mit der Rechtsprechung des Europäischen Gerichtshofes zur Niederlassungsfreiheit vereinbar ist, soll hier nicht vertieft werden. Jedenfalls hat der Gesetzgeber – anders als in § 305 Abs. 2 AktG – bisher keine Veranlassung gesehen, das Erfordernis des Sitzes „im Inland" durch „in einem Mitgliedsstaat der EU" zu ersetzen.

b) Eigentum aller Aktien

Alle Aktien der einzugliedernden Gesellschaft müssen sich in der Hand der späteren Hauptgesellschaft befinden, § 319 Abs. 1 Satz 1 AktG. Damit ist dingliche Berechtigung gemeint. Eine Verpflichtung der späteren Hauptgesellschaft, Aktien zu übertragen schadet daher theoretisch[168] genauso wenig wie treuhänderisch gebundenes Eigentum an den Aktien oder das Halten von sicherheitsübereigneten Aktien. Aus dem formalen Eigentumsbegriff ergibt sich auch, dass eine Zurechnung von fremden Aktien (etwa nach § 16 Abs. 4 AktG) nicht in Betracht kommt und dass eine Eingliederung nach § 319 AktG nicht möglich ist, soweit die einzugliedernde Gesellschaft eigene Aktien hält.[169]

Da die Eigentümerstellung als materiell-rechtliches Tatbestandsmerkmal ausgestaltet ist, muss die Voraussetzung nicht nur im Zeitpunkt des Eingliederungsbeschlusses vorliegen, sondern auch noch im Zeitpunkt der Eintragung im Handelsregister.

c) Eingliederungsbeschlüsse und Eingliederungsbericht

Die Eingliederung erfolgt aufgrund eines entsprechenden Beschlusses der einzugliedernden Gesellschaft.

Das Gesetz enthält keine weiteren Bestimmungen zum Eingliederungsbeschluss der einzugliedernden Gesellschaft. Dieser wird notwendigerweise in einer Vollversammlung i.S.d. § 121 Abs. 6

---

167 S. Emmerich, Aktienkonzernrecht, § 319, Rn. 6.
168 Es erscheint uns zwar richtig, an die formale Eigentümerstellung anzuknüpfen, dennoch bleibt dies eine recht theoretische Betrachtung, da der Aktionär mit an Sicherheit grenzender Wahrscheinlichkeit seine schuldrechtliche Verpflichtung verletzen würden, wenn er aus sicherheitsübereigneten Aktien Eingliederungsrechte herleiten wollte.
169 S. statt aller Kölner Komm., Koppensteiner, vor § 319, Rn. 14–16 mwN.

AktG mit allen sich daraus ergebenden Erleichterungen für Form und Frist der Einberufung und Beschlussfassung gefasst.

Der Beschluss kann und wird sich in der Praxis in der reinen Verlautbarung der Eingliederung erschöpfen. Wenn die Gesellschaft nicht an der Börse notiert ist, braucht der Beschluss mangels besonderer Mehrheitserfordernisse nicht einmal notariell beurkundet zu werden, § 130 Abs. 1 Satz 3 AktG. Für Beschlussmängel gelten die allgemeinen Regeln.

132 Wesentlich ausführlichere Regelung hält § 319 AktG in Abs. 2 bis 4 für den Zustimmungsbeschluss der späteren Hauptgesellschaft bereit. Da diese den Anforderungen zur Zustimmung über den Abschluss von Beherrschungs- und Gewinnabführungsverträgen entsprechen, kann für Zwecke dieser Darstellung nach oben verwiesen werden. Gleiches gilt für die Auslegung von Unterlagen auf der Hauptversammlung nach § 319 Abs. 3 AktG.

Gem. § 319 Abs. 3 AktG hat der Vorstand der Hauptgesellschaft seinen Aktionären außerdem einen Eingliederungsbericht zu erstatten, der die Eingliederung rechtlich und wirtschaftlich erläutert.

d) Handelsregisteranmeldung und Registersperre

133 Die Eingliederung bedarf zu ihrer Wirksamkeit der Eintragung ins Handelsregister der einzugliedernden Gesellschaft, § 319 Abs. 4, 7 AktG.[170] Die Eintragung wirkt konstitutiv.

134 Voraussetzung für die Eintragung ist gem. § 319 Abs. 4 AktG, dass der Anmeldung die Niederschriften beider Hauptversammlungsbeschlüsse und ihrer Anlagen in öffentlich beglaubigter Abschrift beigefügt werden. Nach § 319 Abs. 5 AktG muss dem Handelsregister ferner eine sog. Negativerklärung des Vorstands vorgelegt werden, dass keinerlei Klagen gegen die Wirksamkeit der beiden Hauptversammlungsbeschlüsse erhoben worden sind.

Die Negativerklärung soll einem Vollzug der Eingliederung trotz des Risikos der Unwirksamkeit des Eingliederungsbeschlusses vorbeugen und entspricht damit praktischen Bedürfnissen: Eine Rückabwicklung der Eingliederung wäre theoretisch und rechtlich zwar möglich, da eine dem § 20 UmwG entsprechende Heilungs- und Konstitutionswirkung für die Eingliederung fehlt. Gleichwohl würde eine Entgliederung regelmäßig an den Grundsätzen der fehlerhaften Gesellschaft scheitern und das Konzernverhältnis nur mit *ex-nunc* Wirkung beenden.[171]

Der Vorstand hat sich auch nach Anmeldung gegenüber dem Registergericht darüber zu erklären, ob Klagen anhängig gemacht wurden oder Klagen zurückgenommen oder rechtskräftig abgewiesen wurden, § 319 Abs. 5 Satz 1 a.E. AktG. Damit wird dem Umstand Rechnung getragen, dass die Anmeldung bereits vor Ablauf der Klagefristen möglich ist. Allerdings kann und wird das Registergericht die Eingliederung nicht eintragen, solange die Frist zur Anfechtungsklage nicht abgelaufen ist.[172]

> ❗ **Praxishinweis:**
> *In der Praxis bietet es sich daher an, mit der Anmeldung bis zum Ablauf der Klagefristen zu warten.*

---

170 Für die Hauptgesellschaft bleibt es bei den allgemeinen Erfordernissen z.B. § 130 Abs. 5 AktG; zur Wirksamkeit der Eingliederung ist die Eintragung bei der Hauptgesellschaft jedoch nicht erforderlich.
171 Ausführlich hierzu Emmerich, Aktienkonzernrecht, § 320 b, Rn. 22.
172 S. MüHdb. zur AG, Krieger, § 73 Rn. 17.

Fehlt die Negativerklärung oder teilt der Vorstand nachträglich die Anfechtung mindestens einer der beiden Beschlüsse mit, darf die Eingliederung nicht eingetragen werden („Registersperre").[173] Die praktische Bedeutung der Negativerklärung ist bei Eingliederung einer 100 %igen Tochter gering, bei der Eingliederung durch Mehrheitsbeschluss jedoch erheblich.

Da ein Anfechtungsverfahren (insbesondere über den gesamten Instanzenzug) sehr lange dauern kann und Aktionäre damit über ein wirkungsvolles Blockadeinstrument verfügen, kann die Gesellschaft gem. § 319 Abs. 6 AktG das sog. Unbedenklichkeitsverfahren beantragen, welches im wesentlichen dem Freigabeverfahren nach § 16 Abs. 3 UmwG entspricht. Voraussetzung für eine Freigabe trotz Anfechtung ist, dass das für die Anfechtungsklage zuständige Prozessgericht auf Antrag der Gesellschaft durch rechtskräftigen Beschluss feststellt, dass die Klageerhebung der Eintragung nicht entgegen steht. Dazu muss die Klage allerdings entweder unzulässig oder offensichtlich unbegründet sein oder eine Interessensabwägung ergibt nach freier Überzeugung des Gerichts, dass das „alsbaldige Wirksamwerden" der Eingliederung im Vergleich zu den von den Aktionären geltend gemachten Nachteilen vorrangig erscheint, § 319 Abs. 6 Satz 2 AktG.

e) Gläubigerschutz und Verlustübernahme

Die Möglichkeit der Hauptgesellschaft auf das Vermögen der eingegliederten Gesellschaft zuzugreifen, würde die Gläubiger der eingegliederten Gesellschaft erheblich beeinträchtigen. Daher hat der Gesetzgeber in § 322 AktG eine gesamtschuldnerische Haftung der Hauptgesellschaft für Verbindlichkeiten der eingegliederten Gesellschaft nieder gelegt. Aus Sicht der Gläubiger ist die Haftung der Hauptgesellschaft jedoch keinesfalls ausreichend, da die Realisierung von Altforderungen von deren Bonität bzw. Solvenz abhängt. Aus diesem Grund verschafft § 321 AktG Altgläubigern für Forderungen, die vor Eintritt der Eingliederung begründet wurden und erst nach der Eingliederung fällig werden, einen Anspruch auf Stellung von Sicherheit. Allerdings hat der jeweilige Gläubiger seinen Anspruch binnen sechs Monaten seit Bekanntmachung der Eingliederung in das Handelsregister anzumelden. Schuldner der Sicherheit und damit auch Adressat der Anmeldung des Gläubigers ist nach allgemeiner Ansicht die eingegliederte Gesellschaft, wobei allerdings gem. § 322 AktG die Hauptgesellschaft gesamtschuldnerisch (auch auf die Sicherheitsleistung) mit haftet.[174]

In der Praxis stellen sich in diesem Zusammenhang drei Fragen: Da der Gesetzeswortlaut dies nicht ausdrücklich verbietet, ist zum einen fraglich, ob als Sicherheit auch eine Bürgschaft der Hauptgesellschaft gegeben werden kann. Dies ist nach zutreffender Ansicht nicht der Fall, da die Hauptgesellschaft den Gläubigern bereits aus § 322 AktG haftet und durch Bürgschaft der Hauptgesellschaft der Schutzzeck des § 321 Abs. 1 AktG mithin nicht erfüllt wäre.[175]

Ebenfalls von erheblicher praktischer Relevanz ist zweitens die Frage, wie die Sicherheit zu berechnen ist. Auch dies ist nicht unumstritten. Systematischem Gesetzesverständnis folgend wäre der Wert der zu Grunde liegenden Forderung entscheidend. Zutreffend wird demgegenüber aber darauf hingewiesen, dass die Sicherungsinteressen nur für den Zeitraum bis zum Eintritt der Fälligkeit gewahrt werden müssen, denn danach kann sich der Gläubiger gem. § 322 Abs. 1 AktG bei der Hauptgesellschaft befriedigen. Daher ist allein das konkrete und im Einzelfall gesondert zu ermittelnde Sicherungsinteresse, nicht aber der Wert der Forderung ausschlaggebend.[176]

---
173 Es sei denn, die klageberechtigten Aktionäre verzichten auf die Klage in der Form des § 319 Abs. V Satz 2 AktG.
174 S. statt aller Hüffer, § 321, Rn. 3.
175 Allg. Meinung, s. nur Emmerich, Aktienkonzernrecht, § 321, Rn. 8 mwN.
176 MüKo-Grunewald, § 321, Rn. 13.

Drittens würde – wie im Rahmen von § 303 AktG dargestellt – aus der reinen Wortlautanwendung des Gesetzes eine Endloshaftung der Hauptgesellschaft folgen.[177] Wie bereits erläutert darf sich die Hauptgesellschaft daher mit einer entsprechenden Anwendung des § 160 HGB behelfen und für die innerhalb von fünf Jahren fällig werdenden Einzelansprüche das jeweilige konkrete Sicherungsinteresse ermitteln (lassen).[178]

138 Gem. § 324 Abs. 3 AktG muss die Hauptgesellschaft jeden Bilanzverlust, den die eingegliederte Gesellschaft über die Kapital- und Gewinnrücklagen hinaus erleidet, ausgleichen. Damit wird (nur) sicher gestellt, dass das Grundkapital der eingegliederten Gesellschaft gedeckt ist.[179]

f) Beendigung der Eingliederung und Nachhaftung

139 Die Eingliederung kann gem. § 327 Abs. 1 AktG durch Beschluss der Hauptversammlung der eingegliederten Gesellschaft, durch Rechtsformwechsel der Hauptgesellschaft, durch Beitritt eines weiteren Aktionärs oder durch Auflösung der Hauptgesellschaft beendet werden. Weil sich das Ende der Eingliederung bei Beitritt eines weiteren Aktionärs ohne Mitwirkung der eingegliederten Gesellschaft vollzieht, hat der Vorstand der Hauptgesellschaft dies der eingegliederten Gesellschaft unverzüglich mitzuteilen.

Der Vorstand der bisher eingegliederten Gesellschaft hat das Ende der Eingliederung gem. § 327 Abs. 2 AktG sowie seinen Grund und Zeitpunkt unverzüglich beim Handelsregister anzumelden. Die Eintragung der Beendigung erfolgt nur bei der bisher eingegliederten Gesellschaft und hat ausschließlich deklaratorische Bedeutung.[180]

Gem. § 322 AktG haftet die Hauptgesellschaft den Gläubigern der bisher eingegliederten Gesellschaft bis zum Ablauf der 15-Tage-Frist Frist des § 15 Abs. 2 Satz 2 HGB fort. Ferner haftet die Hauptgesellschaft gemäß § 327 Abs. 4 AktG für fünf Jahre nach Beendigung der Eingliederung für alle während der Eingliederung begründeten Ansprüche.

2. Eingliederung nach § 320 AktG

140 Über die Voraussetzungen des § 319 AktG hinaus bzw. in Abweichung dieser Bestimmungen, ermöglichen §§ 320 ff. AktG auch eine Eingliederung einer Gesellschaft, deren Aktien sich lediglich zu mindestens 95 % in der Hand der Hauptgesellschaft befinden. Gemäß § 320 a AktG hat die Eingliederung – dem Squeeze-out, s.u. II vergleichbar – den Verlust der Mitgliedschaftsrechte der Minderheitsaktionäre gegen Abfindung und den Übergang der Aktien auf die Hauptgesellschaft zur Folge.

In der Praxis wurde die Eingliederung durch Mehrheitsbeschluss daher häufig vor allem zur Erreichung des Ausschlusses von Minderheitsaktionären durchgeführt. Da die in § 327 a ff. AktG geregelten Vorschriften zum Squeeze-out dieses Ergebnis auch ohne die Rechtsfolge der die Eingliederung kennzeichnenden Schutzvorschriften der §§ 321 f. AktG ermöglichen, dürfte die praktische Bedeutung der Eingliederung erheblich zurückgehen. Aus diesem Grunde sind die nachfolgenden Ausführungen bewusst knapp gehalten.

---

177 S. § 2. A. VII. 4.
178 S. Emmerich, Aktienkonzernrecht, § 321, Rn. 9.
179 Beachten aber die Möglichkeit zur vereinfachten Kapitalherabsetzung gem. § 229 AktG.
180 S. Emmerich, Aktienkonzernrecht, § 327, Rn. 13.

a) Abweichende Voraussetzungen zur Eingliederung nach § 319 AktG

Neben der Herabsetzung des Erfordernisses des Aktienbesitzes auf mindestens 95 % (statt 100 %), sind bei der Eingliederung durch Mehrheitsbeschluss eigene Aktien der Gesellschaft vom Grundkapital abzusetzen, § 320 Abs. 1 Satz 2 AktG. Im Übrigen beliebt es bei den Zurechnungsverboten der Eingliederung einer 100 %igen Tochtergesellschaft. Grund für die Absetzung eigener Aktien ist der angeordnete Erwerb **aller** Aktien, § 320 a AktG, also auch eigener Aktien der einzugliedernden Gesellschaft.

b) Zusätzlich Voraussetzungen zur Eingliederung nach § 319 AktG

§ 320 Abs. 2 Satz 2 AktG stellt über § 319 AktG hinaus zusätzliche (überwiegend formelle) Anforderungen an die Bekanntmachung der Tagesordnung, insbesondere die für das Abstimmungsverhalten der Minderheitsaktionäre wesentliche Darstellung der Abfindung. Auch die in § 320 Abs. 4 AktG genannten Voraussetzungen werden an die Besonderheiten der Eingliederung durch Mehrheitsbeschluss angepasst, etwa in Bezug auf die Auslegung von Unterlagen oder den Eingliederungsbericht.

Wesentliches Unterscheidungsmerkmal zwischen der Eingliederung einer 100 %igen Tochtergesellschaft und Eingliederung durch Mehrheitsbeschluss ist die Pflicht, die Eingliederung gem. § 320 Abs. 3 AktG durch einen Sachverständigen überprüfen zu lassen. Die Prüfung ist dabei dem § 9 UmwG und § 327 c AktG vergleichbar, so dass auf die entsprechenden Erläuterung[181] verwiesen wird.

Wie beim Squeeze-out und der Verschmelzung auch, kann die Anfechtung des Eingliederungsbeschlusses nicht darauf gestützt werden, dass die Abfindung nicht angemessen sei, § 320 b Abs. 2 AktG. Für Angriffe gegen die Höhe der Abfindung (und nicht gegen die Eingliederung als solche) steht allein das Spruchverfahren offen, § 320 b Abs. 2 Satz 2 AktG i.V.m. § 1 Nr. 2 SpruchG.

II. Squeeze-out

1. Squeeze-out nach Aktienrecht

Die §§ 327 a ff. AktG gestatten einem Hauptaktionär, der mit 95 % an einer (nicht notwendigerweise börsennotierten) AG oder KGaG beteiligt ist, die Minderheitsaktionäre auch ohne ihre Zustimmung gegen Barabfindung aus der Gesellschaft auszuschließen („**Squeeze-out**"). Dieser Ausschluss führt ebenso wie die Eingliederung nach § 320 AktG dazu, dass die Minderheitsaktionäre jegliche mitgliedschaftliche Beteiligung gegen eine vermögensmäßige Entschädigung verlieren. Die generellen verfassungsrechtlichen Bedenken, die gegen die Zulässigkeit des Squeeze-out immer wieder geäußert wurden, haben seit der jüngsten Entscheidung des BVerfG[182] keine realistische Chance mehr, berücksichtigt zu werden. Die Entscheidung des BVerfG, dass der Squeezeout auf der Grundlage der gegenwärtigen gesetzlichen Regelungen verfassungsgemäß ist und insbesondere mit der Eigentumsgarantie des GG vereinbar ist, bezieht sich auf sämtliche Tatbestandsmerkmale und Verfahrensbestimmungen.

---

181 S. z.B. u. § 2. C. II. 1. a) gg).
182 Beschluss vom 30. Mai 2007, Az. 1 BvR 390/04; z.B. WM 2007, 1328.

a) Voraussetzungen

aa) Hauptaktionär

144 Zum Squeeze-out berechtigt ist ein mit wenigstens 95 % des Grundkapitals an der Gesellschaft beteiligter Aktionär (**„Hauptaktionär"**). Dabei kann Hauptaktionär sein, wer Aktionär sein kann, so dass jede natürliche oder juristische Person in Betracht kommt. Ebenfalls dazu zählen jede rechtsfähige Gesellschaft einschließlich der als Gesamthand verfassten Gesellschaft bürgerlichen Rechts, die vergleichbaren Vorgesellschaften sowie Erben- und Gütergemeinschaften, sofern die Beteiligung ihnen gehört.

Der Hauptaktionär muss seine Anteile nicht durch ein öffentliches Übernahmeangebot erlangt haben. Denkbar ist vielmehr auch ein Aktienerwerb durch einen vorangegangenen Paketkauf, einen Zukauf über die Börse oder eine Kapitalerhöhung mit Bezugsrechtsausschluss.

145 Für die Berechnung, ob der Aktionär tatsächlich 95 % der Aktien hält, ist bei Nennbetragsaktien das Verhältnis des Gesamtnennbetrags, den der Aktionär auf sich vereinigt, zum Grundkapital entscheidend. Dagegen ist bei Stückaktien auf die Aktienanzahl des Aktionärs im Verhältnis zur Gesamtzahl abzustellen. Maßgeblich ist der Betrag des Grundkapitals, welcher in das Handelsregister eingetragen ist. Nicht berücksichtigt werden mithin genehmigtes sowie bedingtes Kapital. Eigene Aktien der Gesellschaft und solche, die einem anderen für ihre Rechnung gehören, sind vom Grundkapital abzusetzen. Da § 327a AktG nicht zwischen Aktiengattungen unterscheidet, müssen Vorzugsaktien bei wortlautgetreuer Auslegung der Vorschrift mitgezählt werden.

146 Für den Squeeze-out gelten die allgemeinen Zurechnungsregeln der § 16 Abs. 2 und 4 AktG (s. § 327a Abs. 2 AktG). Eine Zurechnung von Aktien an den Hauptaktionär, erfolgt daher für Aktien,

- welche einem abhängigen Unternehmen gehören;
- die einem anderen für Rechnung des Unternehmens oder eines von ihm abhängigen Unternehmens gehören;
- die ein an der Gesellschaft beteiligter Einzelkaufmann in seinem Privatvermögen hält.

Daraus ergibt sich für das OLG Köln, dass der Hauptaktionär nicht eine einzige Aktie selbst besitzen muss.[183]

bb) Wertpapierleihe

147 Dem Aktionär gehören nur solche Aktien, bei denen er Inhaber des Vollrechts ist. Lange Zeit ging man davon aus, dass unerheblich ist, auf welche Weise der Aktionär an seine Aktien gekommen ist. Daher war die Wertpapierleihe (=Übertragung von Aktien auf Zeit gegen Entgelt; auch: Wertpapierdarlehen) bislang eine geeignete und verbreitete Strategie zur Erreichung der 95 %-Schwelle. Diese Auffassung hat das OLG München zwischenzeitlich korrigiert. In seiner Entscheidung vom 23. November 2006 (sog. Lindner-Urteil) hatte das OLG mit nachvollziehbaren Argumenten darauf abgehoben, dass ein rechtsmissbräuchlicher Umgehungstatbestand vorliege. Im konkreten Fall sah das Gericht eine missbräuchliche Umgehung der gesetzlichen Squeeze-out Voraussetzungen darin, dass die Dividendenerträge weiterhin dem Entleiher zustehen sollten und damit der maßgebliche wirtschaftliche Wert beim Entleiher verblieb. Vor diesem Hintergrund sollte man die Wertpapierleihe nicht mehr ohne Weiteres zur Erreichung der Squeeze-out-Schwelle nutzen. Das Urteil ist zwar noch nicht rechtskräftig; Revision ist beim BGH anhängig. Es spricht einiges dafür, dass der BGH generalisierende Grundsätze zur Wertpapierleihe und deren Verhält-

---

[183] OLG Köln, AG 2004, 39, 41; a.A. MüKo-Grunewald, § 327a AktG, Rn. 7.

nis zu den Tatbestandsvoraussetzungen des Squeeze-out aufstellt. Mindestens bis dahin bleibt eine erhebliche und nicht zu beseitigende Rechtsunsicherheit.

> **Praxishinweis:**
> Nach dem sog. Lindner-Urteil des OLG München vom 23. November 2006 sollte die Wertpapierleihe zur Erreichung der 95 %-Schwelle grundsätzlich nicht mehr verwendet werden.

Darüber hinaus liegt nahe, dass die tragenden Erwägungsgründe des Urteils auch bei anderen Strukturmaßnahmen wie Eingliederungen, Umwandlungen, Verschmelzungen und Unternehmensverträgen berücksichtigt werden sollten. Daher gilt: Immer dann, wenn nicht einwandfrei feststeht, dass kein missbräuchlicher Umgehungstatbestand geschaffen wird, scheidet die Wertpapierleihe zur Erreichung der erforderlichen Mehrheiten bei Strukturmaßnahmen aus. 148

> **Praxishinweis:**
> Die dem Lindner-Urteil zu Grunde liegenden Erwägungen gelten sinngemäß auch für andere Strukturmaßnahmen und sind daher auch bei Eingliederungen, Umwandlungen, Verschmelzungen und Unternehmensverträgen zu berücksichtigen.

cc) Andere schuldrechtliche Zurechnungsverträge

Bei Konsortialverträgen, Poolverträgen oder sonstigen Stimmbindungsverträgen bleibt es grundsätzlich bei der Zuordnung der Mitgliedschaften zu den einzelnen (Pool-)Mitgliedern oder Konsorten. In diesen Fällen kann der Pool bzw. das Konsortium nicht Hauptaktionär sein. Allerdings ist es möglich, dass Aktien in das Gesamthandsvermögen des Pools oder Konsortiums überführt werden. Dann kommt auch die damit begründete Gesamthandsgesellschaft als Hauptaktionärin in Betracht. Die theoretische Möglichkeit der Bildung von Gesamthandsvermögen gewinnt z.B. dann praktische Bedeutung, wenn sich die Poolmitglieder einig sind, ein Squeeze-out an der 95 %-Schwelle scheitern würde und die übrigen Nachteile der Gesamthandsgemeinschaft vor diesem Hintergrund auf Dauer hingenommen werden können. 149

Bei absichtlicher Bildung von Gesellschaften mit dem alleinigen vorübergehenden Zweck, die Tatbestandsvoraussetzungen für den Squeeze-out zu schaffen, besteht allerdings seit dem Lindner-Urteil ebenfalls die Gefahr, dass der Squeeze-out-Beschluss nichtig ist.

> **Praxishinweis:**
> Auch bei der Bildung von Gesamthandseigentum oder einer GbR sollte grundsätzlich darauf geachtet werden, dass kein Missbrauchstatbestand verwirklicht wird.

dd) Antrag („Verlangen") und Einberufen der Hauptversammlung

Das Verlangen des Hauptaktionärs auf Übertragung der Anteile der Minderheitsaktionäre (§ 327a Abs. 1 Satz 1 AktG) wird wirksam, sobald es einem Vorstandsmitglied der Gesellschaft zugegangen ist. Es ist an keine bestimmte Form gebunden und führt zur Verpflichtung des Vorstandes, unverzüglich die ordentliche oder außerordentliche Hauptversammlung einzuberufen. 150

> **Praxishinweis:**
> Trotz der grundsätzlichen Formfreiheit empfiehlt es sich, als Hauptaktionär aus Beweis- und Dokumentationsgründen, das Verlangen schriftlich zu stellen und mit Einlieferungsnachweis (z.B. Einschreiben) zu versehen.

151 Die weitere Abwicklung des Verfahrens obliegt ebenfalls dem Vorstand, obgleich dieses im ausschließlichen Interesse des Hauptaktionärs durchgeführt wird und auf eine Aktienübertragung im Aktionärskreis abzielt.

Der Vorstand muss und der Hauptaktionär kann (sofern es der Vorstand nach pflichtgemäßem Ermessen gestattet) der Hauptversammlung gegenüber den Entwurf des Übertragungsbeschlusses und die Höhe der Abfindung mündlich erläutern. Für ersteren folgt dies aus allgemeinen Rechtsgrundsätzen (§ 176 Abs. 1 Satz 2 AktG), für letzteren aus § 327d Satz 2 AktG. Eine Pflicht des Vorstands, das Übertragungsverlangen des Hauptaktionärs zu unterstützen, besteht nicht.

ee) Barabfindung

152 Alle Aktionäre der Gesellschaft mit Ausnahme des Hauptaktionärs und den ihm zuzurechnenden Aktionären haben Anspruch auf eine Barabfindung.

Umstritten ist, ob Inhaber von Optionen und Wandelanleihen ebenfalls einen Anspruch auf Barabfindung haben. Nach vorzugswürdiger Meinung ist dies der Fall. Schon rein dogmatisch entstünde sonst die systemwidrige Situation, dass Inhaber von Optionen und Wandelanleihen einen Anspruch auf Übergabe von Aktien hätten, während die (systematisch gegenüber den Inhabern von Optionen und Wandelanleihen privilegierten) „echten Aktionäre" nur einen Anspruch auf Barabfindung hätten und ihre Aktien heraus geben müssten.[184] Auch aus praktischen Gründen wäre es unsinnig, die Inhaber von Optionen und Wandelanleihen auf die Ausübung ihrer Optionen und Wandelanleihen zu verweisen mit dem Ergebnis, erst die (unattraktiv gewordenen) Aktien einfordern zu müssen, ehe sie einen Barabfindungsanspruch erhielten.

Nicht weniger umstritten ist die Frage, ob die Gesellschaft selbst berechtigt ist, eine Abfindung zu verlangen, sofern sie eigene Aktien hält.[185] Wir halten die ablehnende Auffassung für vorzugswürdig. Der Hauptaktionär hat in der Regel kein vernünftiges Interesse an einer Übertragung der eigenen Aktien. Im Übrigen folgern wir aus § 16 AktG, dass eine Abfindung für eigene Aktien systemwidrig wäre.

> ❗ **Praxishinweis:**
> *Der Umgang mit Optionen, Wandelanleihen und eigenen Aktien kommt in der Praxis häufig vor und sollte in die Strukturüberlegungen einbezogen werden. Wir raten dazu, solche Rechte und Aktien auch im Hinblick auf die Finanzierung grundsätzlich einzubeziehen.*

153 Maßgeblich für die Abfindungshöhe ist der volle Wert des Unternehmens. Wie beim Ausschluss von Minderheitsaktionären gem. § 305 AktG orientiert sich die Untergrenze dessen, was der Hauptaktionär den Minderheitsaktionären anzubieten hat, an der Höhe des Börsenkurses, sofern ein solcher besteht.[186] Bildet der Börsenkurs das maßgebliche quotale Unternehmenseigentum zu teuer ab und kann der Hauptaktionär dies darlegen und beweisen, so kommt auch eine Unterschreitung des Börsenkurses in Betracht.

---

[184] S. z.B. MüKo-Grunewald, § 327b AktG, Rn. 10; vgl. auch BGH in: ZIP 1998, 560 zur Eingliederung.
[185] Dafür: Habersack, Aktienkonzernrecht, § 327b AktG, Rn. 6; a.A. MüKo-Grunewald, § 327b AktG, Rn. 10.
[186] Diese Vorgabe wurde vom BVerfG (BVerfGE 100, 289, 309) zu § 305 AktG und dem Unternehmensvertragsrecht entwickelt. Sie trägt den Herrschaftsrechten der Minderheitsaktionäre Rechnung und ist auch bei ihrem Ausschluss maßgeblich. So auch das BVerfG zur Eingliederung als Regelungsvorbild des Squeeze-out.

C. Strukturmaßnahmen

Praxishinweis:

Der Nachweis, dass der Börsenkurs den Unternehmenswert zu teuer abbildet, wird dem Hauptaktionär in der Regel nur mit erheblichem Aufwand gelingen. Hierbei sind auch die Nachweiskosten (Wirtschaftsprüfer, Rechtsberater etc.) zu berücksichtigen. Wir raten dazu, bei der Planung der Finanzierung zunächst den Börsenkurs zu Grunde zu legen.

ff) Gewährleistung eines Kreditinstituts

Der Hauptaktionär muss zur Absicherung der Barabfindung für die Gewährleistung eines Kreditinstituts sorgen, § 327b Abs. 3 AktG. Ohne eine Bankgarantie, die auf eine eigene Zahlungsverpflichtung des Kreditinstituts gerichtet ist, darf der Vorstand die Hauptversammlung nicht einberufen. Nicht ausreichend ist die bloße Bestellung von Sicherheiten. Beschließt die Hauptversammlung, ohne dass eine entsprechende Garantie vorliegt, so ist der Übertragungsbeschluss anfechtbar. Die Bankgarantie deckt nicht solche Ansprüche der Aktionäre ab, die erst dadurch entstanden sind, dass gerichtlich eine höhere Barabfindung als angemessen bestimmt wird. In diesem Fall erlangen die Minderheitsaktionäre der Rechtsprechung zufolge lediglich Ansprüche gegen den Hauptaktionär.[187]

154

gg) Vorbereitung der Hauptversammlung

Der Hauptaktionär hat der Hauptversammlung einen Bericht über die Voraussetzungen für die Übertragung sowie die Angemessenheit der Barabfindung zu erstatten, § 327c Abs. 2 Satz 1 AktG. Die Angemessenheit der Barabfindung ist durch einen (oder mehrere) sachverständige Prüfer zu überprüfen, welcher auf Antrag des Hauptaktionärs vom Gericht bestellt wird. In der Praxis folgen die Gerichte dem Vorschlag des Hauptaktionärs. Allerdings wird der Hauptaktionär den Bericht und insbesondere die Höhe der Abfindung nicht alleine, sondern mit Hilfe eines sachverständigen Prüfers erstellt bzw. ermittelt haben. Daher wird vom Gericht kein Prüfer bestellt, der dem Hauptaktionär schon beim Erstellen des Berichts und bei der Festlegung der Abfindung zur Seite stand. Die obergerichtliche Rechtsprechung erlaubt dagegen, dass die (gerichtlich veranlasste) Prüfung schon vor Abschluss der Unternehmensbewertung und der Berichterstattung des Hauptaktionärs beginnt.[188] Der Hauptaktionär kann also parallel Prüfer zur Ermittlung der Abfindung einschalten und dem Gericht gleichzeitig einen anderen Prüfer zur Überprüfung nach § 327c Abs. 2 Satz 2 und 3 AktG vorschlagen.

155

Ab Einberufung der Hauptversammlung sind die in § 327c Abs. 3 AktG genannten Unterlagen zur Information der Aktionäre auszulegen, § 327d Satz 1 AktG. Dabei ist die gesetzliche Aufzählung der Unterlagen abschließend, so dass sich die diesbezügliche Pflicht wohl nicht auf Konzernabschlüsse und Konzernlageberichte der Gesellschaft erstreckt.[189] Um Auslegungsfragen und damit ein Anfechtungsrisiko zu vermeiden, ist der Geschäftsführung allerdings grundsätzlich zu raten, auch Konzernabschlüsse und Konzernlageberichte (soweit vorhanden) auszulegen.

hh) Beschlussfassung und Handelsregistereintragung

Die Beschlussfassung folgt allgemeinen Regeln und den Rechtsgrundsätzen der §§ 175 f. AktG. Zur Erläuterungspflicht des Vorstands s.o. dd).

156

---

187 S. nur BGH ZIP 2005, 2107, 2108.
188 OLG Düsseldorf, NZG 2004, 328, 333; OLG Hamburg, NZG 2005, 86, 87; OLG Stuttgart, AG 2004, 105, 107; a.A.: LG Heidelberg, AG 2006, 760, 761.
189 OLG Düsseldorf, ZIP 2005, 441; OLG Hamburg, AG 2003, 696, 697; LG Hamburg, NZG 2003, 787, 789; a.A. mit der Begründung, dies ergebe sich aus einer zweckorientierten Auslegung des Begriffs „Jahresabschlüsse": OLG Celle, AG 2004, 206, 207.

Zum Beschlussinhalt gehören sowohl die Übertragung der Aktien der Minderheitsaktionäre auf den Hauptaktionär als auch die Gewährung einer angemessenen Barabfindung an die Minderheitsaktionäre. Ausreichend zur Beschlussfassung, bei welcher selbstverständlich auch der Hauptaktionär mit abstimmen darf, ist die einfache Mehrheit der Hauptversammlung. Der Squeeze-out Beschluss bedarf keiner sachlichen Rechtfertigung.[190] Die erforderliche Abwägung hat bereits der Gesetzgeber zugunsten des Hauptaktionärs vorgenommen.

157 Die Aktien der Minderheitsaktionäre werden nicht schon durch Beschluss der Hauptversammlung auf den Hauptaktionär übertragen. Vielmehr stellt die Eintragung des Beschlusses in das Handelsregister ein zusätzliches Wirksamkeitserfordernis dar. Zuständig ist das Registergericht am Sitz der Gesellschaft. Dieses prüft die Anmeldung in formeller und materieller Hinsicht, insbesondere die Kapitalmehrheit des Hauptaktionärs von 95 %, bei deren Fehlen der Übertragungsbeschluss nichtig ist.

Die Eintragung des Squeeze-out führt nicht dazu, dass der Hauptaktionär automatisch auch Eigentümer der Aktienurkunden wird. Vielmehr verbriefen die Urkunden zunächst kraft des Gesetzes nur noch den Anspruch der Minderheitsaktionäre auf Abfindung. Die vom Ausschluss betroffenen Minderheitsaktionäre bleiben also Eigentümer der Aktienurkunden und sind erst Zug um Zug gegen Leistung der Abfindung zur Aushändigung derselben verpflichtet.

Mit Leistung der Abfindung geht das Eigentum an den Urkunden auf den Hauptaktionär über und verbrieft seine Mitgliedschaft an der Gesellschaft. Nach vollständiger Leistung der Abfindung (notfalls im Wege der Hinterlegung) können Aktienurkunden, welche sich noch nicht im Besitz des Hauptaktionärs befinden, für kraftlos erklärt werden. Solche Urkunden verbriefen weder die Mitgliedschaft des Minderheitsaktionärs noch einen Anspruch auf Barabfindung und sind unrichtig geworden.[191] Im Gegensatz dazu hat der Hauptaktionär vor Zahlung der Abfindung lediglich die Möglichkeit, die Minderheitsaktionäre auf Aushändigung und Übereignung der Urkunden Zug um Zug gegen Zahlung der Abfindung zu verklagen.

> **❗ Praxishinweis:**
> *In der Praxis ergeben sich häufig Zustellungsprobleme der Klageschrift, wenn der Hauptaktionär über den Verbleib der Minderheitsaktionäre im Unklaren ist. Daher sollte der Hauptaktionär (gerade bei ausländischen Aktionären) vorher Erkundigungen über den Aufenthaltsort der Minderheitsaktionäre anstellen.*

158 Hat die Gesellschaft anstelle von Einzelurkunden lediglich eine oder mehrere Globalurkunden geschaffen, findet keine körperliche Übertragung der Urkunden statt. Es kommt lediglich zur Umbuchung der Aktien. Mit Gutschrift derselben in das Wertpapierdepot des Hauptaktionärs wird den Minderheitsaktionären Zug um Zug die Barabfindung ausgezahlt.

b) Klage und Registerverfahren

159 Bei der Anmeldung des Übertragungsbeschlusses zur Eintragung in das Handelsregister hat der Vorstand der Gesellschaft zu erklären, dass eine Klage gegen den Beschluss nicht oder nicht fristgemäß erhoben oder rechtskräftig abgewiesen oder zurückgenommen worden ist. Ohne eine solche Negativerklärung darf der Beschluss über den Squeeze-out nicht ins Handelsregister eingetra-

---

190 Allg. Meinung, s. nur Hüffer, AktG, § 327 a, Rn. 11.
191 MüKo-Grunewald, § 320 a AktG, Rn. 3; Kölner Komm.-Hasselbach, § 327 e AktG, Rn. 25; a.A. Emmerich/Habersack-Habersack, Aktien- und GmbH-KonzernR, § 320 a AktG, Rn. 5; Hüffer, § 320 a AktG, Rn. 3.

gen werden, da der durch eine Klage in Frage gestellte Ausschluss der Minderheitsaktionäre nicht durch eine Handelsregistereintragung vollzogen werden soll.

Neben den Fällen der Unzulässigkeit oder offensichtlichen Unbegründetheit der Klage ermöglicht eine Interessenabwägungsklausel dem Prozessgericht, die Eintragung auch im Falle einer begründeten Klage freizugeben. Dies ergibt sich aus der Verweisungsnorm des § 327e Abs. 2 AktG und § 319 Abs. 6 Satz 1 und 2 AktG. Dazu muss das Vollzugsinteresse des Hauptaktionärs das Aufschubinteresse der Kläger überwiegen. Dies ist dann der Fall, wenn der Aufschub für den Hauptaktionär mit erheblichen Nachteilen verbunden und der Ausschluss der Minderheitsaktionäre damit eilbedürftig ist.

❗ Praxishinweis:
Lehrreich hierzu ist die Dokumentation im vergleichbaren Fall der Verschmelzung der freenet AG und der Mobilcom AG. Dies ist auch einer der wenigen Fälle, in denen das zuständige Landgericht ein überwiegendes Interesse an einer sofortigen Eintragung festgestellt hatte.[192]

Der Negativerklärung steht die durch Gerichtsbeschluss ergangene rechtskräftige Feststellung gleich, dass die gegen die Wirksamkeit des Hauptversammlungsbeschlusses erhobene Klage seiner Eintragung nicht entgegensteht. Erweist sich die Klage im Nachhinein als begründet, so ist die Gesellschaft, die den Beschluss erwirkt hat, dem Minderheitsaktionär zum Schadensersatz verpflichtet. Dabei gelangen wohl die Grundsätze über die fehlerhafte Gesellschaft zur Anwendung, so dass der obsiegende Kläger die Rückübereignung seiner Aktien verlangen kann.[193]

❗ Praxishinweis:
Die Rückabwicklung trifft auf die erhebliche Schwierigkeit, dass sich der Rückübertragungsanspruch gegen die Gesellschaft richtet, während der Hauptaktionär die Aktien hält. Rechtsprechung hierzu ist noch nicht ergangen.

c) Gerichtliche Überprüfung der Höhe der Barabfindung

Die Angemessenheit (oder vielmehr: Unangemessenheit) der Barabfindung stellt keinen Grund für eine Anfechtung des Übertragungsbeschlusses dar. Vielmehr sind Streitigkeiten bezüglich der Höhe der Gegenleistung des Hauptaktionärs in einem Spruchverfahren zu klären, welches keine Registersperre bewirkt. Dieser Anfechtungsausschluss zugunsten des Spruchverfahrens soll gewährleisten, dass der Vollzug des Squeeze-out nicht an bloßen Bewertungskriterien scheitert.

Ein Spruchverfahren kommt immer dann in Betracht, wenn die Barabfindung zwar angeboten, aber nicht angemessen oder wenn die Barabfindung überhaupt nicht angeboten oder wenn das vorhandene Angebot nicht ordnungsgemäß ist. Anwendbar ist das Gesetz für das gesellschaftliche Spruchverfahren, welches die Regeln über die freiwillige Gerichtsbarkeit für subsidiär anwendbar erklärt. Der Antrag auf Einleitung eines entsprechenden Verfahrens muss innerhalb von zwei Monaten nach dem Tag gestellt werden, an dem die Eintragung des Übertragungsbeschlusses in das Handelsregister letztmalig im Amtsblatt des Registergerichts veröffentlicht wurde und damit als bekannt gemacht gilt. Verfahrensgegner ist der Hauptaktionär.

---

192 S. Beschluss des LG Kiel vom 22. September 2006, Az. 16 O 2/06.
193 KK-WpÜG-Hasselbach, § 327e AktG, Rn. 16; MüKo-Grunewald, § 327e AktG, Rn. 9; Krieger, BB 2002, 53, 60; a.A. mit der Argumentation, eine Rückübertragung scheitere daran, dass sich der Ersatzanspruch gegen die Gesellschaft richtet, während der Hauptaktionär die rückzuübereignenden Aktien halte: Schmidt, AG 2004, 299. 300.

2. Squeeze-out nach Übernahmerecht

162 Für Aktien bzw. Erwerber von Aktien, die zum Handel an einem organisierten Markt zugelassen sind, gibt es seit dem 14. Juli 2006 eine alternative Verfahrensweise zum Ausschluss von Minderheitsaktionären, den sog. übernahmerechtlichen Squeeze-out gem. §§ 39a ff. WpÜG. Sie geht zurück auf die Richtlinie 2004/25/EG des Europäischen Parlaments und des Rates vom 21. April 2004 und ermöglicht dem Bieter nach einem Übernahme- oder Pflichtangebot, die verbliebenen Aktionäre einer börsennotierten Gesellschaft auszuschließen, ohne dass es dafür eines Hauptversammlungsbeschlusses bedarf.[194]

163 Neben dem Verfahren nach §§ 39a ff. WpÜG bleibt die Möglichkeit zur Durchführung eines aktienrechtlichen Squeeze-out unberührt, so dass es dem Bieter im Anschluss an ein Übernahme- oder Pflichtangebot bei Vorliegen der entsprechenden Voraussetzungen frei steht, zwischen den beiden Ausschlussverfahren zu wählen. Nach Stellung des Antrags zur Durchführung eines übernahmerechtlichen Ausschlusses bis zum rechtskräftigen Abschluss desselben findet der aktienrechtliche Squeeze-out dagegen keine Anwendung mehr. Zu Entscheidungshilfen in der Konkurrenzsituation zwischen § 327a ff. AktG und §§ 39a ff. WpÜG verweisen wir auf die Hinweise am Ende dieses Kapitels (s.u. b)).

a) Voraussetzungen

aa) Übernahme- oder Pflichtangebot

164 Ein Ausschluss der Minderheitsaktionäre nach Übernahmerecht setzt zunächst voraus, dass vor einem diesbezüglichen Antrag ein Übernahme- oder Pflichtangebot des Bieters stattgefunden hat. Dabei ist es nicht erforderlich, dass die zum Squeeze-out berechtigende Mehrheit des Bieter auf dieses Angebot zurückzuführen ist. Diese kann vielmehr auch durch Paketerwerbe außerhalb eines formellen Angebotsverfahrens erreicht worden sein.

Der Antrag des Bieters auf Durchführung eines Squeeze-out ist innerhalb einer Frist von drei Monaten nach Ablauf der Annahmefrist des Übernahme- oder Pflichtangebots zu stellen. Es steht dem Bieter dabei frei, das Ausschlussverfahren bereits dann einzuleiten, wenn das Angebot in einem solchen Umfang angenommen wurde, dass dem Bieter nach Vollzug des Angebots 95 % des Kapitals gehören.

bb) Anforderungen an den Bieter

165 Die Regelung zum übernahmerechtlichen Squeeze-out geht von einem formellen Bieterbegriff aus. Danach ist Bieter der Rechtsträger, welcher auch in dem vorangegangenen Übernahme- oder Pflichtangebot als Bieter in Erscheinung getreten ist.

Antragsberechtigt ist ein Bieter, dem nach einem Übernahme- oder Pflichtangebot 95 % des stimmberechtigten Kapitals der Zielgesellschaft gehören, soweit er einen Ausschluss der Stammaktionäre verfolgt. Besitzt der Bieter darüber hinaus Aktien in Höhe von 95 % des gesamten Grundkapitals, so kann er seinen Squeeze-out auch auf die Vorzugsaktien erstrecken.

Wie auch beim aktienrechtlichen Squeeze-out muss dem Bieter grundsätzlich die für den Ausschluss erforderliche Beteiligung gehören, was eine dingliche Eigentumsberechtigung voraussetzt. Von diesem Grundsatz macht das Gesetz in § 39a Abs. 4 Satz 2 WpÜG eine Ausnahme: Der Bie-

---

[194] Dogmatisch lässt sich dieser Unterschied zu den §§ 327a ff. AktG entgegen der Begründung des Regierungsentwurfs (BT-Drs. 16/1003, 21) nicht mit der Umsetzung von Gemeinschaftsrecht begründen.

ter ist bereits dann berechtigt, ein Ausschlussverfahren einzuleiten, wenn sein Angebot in einem Umfang angenommen worden ist, der ihm beim späteren (dinglichen) Vollzug dieses Angebots die erforderliche Mehrheit verschaffen wird. Ausreichend ist somit, dass der Bieter in naher Zukunft Anteile in der erforderlichen Höhe hält.

cc) Abfindung

Gem. § 39a Abs. 3 WpÜG hat die Art der Abfindung der Gegenleistung des Übernahme- und Pflichtangebots zu entsprechen; daneben ist wahlweise eine Geldleistung anzubieten. Das Gesetz regelt jedoch nicht, wie die Höhe dieser Geldleistung zu bestimmen ist. Vor dem Hintergrund des Grundrechtsschutzes der vom Ausschluss betroffenen Aktionäre ist eine an der Regelung zum aktienrechtlichen Squeeze-out angelehnte Auslegung des Begriffs der „Angemessenheit" geboten.[195] Danach hat die angemessene Abfindung die Minderheitsaktionäre für ihren Anteilsverlust vollständig zu kompensieren.[196] Als Untergrenzen gelten hier der innere Wert der Beteiligung, welcher nach der Ertragswertmethode zu ermitteln ist, sowie der Marktwert, welcher sich grundsätzlich nach dem Börsenkurs richtet.

166

dd) Vermutung der Angemessenheit der Abfindung

Nach den gesetzlichen Vorgaben gilt das Angebot des Bieters als angemessen, wenn er auf Grund seines Angebots Aktien in Höhe von 90 % des vom Angebot betroffenen Grundkapitals erworben hat. Diese Vermutung ist trotz der vielfältigen verfassungsrechtlichen Bedenken[197] wirtschaftlich, tatsächlich und dogmatisch sinnvoll: Wenn 90 % der Aktionäre das Angebot annehmen, es also als fair und angemessen bewerten, dann ist die Vermutung legitim, dass die Abfindung einen mindestens angemessenen Gegenwert für den Verlust der Beteiligung darstellt. Außerdem wird durch die Vermutung der Verfahrensablauf erheblich vereinfacht. Fraglich ist aber, ob es sich bei dieser Vermutung um eine widerlegliche oder um eine unwiderlegliche handelt. Ausweislich der Gesetzesmaterialien ging der Gesetzgeber wohl davon aus, dass es sich um eine unwiderlegliche Vermutung handle.[198]

167

Bei Berücksichtigung der Rechtsprechung des Bundesverfassungsgerichts kann die gesetzliche Vermutung dagegen nur als widerlegliche zu verstehen sein.[199] So hat das Gericht entschieden, dass den vom Squeeze-out betroffenen Aktionären wirksame Rechtsbehelfe zur Verfügung stehen müssen und zu gewährleisten ist, dass die Minderheitsaktionäre auch das als Gegenleistung vom Hauptaktionär erhalten, was ihre Beteiligung tatsächlich wert ist.[200]

168

Bei der Beweisführung wäre der Amtsermittlungsgrundsatz des FGG-Verfahrens zu beachten: Von Amts wegen ist das Gericht verpflichtet, auf Anregung von Verfahrensbeteiligten Tatsachen zu ermitteln, welche dazu geeignet sind, den Beweis zu führen und dadurch die gesetzliche Vermutung zu widerlegen.

169

---

195 Simon, Der Konzern 2006, 12, 14; Heidel/Lochner, Der Konzern 2006, 653, 655; Rühland, NZG 2006, 401, 404; Maul, NZG 2005, 151, 157.
196 BVerfGE 100, 189, 303; BVerG, NJW 2001, 279, 280; BGHZ 147, 108.
197 S. Heidel/Lochner, Der Konzern 2006, 653, 656; Rühland, NZG 2006, 401, 406; Maul, NZG 2005, 151, 157; Mülbert, NZG 2004, 633, 634; Simon, Der Konzern 2006, 12, 16 f.
198 Begründung des Regierungsentwurfs, BT-Drs. 16/1003, 22.
199 Simon, Der Konzern 2006, 12, 16; Heidel/Lochner, Der Konzern 2006, 653, 656; Mülbert, NZG 2004, 633, 634; Maul, NZG 2005, 151, 157; a.A.: Hasselbach, ZGR 2005, 387, 404; Krause, BB 2004, 113, 117.
200 BVerfGE 14, 263, 283; BVerfGE 100, 289, 303; BVerfG, NJW 2001, 279, 280.

ee) Ausschlussverfahren und Gerichtsbeschluss

170 Anstatt eines Hauptversammlungsbeschlusses genügt dem Bieter die antragsgemäße Entscheidung des zuständigen Spruchkörpers. Örtlich und sachlich für das Ausschlussverfahren ausschließlich zuständig ist das Landgericht Frankfurt am Main. Gegen die Entscheidung des Landgerichts ist die sofortige Beschwerde zum Oberlandesgericht statthaft. Dieser kommt aufschiebende Wirkung zu, so dass die gerichtliche Entscheidung des Landgerichts ihre Wirkung erst mit Rechtskraft entfaltet. Die weitere Beschwerde gegen den Beschluss des Oberlandesgerichts ist ausgeschlossen.

Auch ohne das Erfordernis eines Hauptversammlungsbeschlusses müssen die Minderheitsaktionäre vor ihrem Ausschluss hinreichend über die wirtschaftlichen Verhältnisse der Gesellschaft informiert sein, um entscheiden zu können, ob die angebotene Barabfindung dem tatsächlichen Wert ihrer Aktien entspricht. Die Gerichte haben auf eine dementsprechende Information hinzuwirken.

171 Nach dem Gesetzeswortlaut kommt dem Gerichtsbeschluss, vergleichbar mit der Handelsregistereintragung beim aktienrechtlichen Squeeze-out, konstitutive Wirkung zu. Danach gehen die Aktien der Minderheitsaktionäre mit dem Gerichtsbeschluss auf den Hauptaktionär über. In der Literatur wird diese konstitutive Wirkung mit zum Teil einleuchtenden Argumenten kritisiert. Nach den europarechtlichen Vorgaben sei es nur zulässig, die Minderheitsaktionäre zur Übertragung zu verpflichten, nachdem sie für ihre Aktien auch tatsächlich einen angemessenen Wert erhalten haben.[201] Im Gegensatz zum aktienrechtlichen Ausschlussverfahren habe der Gesetzgeber es aber versäumt, den Anspruch der Aktionäre durch die Garantie eines Kreditinstituts abzusichern. Vorzugswürdig erscheint deshalb eine europarechtskonforme Auslegung des Gesetzes dahingehend, dass die Minderheitsaktionäre ihre Aktien nur Zug um Zug gegen die Gewährung der angemessenen Abfindung übertragen müssen.

> **❗ Praxishinweis:**
> *Es erscheint ratsam, den Minderheitsaktionären Zug um Zug gegen die Übertragung der Aktien die Gewährung der Abfindung anzubieten.*

b) Wahl der richtigen Verfahrensart

172 In der Praxis stellt sich bei Vorliegen sowohl der Voraussetzungen des aktienrechtlichen als auch derjenigen des übernahmerechtlichen Squeeze-out die Frage, welchen der beiden Ausschlusswege der erfolgreiche Bieter einschlagen sollte. Dabei wird davon ausgegangen, dass eine Ausschluss von Minderheitsaktionären über den Weg des § 320 AktG aufgrund der umfangreichen Gläubigerschutzbestimmungen der Eingliederung von vornherein nicht in Betracht kommt.

173 Von der Konzeption beider Squeeze-out Verfahren erscheint der übernahmerechtliche Squeeze-out auf den ersten Blick effizienter und kostengünstiger. Allein durch den Verzicht auf die Hauptversammlung spart der Bieter Zeit und Aufwand. Dies relativiert sich zwar unter Umständen dadurch, dass Aufwand und Zeitfaktor für die Hauptversammlung im Kontext des gesamten Übernahmeverfahrens nicht ins Gewicht fallen und eine turnusmäßige Hauptversammlung ohnehin abgehalten werden muss. Der Bieter erspart sich aber eine öffentlichkeitswirksame Auseinandersetzung auf dem exponierten Forum der Hauptversammlung.

---

201 Heidel/Lochner, Der Konzern 2006, 653, 655.

Für den übernahmerechtlichen Squeeze-out spricht auch die Verfahrenskonzentration vor den in solchen Fragen geübten Spruchkörpern. Aus rechtsdogmatischer Sicht erwarten wir aufgrund der Angemessenheitsfiktion auch eine höhere Rechtssicherheit in Bezug auf die Angemessenheit der Gegenleistung. Aus rein tatsächlichen Erwägungen befürchten wir allerdings, dass bis zu einer abschließenden höchstrichterlichen Entscheidung versucht werden wird, die Angemessenheitsvermutung gerichtlich in Frage zu stellen. Da erst die Rechtskraft konstitutive Wirkung für den Squeeze-out herbei führt, besteht – anders als beim aktienrechtlichen Squeeze-out – die Gefahr der prozessualen Blockade der gesamten Strukturmaßnahme durch einzelne Minderheitsaktionäre.

Aus diesen Gründen könnte es für den Bieter zumindest bis zu einer abschließenden Klärung der verfassungsrechtlichen Bedenken gegen die Angemessenheitsfiktion vorteilhaft sein, dass etwas aufwändigere, dafür aber rechtlich abgesicherte und vielfach erprobte Ausschlussverfahren nach §§ 327 a ff. AktG zu wählen.

III. Verschmelzung

Unter dem Begriff Verschmelzung versteht man alle Vorgänge, bei denen ein oder mehrere vorher selbständige Rechtsträger ihr(e) Vermögen als Ganzes, also sämtliche Aktiva und Passiva, auf einen anderen bereits bestehenden oder neu zu gründenden Rechtsträger übertragen und als eigene(r) Rechtsträger erlöschen. Das Umwandlungsrecht kennt daher gem. § 2 UmwG zwei Modalitäten der Verschmelzung: 174

- Die **Verschmelzung durch Aufnahme**: Das Vermögen des übertragenden Rechtsträgers wird als Ganzes auf den übernehmenden Rechtsträger übertragen.
- Die **Verschmelzung durch Neugründung**: Die sich vereinigenden Rechtsträger übertragen ihr Vermögen als Ganzes auf einen neuen Rechtsträger.

Da bei der Verschmelzung das gesamte Vermögen einer Gesellschaft im Tausche für Anteile an der aufnehmenden Gesellschaft zugunsten der Gesellschafter der erlöschenden Gesellschaft übertragen wird, löst eine Verschmelzung als gewinnrealisierender Vorgang grundsätzlich Steuerfolgen aus.[202] Wie im Einzelnen unter u. § 4.B.V.2 ausgeführt, erlaubt das Umwandlungsgesetz steuerneutrale Umwandlungstatbestände. Im Folgenden soll kurz aus gesellschaftsrechtlicher Hinsicht auf Ablauf und Besonderheiten der Verschmelzung hingewiesen werden. 175

Die Übertragung geschieht gem. § 20 Abs. 1 Nr. 1 UmwG im Wege der Gesamtrechtsnachfolge, also ohne gesonderte Übertragungsakte für einzelne Vermögensgegenstände. Einzelne Vermögensgegenstände können von der Gesamtrechtsnachfolge nicht ausgenommen werden; entsprechende Vereinbarungen sind nichtig.[203] Einzelverfügungen über Gegenstände der erlöschenden Gesellschaft müssen **vor** der Eintragung der Verschmelzung ins Handelsregister vorgenommen werden (soweit gewünscht).

Bei beiden Verschmelzungsarten gehen die übertragenden Rechtsträger mit Wirksamwerden der Verschmelzung ohne Liquidation unter, § 20 Abs. 2 Nr. 2 UmwG. Ihre Anteilsinhaber erhalten im Zuge dessen Anteile oder Mitgliedschaftsrechte am aufnehmenden bzw. neu gegründeten Rechtsträger im Verhältnis zu ihrem bisherigen Beteiligungswert (Anteilstausch). 176

Die Pflicht zum Anteilstausch ist eines der wichtigsten Wesensmerkmale der Verschmelzung. Eine Ausnahme besteht gem. §§ 5 Abs. 2, 20 Abs. 1 Nr. 3 UmwG bei der Verschmelzung einer

---

202 S.u. §§ 4.B.V.2.
203 Lutter/Drygala in: Lutter UmwG, § 2, Rn. 21.

100%igen Tochtergesellschaft auf die Mutter. Hier sind keine außenstehenden Anteilsinhaber vorhanden, dessen untergehenden Beteiligungen ersetzt werden müssten.

Eine zusätzlich zum Anteilstausch gewährte Barzahlung ist grundsätzlich auf höchstens 10 % des Gesamtnennbetrags der gewährten Anteile der übernehmenden Gesellschaft begrenzt (§§ 54, 68, 87 UmwG).

1. Beteiligte Rechtsträger

177 Der Kreis der verschmelzungsfähigen Rechtsträger umfasst nahezu alle dem deutschen Recht bekannten Unternehmensformen, § 3 UmwG. Verschmelzen können u.a. die OHG, KG, GmbH, AG, KGaA und eG (gem. § 79 UmwG nur bei gleichzeitiger Statusänderung) in jeder Kombination. Nach dem sog. SEVIC-Urteil des EuGH vom 13. Dezember 2005[204] und Einfügung von § 122a UmwG ist nunmehr auch eine grenzüberschreitende Verschmelzung mit Kapitalgesellschaften eines anderen Mitgliedsstaates der Europäischen Union zulässig.

2. Die Durchführung der Verschmelzung

a) Allgemein

178 Die Verschmelzung bedarf im Wesentlichen folgender Schritte:

Wichtigstes gesellschaftsrechtliches Dokument ist der Verschmelzungsvertrag, der u.a. das Umtauschverhältnis, die Höhe der Barzuzahlung (soweit vorgesehen) und Angaben zur Mitgliedschaft im übernehmenden Rechtsträger sowie Regelungen zu arbeitsrechtlichen Folgen der Verschmelzung enthalten muss, § 5 Abs. I UmwG. Der Verschmelzungsvertrag ist gem. § 6 UmwG notariell zu beurkunden.

Des Weiteren ist gem. § 8 UmwG ein Verschmelzungsbericht durch die Vertretungsorgane der an der Verschmelzung beteiligten Gesellschaften zu erstellen.[205] Der Bericht muss eine rechtliche sowie wirtschaftliche Begründung und Erläuterung der Verschmelzung, des Verschmelzungsvertrages oder seines Entwurfs, insbesondere des Umtauschverhältnisses enthalten. Die an der Verschmelzung beteiligten Rechtsträger können einen gemeinsamen Bericht verfassen.

Da außerdem die Bilanzen der beteiligten Rechtsträger zu den beim Handelsregister einzureichenden Unterlagen gehören, sind die Schlussbilanzen der beteiligten Rechtsträger frühzeitig aufzustellen. Außerdem ist eine Unternehmensbewertung der beteiligten Rechtsträger durch sachverständige Prüfer durchzuführen §§ 9, 10 UmwG. Hier gilt das unter II.1.a)gg) Gesagte entsprechend. Kernstück der Prüfung ist die Kontrolle des Umtauschverhältnisses, allerdings hat der Prüfer auch bezüglich der übrigen Angaben im Verschmelzungsvertrag Stellung zu beziehen, z.B. zu den Folgen für die Arbeitnehmer. Umstritten ist, ob der Verschmelzungsbericht ebenfalls Gegenstand der Prüfung ist.[206] Der Wortlaut von § 9 Abs. I UmwG bezieht sich allerdings nur auf die Prüfung des Verschmelzungsvertrages (bzw. seines Entwurfs).[207] Daher ist der Prüfungsauftrag darauf zu beschränken. Dies entspricht im Übrigen gängiger Praxis und den Empfehlungen des IDW.[208]

---

204 Rs. 411/03.
205 Auf dieses Erfordernis kann mit Zustimmung aller Anteilseigner verzichtet werden.
206 So. z.B. Bayer, ZIP 1997, 1613, 1621; Becker, AG 1988, 223, 225.
207 So auch Kallmeyer, UmwG § 9 Rn. 10 mwN; Lutter/Drygala in: Lutter UmwG § 9 Rn. 12.
208 Stellungnahme der IDW, HFA 6/88, abgedruckt in: WPg. 1989, 43.

C. Strukturmaßnahmen

Bei der Verschmelzung durch Neugründung ist zusätzlich der Gesellschaftsvertrag des neu zu bildenden Rechtsträgers zu erstellen.

Es folgt – soweit die Voraussetzungen dafür vorliegen – die Anmeldung der Verschmelzung bei den zuständigen Kartellbehörden, die Beteiligung der Arbeitnehmer (s.u. b)), die Beschlussfassung über die Verschmelzung durch die Versammlung der Anteilseigner beider Rechtsträger und die Anmeldung der Verschmelzung zum Handelsregister, s.u. c).

Die Einberufung der jeweiligen Gesellschafter- bzw. Mitgliederversammlung folgt allgemeinen Regeln. Bei Publikumsgesellschaften sind die wichtigsten Unterlagen (insbesondere der Verschmelzungsvertrag, der Verschmelzungsbericht sowie der Prüfungsbericht und die Jahresabschlüsse und Lageberichte der letzten drei Geschäftsjahre) in den Geschäftsräumen der Gesellschaft zu Einsicht der Anteilseigner auszulegen bzw. auf Verlangen dem Aktionär zu übersenden, §§ 63, 78 UmwG. Der Verschmelzungsbeschluss bedarf der satzungsmäßigen Mehrheit beider Rechtsträger (bei Publikumsgesellschaften, GmbH und Personenhandelsgesellschaften mindestens der Dreiviertelmehrheit) und ist notariell zu beurkunden, §§ 13 Abs. 3 Satz 1, 43 Abs. 1, 2, 50 Abs. 1, 65 Abs. 1, 78 UmwG. Der Gesellschaftsvertrag kann darüber hinausgehende Erfordernisse vorsehen.

Erhöht die übernehmende Gesellschaft zur Durchführung der Verschmelzung ihr Grundkapital, so darf die Verschmelzung erst eingetragen werden, nachdem die Kapitalerhöhung ins Handelsregister eingetragen wurde.

b) Arbeitnehmerbeteiligung

Das Erfordernis, die Arbeitnehmer der beiden Rechtsträger an der Verschmelzung zu beteiligen ergibt sich nicht aus dem Umwandlungsgesetz. § 5 Abs. I Nr. 9 UmwG verlangt lediglich die Darstellung individual- und kollektivarbeitsrechtlicher Folgen der Verschmelzung im Verschmelzungsvertrag, nicht aber die Beteiligung der Arbeitnehmer und ihrer Vertretungsorgane selbst. Eine solche Beteiligung kann sich aber aus den entsprechenden arbeitsrechtlichen Schutz- und Mitbestimmungsvorschriften, v.a. aus §§ 111, 113 BetrVG und § 613a BGB ergeben. Systematisch, dogmatisch und tatsächlich gilt § 5 Abs. 1 Nr. 9 UmwG daher als verunglückt.[209] Jenseits des Streits, ob die Darstellung der Folgen der Verschmelzung und die Beteiligung der Arbeitnehmer besser im Verschmelzungsbericht oder direkt im BetrVG aufgehoben wären, steht außer Frage, dass Mitbestimmungsrechte der Arbeitnehmer zu berücksichtigen sind.

Materiell-rechtliche Prüfung und Rechtsfolgen bei Unterlassung oder Verstößen dagegen richten sich nach den einschlägigen Mitbestimmungsvorschriften, während ein Verstoß gegen § 5 Abs. 1 Nr. 9 UmwG aus Sicht der Arbeitnehmer grundsätzlich ohne Rechtsfolge bleibt.[210]

Ohne an dieser Stelle zu tief in arbeitsrechtliche Mitbestimmungsvorschriften einzusteigen, gilt zusammenfassend Folgendes: § 5 Abs. 1 Nr. 9 UmwG verdrängt nicht die sonstigen Mitbestimmungs- und Informationsrechte der Arbeitnehmer. Da dies auch für die Informationsrechte des Betriebsrats bzw. gem. § 106 BetrVG des Wirtschaftsausschusses und der Arbeitnehmer aus § 613a Abs. 5 BGB gilt, sind die Arbeitnehmer so frühzeitig zu informieren, dass sie ihre Rechte auch sinnvoll wahrnehmen können. Soweit § 5 Abs. 3 UmwG eine Zuleitung des Verschmelzungsvertrags (bzw. seines Entwurfs) an die zuständigen Betriebsräte nur bis zu einem Monat vor dem Tag der Beschlussfassung über die Verschmelzung verlangt, kann sich aus den arbeitsrecht-

---

[209] „Fremdkörper", s. Schröer/Simon, UmwG, § 5 Rn. 58 mwN.
[210] Simon aaO, Rn. 61.

lichen Vorschriften in der Praxis ein Bedürfnis nach erheblich früherer Information der Arbeitnehmer ergeben.

> **Praxishinweis:**
> *Die Arbeitnehmer bzw. deren Vertretungsorgane sind an den Verschmelzungsplänen daher möglichst frühzeitig zu beteiligen.*

182 Dies gilt insbesondere dann, wenn sich durch die Verschmelzung nicht nur die gesellschaftsrechtliche Struktur ändert, sondern auch auf betrieblicher Ebene ein Zusammenschluss erfolgt. Eine solche Betriebsänderung wäre gem. §§ 111 Satz 3 Nr. 3, § 112 BetrVG interessenausgleichs- und sozialplanpflichtig.[211] Da dem Betriebsrat bei einer Rechtsverletzung dieser Vorschriften nach allgemeinen Grundsätzen (auch einstweiliger) Rechtsschutz gewährt würde, der die Durchführung der Verschmelzung aufhalten oder ganz verhindern würde, kann der gesamte Verschmelzungsvorgang von umfassender und zeitnaher Information des Betriebsrats abhängen.

183 Umwandlungsrechtlich stellt sich die Frage, welche Angaben gem. § 5 Abs. 1 Nr. 9 UmwG konkret erforderlich sind. Die Darstellungstiefe richtet sich dabei grundsätzlich nach dem Normzweck, eine Beteiligung der Vertretungsorgane sinnvoll zu ermöglichen. Eine abschließende arbeitsrechtliche Beurteilung in allen Einzelheiten wird daher nach zutreffender Ansicht nicht für erforderlich gehalten, wohl aber ein Detaillierungsgrad, der dem Betriebsrat ermöglicht, sich eine Meinung über das Bestehen von (a) Änderungen, die sich für die Arbeitnehmer ergeben könnten und (b) mögliche Mitbestimmungsrechte zu bilden.[212]

c) Registeranmeldung

184 Die Verschmelzung bedarf zu ihrer Wirksamkeit der Eintragung ins jeweilige Register (Handels-, Partnerschafts-, Genossenschafts- oder Vereinsregister), § 16 ff. UmwG. Die Eintragung wirkt konstitutiv. Sie erfolgt zunächst in dem Register der übertragenden Rechtsträger und dann in dem des übernehmenden Rechtsträgers. Mit der letztgenannten Eintragung wird die Verschmelzung wirksam und der übertragende Rechtsträger erlischt. Anteilsinhaber des übertragenden Rechtsträgers werden solche des übernehmenden Rechtsträgers.

Voraussetzung für die Eintragung ist, dass der Anmeldung die wesentlichen Verschmelzungsunterlagen beigefügt werden, § 17 UmwG[213], sowie die Erklärung gem. § 16 Abs. 2, 3 UmwG, dass keine Klage (Anfechtungsklage) gegen den Verschmelzungsbeschluss anhängig ist oder eine solche Klage rechtskräftig abgewiesen wurde.

185 Nach Durchführung der Eintragung ist die Verschmelzung wirksam. Eine Entschmelzung kommt danach nicht mehr in Betracht, selbst dann nicht, wenn sich eine Klage der Anteilseigner später als begründet erweisen sollte.[214] In dieser Beziehung entfaltet § 20 UmwG weit gehende Heilungs- und Konstitutionswirkung, so dass klagenden Anteilseignern allein ein Schadensersatz- aber kein Restitutionsanspruch zustehen kann. Darüber hinaus werden durch die Eintragung Mängel der notariellen Beurkundung des Verschmelzungsvertrages und Mängel aufgrund Fehlens von Zustimmungs- oder Verzichtserklärungen einzelner Anteilsinhaber geheilt.

---

211 Vgl. BAG 4. April 1976 – EzA § 111 BetrVG 1972, Nr. 4.
212 Simon in: Semler/Stengel, UmwG, § 5, Rn. 63 mwN.
213 Bei der Aktiengesellschaft ist der Entwurf des Verschmelzungsvertrags bereits vor Einberufung der Hauptversammlung beim Handelsregister einzureichen, § 60 UmwG.
214 Zur Möglichkeit der Amtslöschung gem. §§ 142, 144 Abs. 2 FGG, insbesondere bei gravierenden Mängeln in der Beschlussfassung vgl. Kort, DStR 2004, 185 ff.

3. Gläubigerschutz

Die Verschmelzung kommt aus Gläubigersicht strukturell einer Eingliederung gleich. Daher sieht § 22 UmwG ein ähnliches Schutzverfahren vor wie § 321 AktG (s.o. I.1.e)). Im Unterschied bzw. in Ergänzung zu § 321 AktG kann der Gläubiger einer verschmolzenen Gesellschaft allerdings erst dann Sicherheit erlangen, wenn er glaubhaft macht, durch die Verschmelzung tatsächlich in der Erfüllung seiner Forderung gefährdet zu sein, § 22 Abs. 1 Satz 2 UmwG.

186

4. Klage und Registerverfahren

Der Verschmelzungsbeschluss ist nach allgemeinen Regeln anfechtbar. Wird fristgerecht Klage erhoben, darf die Verschmelzung bis zur rechtskräftigen Abweisung nicht ins Handelsregister eingetragen werden („Registersperre").

187

Da ein Anfechtungsverfahren (insbesondere über den gesamten Instanzenzug) sehr lange dauern kann und Aktionäre damit über ein wirkungsvolles Blockadeinstrument verfügen, kann die Gesellschaft das dem Unbedenklichkeitsverfahren der Eingliederung vergleichbare (s.o. I.2.b)) sog. Freigabeverfahren nach § 16 Abs. 3 UmwG beantragen. Wenn das für die Anfechtungsklage zuständige Prozessgericht auf Antrag des Klagegegners durch rechtskräftigen Beschluss feststellt, dass die Klageerhebung der Eintragung nicht entgegen steht, kann die Verschmelzung trotz angefochtenem Verschmelzungsbeschluss durch Eintragung vollzogen werden. Dazu muss die Klage allerdings entweder unzulässig oder offensichtlich unbegründet sein oder eine Interessensabwägung ergibt nach freier Überzeugung des Gerichts, dass das „alsbaldige Wirksamwerden" der Verschmelzung im Vergleich zu den von den Anteilseignern geltend gemachten Nachteilen vorrangig erscheint, § 16 Abs. 3 Satz 2 UmwG. Die Ausführungen unter I.1.d) gelten entsprechend. Der Beschluss soll spätestens drei Monate nach Antragstellung ergehen, § 16 Abs. 3 Satz 3 UmwG.

Zu den materiell-rechtlichen Voraussetzungen der Verschmelzung gehören die Gewährung von Anteilen oder Mitgliedschaftsrechten am übernehmenden Rechtsträger, die Festlegung des Umtauschverhältnisses und gegebenenfalls die Zahlung einer Barprämie, § 5 Abs. 1 UmwG. Aus diesem Grunde könnte eine Klage gegen den Verschmelzungsbeschluss allein darauf gestützt werden, dass das Umtauschverhältnis zu niedrig bemessen sei oder dass dem neuen Mitgliedschaftsrecht kein ausreichender Gegenwert für den Anteilsverlust gegenüber stünde. Ähnlich wie beim Squeeze-out und bei der Eingliederung nach § 320 AktG, s.o. I.2.b), hat sich der Gesetzgeber dafür entschieden, solche Einwände im Rahmen der Anfechtungsklage nicht zuzulassen, § 14 Abs. 2 UmwG. Anteilseigner, denen es nur um die Angemessenheit der Gegenleistung für ihren Anteilsverlust geht, werden auch hier auf das Spruchverfahren verwiesen, § 1 Nr. 4 SpruchG. Die Wirksamkeit der Verschmelzung wird von solchen Fragen daher nicht berührt. Bei einer Verschmelzung zur Aufnahme können sich allerdings nur die Aktionäre der übertragenden Gesellschaft auf dieses Verfahren berufen. Die Anteilseigner der aufnehmenden Gesellschaft können ihre Rechte (z.B. auf Verwässerungsschutz) nach Ansicht des BGH ausschließlich mit der Anfechtungsklage verfolgen.[215]

188

---

215 BGHZ 112, 9, 15.

IV. Formwechsel und Delisting

1. Formwechsel

189 Auch ein Formwechsel löst als gewinnrealisierender Vorgang grundsätzlich Steuerfolgen aus.[216] Für einen Formwechsel gem. §§ 190 ff. UmwG gelten die Ausführungen zur Verschmelzung entsprechend. Insbesondere ist ein Umwandlungsbericht (mit Vermögensaufstellung der Gesellschaft) zu fertigen und auszulegen (§ 192 Abs. 1 UmwG), ein Umwandlungsbeschluss zu fassen (§ 193 UmwG) und die Anmeldung zum Handelsregister vorzunehmen (§ 198 ff. UmwG). Anteilseigner der umzuwandelnden Gesellschaft erhalten eine entsprechende Beteiligung an der umgewandelten Gesellschaft oder scheiden gegen Barabfindung gem. § 207 UmwG aus der Gesellschaft aus. Wiederum kann eine Klage gegen die Wirksamkeit der Umwandlung nicht darauf gestützt werden, dass die in dem Beschluss bestimmten Anteile an dem Rechtsträger der neuen Rechtsform zu niedrig bemessen sind (§ 195 Abs. 2 Alt. 1 UmwG), dass die Mitgliedschaft keinen ausreichenden Gegenwert für die Anteile bzw. für die Mitgliedschaft darstellt (§ 195 Abs. 2 Alt. 2 UmwG) oder dass die Barabfindung fehlerhaft bemessen oder angeboten wurde (§ 210 UmwG). Solche Klagen sind ebenfalls im Spruchverfahren zu verfolgen, §§ 196 Satz 2, 212 UmwG iVm § 1 Nr. 4 SpruchG.

2. Delisting

190 Die Logik der vorgehenden Kapitel verlangt, dass die Grundgedanken des §§ 304, 305 AktG auch dann anzuwenden sind, wenn sich eine börsennotierte Gesellschaft – aus welchem Grund auch immer von der Börse zurückzieht. Zu den in der Praxis relevanten Fallgruppen zählen das sog. kalte Delisting, wozu neben den bereits dargestellten Strukturmaßnahmen die übertragende Auflösung des gesamten Vermögens der gelisteten Gesellschaft auf eine nicht gelistete Aktiengesellschaft gehört sowie das in der Praxis wesentlich seltenere reguläre Delisting auf Antrag der Gesellschaft gem. § 38 Abs. 4 BörsenG.

Zur Anwendbarkeit der §§ 304, 305 AktG auf die zuletzt genannten Fällen findet sich im Gesetz an keiner Stelle eine Aussage. Es gilt jedoch spätestens seit dem sog. Macrotron-Urteil des BGH (vom 25. November 2002)[217] als gesichert, dass zumindest bei dem Rückzug von der Börse gem. § 38 Abs. 4 BörsenG ein Hauptversammlungsbeschluss der Gesellschaft erforderlich ist, in dem analog § 305 AktG bzw. § 207 UmwG eine Abfindung für die Aktionäre vorzusehen ist. Außerdem hat der BGH für die Überprüfung der Höhe der Abfindung die Vorschriften des SpruchG für entsprechend anwendbar erklärt. Dogmatisch leitet der BGH das Erfordernis des Hauptversammlungsbeschlusses dabei nicht – was nahe gelegen hätte – aus einer entsprechenden Anwendung der §§ 293 Abs. 1 Satz 1, 319 Abs. 2 AktG, 327 a Abs. 1 Satz 1 AktG und den jeweiligen Vorschriften des UmwG ab, sondern aus Art. 14 Abs. 1 GG direkt.[218]

Das Abfindungsangebot sei in bar anzubieten und habe sich grundsätzlich am Börsenkurs (Dreimonatsschnitt) zu orientieren.[219]

---

216 S. u. § 4, B. VI. 3.
217 BGHZ 153, 47 ff.
218 Der Verkehrswert der Aktie (was den Verkauf über die Börse einschließt) sei verfassungsrechtlich im Rahmen der Eigentumsgarantie geschützt; zur Kritik im Schrifttum, dem aktuellen Diskussionsstand und vertiefenden Hinweisen s. Wagner, S. 37 ff., 147 ff. und 157 ff.
219 BGH aaO.

C. Strukturmaßnahmen

Wie eingangs erwähnt, zwingt die Logik der diesem Fall vergleichbaren Strukturmaßnahmen dazu, diese BGH-Rechtsprechung auch auf den Fall der übertragenden Auflösung (bzw. der Aufspaltung einer börsennotierten Aktiengesellschaft auf eine nicht börsengelistete Aktiengesellschaft) anzuwenden.[220] Aktionäre dürfen ihres wirtschaftlichen Gegenwerts für ihre gelisteten Aktien weder durch Widerruf der Börsenzulassung noch durch (planmäßigen) Wegfall der Börsenzulassungsvoraussetzungen beraubt werden.

191

❗ **Praxishinweis:**
Auch wenn die Fälle des kalten Delisting noch nicht Gegenstand einer BGH-Entscheidung waren, spricht viel dafür, die oben geschilderten Grundsätze auch auf kaltes Delisting und – noch weiter – auf alle Fälle planmäßiger Veränderung des wirtschaftlichen Aktiengegenwertes anzuwenden.

Dementsprechend raten wir auch davon ab, die Widerrufsvoraussetzungen des § 43 Satz 2 BörsenG durch Nichterfüllung der Zulassungs(folge)pflichten absichtlich herbei zu führen.

192

---

220 S. Hüffer, § 119, Rn. 21 ff. MwN.

§ 3 Rechnungslegung

A. HGB-Konzernabschluss

1   Ein inländisches Mutterunternehmen in der Rechtsform einer Kapitalgesellschaft ist nach § 290 Abs. 1 HGB zur Aufstellung eines Konzernabschlusses verpflichtet, wenn Beteiligungen an Tochterunternehmen bestehen, die unter einheitlicher Leitung stehen. § 290 Abs. 2 HGB sieht einen Konzernabschluss stets vor, wenn einer Mutterkapitalgesellschaft die Mehrheit der Stimmrechte an einem Tochterunternehmen zusteht oder einen beherrschenden Einfluss ausüben kann.

Der Konzernabschluss besteht nach § 297 Abs. 1 HGB aus der Konzernbilanz, der Konzern-Gewinn- und Verlustrechnung, dem Konzernanhang, der Kapitalflussrechnung und dem Eigenkapitalspiegel.

Die Zusammenfassung zum Konzernabschluss kann durch eine Vollkonsolidierung, eine Quotenkonsolidierung oder eine Equity Konsolidierung erfolgen:

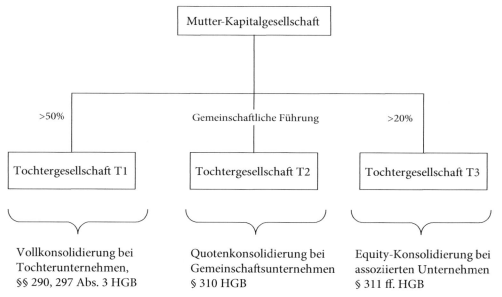

2   Im vollkonsolidierten Konzernabschluss sind die gemeinschaftlichen Finanzdaten des Konzerns und seiner Konzernunternehmen darzustellen; der Konzern wird als ein einheitliches Unternehmen betrachtet, § 297 Abs. 3 Satz 1 HGB.[1] Dementsprechend sind die Jahresabschlüsse des Mutterunternehmens mit den Jahresabschlüssen der Tochterunternehmen nach § 300 Abs. 1 Satz 1 HGB im Wege der Konsolidierung zusammenzufassen. Das Mutterunternehmen weist daher keine Anteile an den Tochterunternehmen, sondern vielmehr Vermögensgegenstände, Schulden, Rechnungsabgrenzungsposten, Bilanzierungshilfen und Sonderposten aus, die im Jahresabschluss des Tochterunternehmens enthalten sind.

---

1   Zur Behandlung bei der Quotenkonsolidierung bei Gemeinschaftsunternehmen vgl. § 310 HGB; zur Konsolidierung bei der Equity Konsolidierung vgl. §§ 311, 312 HGB.

A. HGB-Konzernabschluss

Vollkonsolidierung von Mutter- mit Tochterunternehmen, §§ 290, 297 Abs. 3 HGB

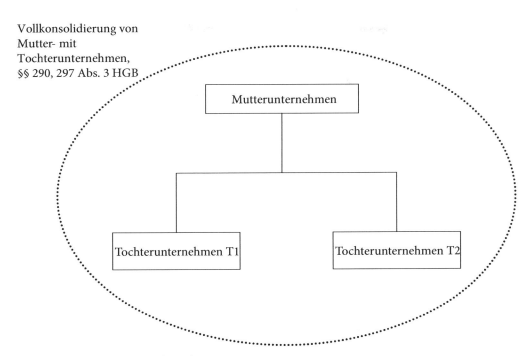

Der Konsolidierungsvorgang besteht aus
- der Kapitalkonsolidierung gemäß § 301 HGB,
- der Schuldenkonsolidierung gemäß § 303 HGB,
- der Zwischenergebniseliminierung gemäß § 304 HGB und
- der Aufwands- und Ertragskonsolidierung, § 305 HGB.

Die Kapitalkonsolidierung ersetzt den Beteiligungsansatz beim Mutterunternehmen durch die Vermögensgegenstände des Tochterunternehmens, die an dessen Stelle treten.

Die Schuldenkonsolidierung eliminiert konzerninterne Schulden sowie daraus resultierende Gewinne. Ein einheitliches Konzernunternehmen kann nicht mit sich Schuld- und Forderungsbeziehungen begründen.

Die Zwischenergebniseliminierung scheidet konzerninterne Leistungs- und Lieferungsbeziehungen aus.

Die Aufwands- und Ertragskonsolidierung eliminiert alle konzerninternen Gewinne- und Verluste. Ein einheitliches Konzernunternehmen kann keine Gewinne realisieren, wenn es Lieferungen an sich selbst ausführt.

§ 3 Rechnungslegung

5   Die Konsolidierung kann im Überblick wie folgt dargestellt werden:

Vollkonsolidierung von
Mutter- mit
Tochterunternehmen,
§§ 290, 297 Abs. 3 HGB

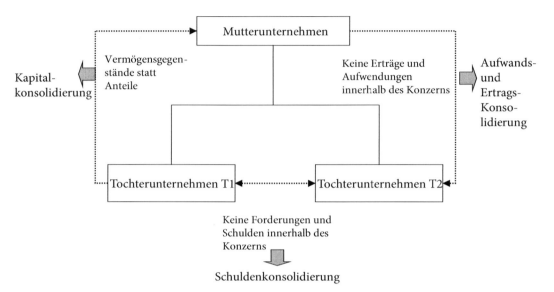

Die Konsolidierung kann rechnerisch vereinfacht wie folgt dargestellt werden:

Mutterunternehmen							
~~Beteiligung T 1~~	~~100.000 €~~	Kapital	80.000 €				
~~Beteiligung T 2~~	~~50.000 €~~	Bankschulden	60.000 €				
~~Forderung T1~~	~~10.000 €~~	~~Schuld T2~~	~~20.000 €~~			Konzern	
	160.000 €		160.000 €	Maschinen T1	200.000 €	Kapital MU	80.000 €
				Grundstück T2	100.000 €	Kapital T1	90.000 €
Tochterunternehmen T1						Kapital T2	40.000 €
Maschinen	200.000 €	Kapital	90.000 €			Beteiligung T1	-100.000 €
		Bankschulden	100.000 €			Beteiligung T2	-50.000 €
		~~Schuld MU~~	~~10.000 €~~			Konzern-Kapital	60.000 €
	200.000 €		200.000 €			Bankschulden MU	60.000 €
						Bankschulden T1	100.000 €
Tochterunternehmen T2						Bankschulden T2	80.000 €
Grundstück	100.000 €	Kapital	40.000 €		300.000 €		300.000 €
~~Forderung MU~~	~~20.000 €~~	Bankschulden	80.000 €				
	120.000 €		120.000 €				

100

Der Beteiligungswert stimmt selten mit dem Eigenkapital der Tochterunternehmen überein. Ist der Beteiligungswert niedriger als das Eigenkapital des betreffenden Tochterunternehmens liegt ein (negativer) Geschäftswert vor; ist Beteiligungswert höher, ein positiver. Dieser Goodwill wird im Rahmen einer Erstkonsolidierung durch Einbeziehung in den Konzern ermittelt und in den Folgejahren nur fortgeschrieben:

Mutterunternehmen							
~~Beteiligung T 1~~	~~100.000 €~~	Kapital	80.000 €				
~~Beteiligung T 2~~	~~50.000 €~~	Bankschulden	60.000 €				
~~Forderung T1~~	~~10.000 €~~	~~Schuld T2~~	~~20.000 €~~			Konzern	
	160.000 €		160.000 €	Maschinen T1	200.000 €	Kapital MU	80.000 €
				Grundstück T2	100.000 €		
Tochterunternehmen T1						Kapital T1	90.000 €
Maschinen	200.000 €	Kapital	90.000 €			Kapital T2	40.000 €
		Bankschulden	100.000 €			Beteiligung T1	-100.000 €
		~~Schuld MU~~	~~10.000 €~~			Beteiligung T2	-50.000 €
	200.000 €		200.000 €	Goodwill		Goodwill	-20.000 €
Tochterunternehmen T2						Konzern-Kapital	60.000 €
Grundstück	100.000 €	Kapital	40.000 €			Bankschulden MU	60.000 €
~~Forderung MU~~	~~20.000 €~~	Bankschulden	80.000 €			Bankschulden T1	100.000 €
	120.000 €		120.000 €			Bankschulden T2	80.000 €
					300.000 €		300.000 €

Im Konzernabschluss fließt weiterhin die Steuerabgrenzung nach § 274 HGB ein. Hiernach sind latente Steuern entweder als Aktiva oder als Passiva zu erfassen, die entstehen können, wenn

- der steuerliche Gewinn niedriger als das handelsrechtliche Ergebnis ist und damit der ausgewiesene Steueraufwand im Verhältnis zum handelsrechtlichen Ergebnis zu niedrig ist, § 274 Abs. 1 HGB,

oder

- der steuerliche Gewinn höher als das handelsrechtlicher Ergebnis ist und damit der ausgewiesene Steueraufwand im Verhältnis zum handelsrechtlichen Ergebnis zu hoch ist, § 274 Abs. 2 HGB.

B. IFRS-Konzernabschluss

Kapitalmarktorientierte Unternehmen müssen nach § 315a HGB die internationalen Rechnungslegungsstandards, die IAS bzw. IFRS beachten und ihren Konzernabschluss hiernach ausrichten. Der Konzernabschluss nach IFRS erlangt durch die Unternehmensteuerreform besondere Bedeutung im Rahmen der Ermittlung der Zinsschranke nach §§ 4h EStG, § 8a KStG, s. dazu u. § 4 B. III. 3.

Für steuerliche Zwecke ist der Konzernabschluss irrelevant, da jede Gesellschaft ein eigenständiges Rechtssubjekt ist und bleibt. Selbst im Falle der Begründung einer Organschaft wird der Organkreis nicht als einheitliches Unternehmen behandelt; vielmehr werden nur die steuerlichen Ergebnisse der Organgesellschaften dem Organträger zugerechnet.

§ 4 Steuer- und Finanzfragen

A. Allgemeines

1   Im deutschen Ertragsteuerrecht gibt es kein Konzernsteuerrecht im eigentlichen Sinne. Steuersubjekt ist nicht der Konzern als ganzes, sondern jede juristische Person des Konzerns bzw. jeder Anteilseigner. Jede natürliche und juristische Person ist jeweils zunächst mit ihrem gesamten Einkommen zur Besteuerung heranzuziehen (Welteinkommensprinzip). Somit sind mehrere Steuersubjekte innerhalb eines Konzerns vorhanden, so dass die Gefahr einer Mehrfachbesteuerung im Konzern besteht sowohl innerhalb der Konzerngesellschaften als auch auf Ebene der hinter der Konzernspitze stehenden natürlichen Personen als Anteilseigner. Die in den Konzern eingebundenen Personengesellschaften sind nicht selbst einkommensteuerpflichtig, sondern nur Subjekt der Einkommensermittlung und vermitteln die Einkünfte an die dahinter stehenden natürlichen oder juristischen Personen.[1]

2   Das Problem der Mehrfachbesteuerung von in Deutschland ansässigen Gesellschaften und deren Anteilseigner wurde ab dem 01.01.1977 durch die Technik des körperschaftssteuerlichen Anrechnungsverfahrens – zumindest für in Deutschland ansässige Anteilseigner – gelöst: Die komplizierte Technik der sog. EK-Töpfe mit unterschiedlich hohen körperschaftssteuerlichen Vorbelastungen des Eigenkapitals, die Herstellung der Ausschüttungsbelastung und die anschließende Körperschaftsteueranrechnung beim Anteilseigner stellte sicher, dass die Ausschüttungen im Ergebnis nur mit dem individuellen Steuersatz des letzten natürlichen Anteilseigner besteuert wurden. Dieses System stellte sich als sehr kompliziert dar und begründete enorme Steuerguthaben an den Fiskus bis zur Erreichung einer Vollausschüttung bei der Gesellschaft. Eine endgültige Verprobung der Ausstellung von Steuerbescheinigungen konnte aufgrund der Vielzahl der Anteilseigner und beteiligten Personen gerade bei Publikumsgesellschaften nicht sichergestellt werden. Außerdem waren nur inländische unbeschränkt steuerpflichtige Personen hinsichtlich der Körperschaftsteuergutschrift anrechnungsberechtigt, was eine europarechtswidrige Besteuerung bedeutete und auch zahlreiche Gestaltungsmodelle durch Veräußerung der Anteilsscheine an inländische Anteilseigner kurz vor Dividendenstichtag auslöste (sog. Dividendenstripping). Der Gesetzgeber reagierte auf diese Bedenken und ersetzte mit dem Steuersenkungsgesetz vom 23.10.2000[2] das Anrechnungsverfahren durch das Halbeinkünfteverfahren. Die Grundidee des Halbeinkünfteverfahrens ist es, dass ein Ausgleich der Doppelbesteuerung bei Gesellschaft und Anteilseigner durch einen auf 25 % reduzierten Körperschaftsteuersatz bei der Körperschaft und eine hälftige Steuerbefreiung beim Anteilseigner als natürliche Person stattfinden soll. Zudem sind Ausschüttungen und Veräußerungen zwischen Körperschaften komplett steuerfrei gestellt. Diese Idee des Halbeinkünfteverfahrens beabsichtigt der Gesetzgeber mit der geplanten Unternehmenssteuerreform 2008[3] durch Einführung der Abgeltungssteuer für Kapitaleinkünfte wieder aufzugeben. Dafür soll der Steuersatz für Körperschaften auf 15 % reduziert werden und die Abgeltungssteuer beim privaten Anteilseigner 25 % auf die vollen Dividendeneinkünfte und Kursgewinne betragen.

---

1   Eine Ausnahme bildet die Gewerbesteuer, die die Personengesellschaft selbst trägt.
2   Gesetz zur Senkung der Steuersätze und zur Reform der Unternehmensbesteuerung, BGBl. I 2000, 1433 ff.
3   Vgl. Unternehmenssteuerreform 2008, Gesetzentwurf am 24. Mai 2007 vom Deutschen Bundestag beschlossen, am 06. Juli 2007 vom Bundesrat gebilligt, BR-Drs. 384/07.

A. Allgemeines

Die Regelungen des Halbeinkünfteverfahrens haben Konsequenzen auf den Abzug von Vermögensminderungen und Betriebsausgaben im Zusammenhang mit Beteiligungen. Außerdem sind die im Anrechnungsverfahren durch Thesaurierungen aufgebauten Steuerguthaben (die durch Differenz zwischen niedrigerem Ausschüttungssteuersatz und höherem Thesaurierungssteuersatz entstanden sind) in höher belasteten sog. EK-Töpfen in einem Übergangszeitraum von 18 Wirtschaftsjahren überzuleiten in einem nicht weniger komplizierten Übergangsverfahren. Endergebnis dieser Überleitung ist ein sog. Körperschaftsteuerguthaben gem. § 37 Abs. 1 KStG, das nur durch Gewinnausschüttungen aufgebraucht und dabei zur Minderung der festgesetzten Körperschaftsteuer verwendet werden kann. Aufgrund der hohen gleichzeitigen Verwendung des Guthabens durch maximale Ausschüttungen zahlreicher Steuerpflichtiger zu Beginn der Einführung des Halbeinkünfteverfahrens und durch Gestaltungen ist das Körperschaftsteueraufkommen des Fiskus in 2001 eingebrochen um über 20 Mrd. €. Daher wurde gem. § 37 Abs. 2a KStG im Rahmen eines sog. Moratoriums für nach dem 11.04.2003 erfolgte und nach dem 20.11.2002 beschlossene Gewinnausschüttungen keine Körperschaftsteuerminderung gewährt und ab dem 31.12.2005 eine Körperschaftsteuerminderung nur im Rahmen einer gleichmäßigen Verteilung auf die verbleibenden Wirtschaftsjahre gewährt.[4] Ein Körperschaftsteuerguthaben kann nur dann im Rahmen einer Gewinnausschüttung zu einer Körperschaftsteuerminderung führen, wenn es zum Schluss des der Ausschüttung vorangegangenen Wirtschaftsjahres festgestellt wurde.[5] Dies bedeutet, dass ein Körperschaftsteuerguthaben, das durch die Ausschüttung einer Tochtergesellschaft entstanden ist, nicht im gleichen Wirtschaftsjahr zu einer Körperschaftsteuerminderung der Muttergesellschaft führen kann. Die Rechtsprechung geht nunmehr auch davon aus, dass für die Nutzung eines Körperschaftsteuerguthabens aus einer Ausschüttung eine vorhergehende gesonderte Feststellung erforderlich ist.[6]

Im Rahmen des SEStEG[7] ist die Regelung erneut geändert worden: § 37 Abs. 4–6 KStG beinhaltet, das restliche Guthaben auf den 31.12.2006 festzustellen und ratierlich von 2008–2017 auszuzahlen, so dass ein übertragbarer und jährlich fälliger Steuerzahlungsanspruch entsteht.

Zeitliche Darstellung über die Regelungen zum Körperschaftsteuerguthaben:[8]

2002	01.01.–31.12.	▪ Minderung der KSt in Höhe von ⅙ der Ausschüttung
2003	01.01.–11.04.	▪ Minderung der KSt in Höhe von ⅙ der Ausschüttung
2003	12.04.–31.12.	▪ Keine Auszahlung des KSt-Guthabens möglich
2004	01.01.–31.12.	▪ Keine Auszahlung des KSt-Guthabens möglich
2005	01.01.–31.12.	▪ Keine Auszahlung des KSt-Guthabens möglich
2006	01.01.–31.12.	▪ Minderung der KSt in Höhe von ⅙ der Ausschüttung ▪ Maximal 1/14 des KSt-Guthabens ▪ Am 31.12. erfolgt letztmalig die Feststellung des KSt-Guthabens
2007	01.01.–31.12.	▪ Keine Auszahlung des KSt-Guthabens möglich
2008 bis 2017	01.01.–31.12.	▪ Auszahlung des zum 31.12.2006 festgestellten KSt-Guthabens in 10 gleichen Jahresraten

---

4 Übergangsfrist 31. Dezember 2001 + 18 Jahre = 31. Dezember 2019: Für eine Ausschüttung in 2006 erfolgt eine Verteilung des KSt-Guthabens auf die einschließlich 2006 noch verbleibende Übergangsfrist von 14 Jahren.
5 BMF-Schr. v. 06.11.2003, BStBl. I 2003, 575 ff., Tz. 40.
6 Zweifelnd noch BFH, Beschl. v. 05. April 2005 – I B 2221/04, BStBl. II 2005, 526 ff.; im Hauptsacheverfahren hat der BFH die Auffassung der Finanzverwaltung bestätigt, BFH, Urt. v. 22. Februar 2006 – I R 67/05, BFH/NV 2006, 1998.
7 Gesetz über steuerliche Begleitmaßnahmen zur Einführung der Europäischen Gesellschaft und zur Änderung weiterer steuerlicher Vorschriften (SEStEG) vom 07. Dezember 2006, BGBl. I, S. 2782.
8 Übersicht nach Feißt, Haufe-Steueroffice, Index Nr. 1675873 Kap. 11.4.1.

B. Besteuerung des Beteiligungskonzerns

5 Im Folgenden wird zwischen Beteiligungs- und Organschaftskonzern unterschieden.[9] Der Begriff des Beteiligungskonzerns umschreibt einen Konzern im gesellschaftsrechtlichen Sinne, der keine steuerliche Organschaft eingegangen ist, während der Begriff des Organschaftskonzerns einen Konzern mit eingegangener Organschaft beschreibt.

I. Grundsätze der Ertragsbesteuerung von Konzernen

6 Für Zwecke der Ertragsbesteuerung von Konzernen sind im Wesentlichen die Erträge aus Beteiligungen und die damit zusammenhängenden Beteiligungsaufwendungen steuerlich darzustellen.

Im Rahmen des § 20 Abs. 1 EStG sind Einkünfte aus Kapitalvermögen gegeben, wenn z.B. eine Aktiengesellschaft oder Gesellschaft mit beschränkter Haftung Gewinne ausschüttet. Die Vorschrift des § 8 Abs. 2 KStG qualifiziert alle Einkünfte einer Kapitalgesellschaft als gewerbliche Einkünfte. Für Personengesellschaften ist die Regelung des § 20 Abs. 1 EStG gem. § 20 Abs. 3 EStG subsidiär, sofern gewerbliche Einkünfte vorliegen kraft gewerblicher Prägung durch eine GmbH & Co. KG gem. § 15 Abs. 2 Nr. 1 EStG oder kraft eigener gewerblicher Tätigkeit der Gesellschaft.

7 Innerhalb eines Konzerns sind Beteiligungserträge zeitlich aufgrund des sog. Realisationsprinzips des § 252 Abs. 1 Nr. 4 S. 2 HGB beim die Ausschüttung empfangenden Gesellschafter mit dem Beschluss des Beteiligungsunternehmens über die Gewinnverwendung zu erfassen. Die sog. phasengleiche Gewinnausschüttung innerhalb eines Beteiligungskonzerns und Vereinnahmung bei ausschüttender Tochtergesellschaft und empfangender Muttergesellschaft im selben Wirtschaftsjahr, die durch Beschluss des Großen Senats des BFH vom 07.08.2000[10] untersagt und durch Erlass der Finanzverwaltung[11] weiter unbeanstandet blieb, ist mit Geltung des Halbeinkünfteverfahrens nicht länger möglich.[12]

8 Der Steuersatz beträgt 25 % zzgl. SolZ, im VZ 2003 26,5 % zzgl. SolZ aufgrund des Flutopfersolidaritätsgesetzes. In der Besteuerungspraxis kommt zusätzlich zur Körperschaftsteuer die Gewerbesteuer hinzu, was zu einer Gesamtbelastung von ca. 38 % führt.[13]

Mit der geplanten Unternehmenssteuerreform 2008 soll der Steuersatz auf 15 % gesenkt werden.

Übersicht über die Steuersätze für die Körperschaftsteuer, jeweils zzgl. SolZ:

VZ 2002	25 %
VZ 2003	26,5 %
VZ 2004	25 %
VZ 2005	25 %
VZ 2006	25 %
VZ 2007	25 %
VZ 2008 (geplant)	15 %

---

9 Dies ist die üblicherweise verwendete Unterscheidung, vgl. z.B. Kröner in: Kessler/Kröner/Köhler, S. 113 ff.
10 BFH, Beschluss vom 07. August 2000 – GrS 2/99, BStBl. II 2000, 632 ff.
11 BMF, Schr. v. 01. November 2000, BStBl. I 2000, 1510 ff.
12 Vgl. Bauschatz in: Gosch, KStG, § 36 Rn. 86; Kröner in: Kessler/Kröner/Köhler, S. 119.
13 38,36 % bei durchschnittlichem GewSt-Hebesatz von 389 %, vgl. KPMG's Corporate and Indirect Tax Rate Survey 2007, erhältlich unter www.kpmg.de (http://www.kpmg.de/library/pdf/070625_KPMGsCorporate_and_Indirect_Tax_Rate_Survey07.pdf am 13. Juli 2007).

B. Besteuerung des Beteiligungskonzerns

Die Gewerbesteuer soll so angepasst werden durch Senkung der Gewerbesteuermesszahl auf 3,5 %, dass die Gesamtbelastung aus Körperschaftsteuer und Gewerbesteuer 29,83 % nicht übersteigt (bei einem Hebesatz von 400 %). Der Gewerbesteuer kommt daher künftig eine höhere Bedeutung zu (in der nachfolgenden Übersicht bis zu 10%-Punkte Gesamtbelastungsdifferenz), so dass die Wahl des Standorts für die Gesamtsteuerbelastung der Kapitalgesellschaften eine höhere Bedeutung erlangt.[14]

Übersicht über die Gesamtbelastung nach der Unternehmenssteuerreform 2008 mit KSt, GewSt und SolZ:[15]

Gemeinde	Hebesatz	Gesamtsteuerbelastung (KSt + SolZ + GewSt)
Mindesthebesatz	200 %	22,825 %
Berlin	410 %	30,175 %
Stuttgart	420 %	30,525 %
Düsseldorf	445 %	31,4 %
Köln, Dresden	450 %	31,575 %
Frankfurt am Main	460 %	31,925 %
Hamburg, Essen	470 %	32,275 %
München	490 %	32,975 %

II. Beteiligungserträge und Beteiligungsaufwendungen

Der Beteiligungskonzern ist im wesentlichen hinsichtlich der steuerlichen Behandlung von Beteiligungserträgen und Beteiligungsaufwendungen darzustellen.

1. Natürliche Person als Anteilseigner

a) Beteiligungserträge

Die Verwirklichung des Halbeinkünfteverfahrens wird beim Anteilseigner durch eine sog. hälftige Freistellung erreicht. Nach § 3 Nr. 40 und 41 EStG bleiben die dort bestimmten Einnahmen aus Kapitalvermögen zur Hälfte (§ 3 Nr. 40) bzw. vollständig steuerfrei (§ 3 Nr. 41).

Nach § 3 Nr. 40 EStG sind hälftig steuerfrei:

§ 3 Nr. 40 S. 1 Buchst. a)	Anteile im Betriebsvermögen: Einnahmen aus der Veräußerung von Anteilen an Körperschaften, deren Leistungen beim Empfänger zu Einnahmen i.S.d. § 20 führen
	Ausnahmen gem. § 3 Nr. 40 S. 3 (insbes. einbringungsgeborene Anteile innerhalb 7 Jahresfrist)
§ 3 Nr. 40 S. 1 Buchst. b)	Anteile im Betriebsvermögen: Veräußerung bzw. Aufgabe von Betrieben, Teilbetrieben oder Mitunternehmeranteilen
	Ausnahmen gem. § 3 Nr. 40 S. 3 (insbes. einbringungsgeborene Anteile innerhalb 7 Jahresfrist)

---

14 Vgl. Herzig, DB 2007, 1541 ff. mit dem instruktiven Titel „Die Gewerbesteuer als dominierende Unternehmenssteuer".
15 Übersicht nach Herzig, DB 2007, 1541, 1543.

§ 4 Steuer- und Finanzfragen

§ 3 Nr. 40 S. 1 Buchst. c)	Anteile im Privatvermögen: Veräußerung nach einem Jahr bei Beteiligungen von mindestens 1 %
§ 3 Nr. 40 S. 1 Buchst. d)	Bezüge gem. § 20 Abs. 1 Nr. 1 (insbes. Dividenden aus Aktien und GmbH-Anteilen) und Bezüge gem. § 20 Abs. 1 Nr. 9 EStG (Leistungen, soweit diese nicht unter § 20 Abs. 1 Nr. 1 fallen)
§ 3 Nr. 40 S. 1 Buchst. e)	Bezüge gem. § 20 Abs. 1 Nr. 2 (Liquidation, Ausschüttung von Gewinnrücklagen und laufenden Gewinnen)
§ 3 Nr. 40 S. 1 Buchst. f)	Besondere Entgelte, die neben § 20 Abs. 1 Nr. 1 gewährt werden
§ 3 Nr. 40 S. 1 Buchst. g)	Veräußerung von Dividendenscheinen gem. § 20 Abs. 2 S. 1 Nr. 2 Buchst.
§ 3 Nr. 40 S. 1 Buchst. h)	Einnahmen aus der Abtretung von Dividendenansprüchen gem. § 20 Abs. 2 Nr. 2 EStG
§ 3 Nr. 40 S. 1 Buchst. j)	Anteile im Privatvermögen: Innerhalb eines Jahres veräußerte Anteile (privates Veräußerungsgeschäft)

Nach § 3 Nr. 41 EStG sind vollständig steuerfrei:

§ 3 Nr. 41 Buchst. a)	Gewinnausschüttungen ausländischer Gesellschaften, die der Hinzurechnungsbesteuerung unterlegen haben
§ 3 Nr. 41 Buchst. b)	Gewinne aus der Veräußerung von Anteilen an einer ausländischen Kapitalgesellschaft

12 Die Regelung des § 3 Nr. 40 und 41 EStG gilt für:

Ordnungsgemäße Gewinnausschüttungen	Ab VZ 2002
Andere Gewinnausschüttungen	Ab VZ 2001
Veräußerung von Anteilen	Ab VZ 2002

13 Veräußerungen nach Anschaffung der Anteile vor über einem Jahr sind bei Anteilen im Privatvermögen steuerbefreit, § 23 EStG. Verluste können nur eingeschränkt geltend gemacht werden:
- Wenn es sich um ein privates Veräußerungsgeschäft gem. § 23 EStG (Ankauf und Verkauf innerhalb eines Jahres) handelt, kann der Verlust mit anderen Gewinnen aus privaten Veräußerungsgeschäften verrechnet werden.
- Wenn es sich um eine Beteiligung mit mindestens 1 % handelt, kann der Verlust ebenfalls verrechnet werden

14 Die Regelungen zur hälftigen Steuerbefreiung sollen im Rahmen der Unternehmenssteuerreform 2008[16] wegfallen und durch die Abgeltungssteuer mit Wirkung ab 01.01.2009 ersetzt werden. Für nach dem 31.12.2008 zufließende Dividenden sind bei Anteilen im Privatvermögen die Dividenden nach dem 25%igen Abgeltungssteuersatz zzgl. SolZ und ggf. Kirchensteuer (KiSt), maximal dem persönlichen Steuersatz des jeweiligen Gesellschafters (Veranlagungsoption), zu besteuern. Bei einer Beteiligungsquote von mindestens 1 % unterliegen die Veräußerungsgewinne nicht der Abgeltungssteuer, sondern der Veräußerungsgewinn (60 % des Veräußerungserlöses minus 60 % Veräußerungskosten) ist mit dem persönlichen Einkommensteuertarif zu versteuern, § 3 Nr. 40 Buchst. c i.V.m. § 3 c Abs. 2 S. 1 EStG-UntStRef2008.

Bei einer Beteiligungsquote unter 1 % ist die Veräußerung von Anteilen nunmehr unabhängig von der Behaltedauer grundsätzlich steuerpflichtig in Höhe der Abgeltungssteuer.

---

16 Vgl. Unternehmenssteuerreform 2008, Gesetzentwurf am 24. Mai 2007 vom Deutschen Bundestag beschlossen, am 06. Juli 2007 vom Bundesrat gebilligt, BR-Drs. 384/07.

Zusammenfassende Gesamtdarstellung:

Darstellung der Einkünfte	VZ 2002 – VZ 2008	VZ 2009 (geplant)
Dividendeneinkünfte	Persönlicher Steuersatz zzgl. SolZ und KiSt auf 50 % der Einkünfte	25 % zzgl. SolZ und KiSt, maximal persönlicher Steuersatz (Veranlagungsoption)
Veräußerung einer Beteiligung bei Beteiligung von mindestens 1 %	Persönlicher Steuersatz zzgl. SolZ und KiSt auf 50 % der Einkünfte	Persönlicher Steuersatz auf 60 % des Veräußerungserlös abzgl. 60 % der Veräußerungskosten zzgl. SolZ und KiSt
Veräußerung einer Beteiligung bei Beteiligung unter 1 %	Innerhalb eines Jahres steuerpflichtig mit persönlichem Steuersatz zzgl. SolZ und KiSt auf 50 % der Einkünfte, nach 1 Jahr Behaltedauer steuerfrei	25 % zzgl. SolZ und KiSt für alle Anteile, die nach dem 31.12.2008 angeschafft sind

b) Beteiligungsaufwendungen

Korrespondierend mit einer hälftigen Steuerbefreiung regelt § 3c Abs. 2 EStG ein hälftiges Abzugsverbot für alle Betriebsvermögensminderungen, Betriebsausgaben und Werbungskosten, die in unmittelbaren Zusammenhang mit den in § 3 Nr. 40 EStG genannten Einnahmen stehen. Dabei kommt es auf einen zeitlichen Zusammenhang nicht an, so dass das Abzugsverbot auch Veranlagungszeitraum übergreifend gilt.

Bei der Abgeltungssteuer ist ein Abzug von Beteiligungsaufwendungen nicht mehr möglich, auch nicht im Rahmen der Veranlagungsoption.[17]

Im Rahmen der Unternehmenssteuerreform 2008 kommt der Kapitalertragsteuer in Form der Abgeltungssteuer die Bedeutung einer definitiven und endgültigen Besteuerung zu.

2. Juristische Person als Anteilseigner

a) Beteiligungserträge

Nach § 8b Abs. 1 KStG bleiben Bezüge im Sinne des § 20 Abs. 1 Nr. 1, 2, 9 und 10 Buchstabe a des EStG, also insbesondere Bezüge aus offenen und verdeckten Gewinnausschüttungen, bei der Ermittlung des Einkommens außer Ansatz. Die Regelung gilt in persönlicher Hinsicht für alle Körperschaften, Personenvereinigungen und Vermögensmassen i.S.v. § 1 und 2 KStG als Empfänger und sachlich für alle Beteiligungserträge aus dem In- und Ausland.

Die Regelung des § 8b Abs. 1 KStG gilt erstmals für Bezüge im Sinne des § 20 Abs. 1 Nr. 1 und Nr. 2 EStG, auf die bei der ausschüttenden Körperschaft das körperschaftssteuerliche Anrechnungsverfahren nicht mehr anzuwenden ist.

---

17 § 22 Abs. 9, S. 1 EStG-UntStRef2008.

Damit ergibt sich folgender Anwendungszeitraum:

	WJ = KJ der ausschüttenden Gesellschaft	WJ ≠ KJ der ausschüttenden Gesellschaft
Für Beteiligungserträge aus dem Ausland	Ab dem VZ 2001[18]	Ab dem VZ 2002
Für Beteiligungserträge aus dem Inland	Ab dem VZ 2001 für verdeckte Gewinnausschüttungen	Ab dem VZ 2002 für verdeckte Gewinnausschüttungen
	Ab dem VZ 2002 für ordentliche Gewinnausschüttungen	Ab dem VZ 2003 für ordentliche Gewinnausschüttungen

b) Beteiligungsaufwendungen

20 Die Abzugsfähigkeit von Beteiligungsaufwendungen ist mehrfach geändert worden.

aa) Bis VZ 2003

21 Für Aufwendungen einer Körperschaft, die in unmittelbarem Zusammenhang mit nach § 8 b Abs. 1 KStG steuerfreien Einnahmen stehen, galt für inländische Beteiligungen die Regelung des § 3 c Abs. 1 EStG, d.h. die Ausgaben sind bis zur Höhe der steuerfrei empfangenen Dividende im jeweiligen Wirtschaftsjahr steuerlich nicht abzugsfähig. Diese Regelung löste Gestaltungen aus, da das Verbot der Abzugsfähigkeit der Betriebsausgaben nur dann griff, wenn im Wirtschaftsjahr der Betriebsausgaben auch Ausschüttungen erfolgten. Daher konnte über die Nichtausschüttung bei hohen Beteiligungsaufwendungen und ein Ansammeln (sog. „Ballooning") eine Abzugsfähigkeit der Beteiligungsaufwendungen erreicht werden. Vermeiden ließen sich diese Rechtsfolgen ebenfalls durch Begründung eines Organschaftsverhältnisses.

22 Bei ausländischen Beteiligungen galten dagegen 5 % der Beteiligungserträge gem. § 8 Abs. 5 KStG a.F. pauschal als nicht abziehbar. Diese Unterscheidung zwischen inländischen und ausländischen Beteiligungserträgen ist europarechtlich unzulässig.[19] Bei mehrstufigen Beteiligungen im Konzern wurde hinsichtlich des § 8 b Abs. 5 KStG allein auf die Beteiligung abgestellt, die die ausländischen Dividenden vereinnahmte. Bei Weiterausschüttung an den inländischen Anteilseigner konnten allerdings durch Anwendung des § 3 c EStG die Abzugsverbote auf jeder Ebene der Konzerngesellschaften greifen und so die Dividendenausschüttung in der Konzernkette mehrmals belasten.[20]

> **Praxishinweis:**
> *Inländische Beteiligungen sollten vorwiegend mit Eigenkapital, ausländische Beteiligungen vorwiegend mit Fremdkapital finanziert werden.[21]*

---

18 In der Fassung des § 8 b KStG durch das StandOG v. 13. September 1993, BGBl. I 1993, 1596, waren Einkünfte aus Beteiligungen an ausländischen Gesellschaften von der Körperschaftsteuer befreit.
19 So entschied der EuGH mit Urteil vom 18. September 2003, C-168/01 (Bosal), GmbHR 2003, 1286, dass es gegen Europarecht verstößt, bei Auslandsdividenden anders als damals bei Inlandsdividenden pauschal 5 % nichtabziehbare Ausgaben anzunehmen, auch wenn die tatsächlichen Finanzierungskosten niedriger sind; ebenso BFH, Urt. v. 09. August 2006 – I R 50/05; ebenfalls EuGH, Urt. v. 23. Februar 2006 – C-471/04 (Keller Holding), DB 2006, 588; die Finanzverwaltung erkennt aber keinen Verstoß gegen die Kapitalverkehrsfreiheit, so dass eine Anwendung des § 8 b Abs. 5 KStG a.F. im Fall von Beteiligungen außerhalb der EU in Betracht kommt, vgl. BMF, Schr.v. 21. März 2007, BStBl. I 2007, 302.
20 Gosch in: Gosch, KStG, § 8 b Rn. 481.
21 Rödder/Schuhmacher, DStR 2003, 1725, 1727, der dies als „goldene Finanzierungsregel" bezeichnet.

bb) Ab VZ 2004

Ab dem VZ 2004 sind sowohl für inländische als auch für ausländische Beteiligungen 5 % der Beteiligungserträge pauschal nicht abziehbar. Dies bedeutet, dass geringere Aufwendungen und auch höhere Aufwendungen dennoch mit 5 % als nicht abziehbare Betriebsausgaben gelten. Diese Regelung gilt innerhalb eines mehrstufigen Beteiligungskonzerns auf jeder Beteiligungsstufe, so dass im Konzern eine Mehrbelastung aufgrund des sog. Kaskadeneffekts eintritt.[22]

> **Praxishinweis:**
> Die Mehrbelastung aufgrund des Kaskadeneffekts kann durch Begründung eines Organschaftsverhältnisses, die Errichtung ausländischer Holdinggesellschaften mit erhöhter Fremdfinanzierung bzw. durch Thesaurierungsmaßnahmen reduziert oder vermieden werden.

cc) Übersicht zur steuerlichen Abzugsfähigkeit von Beteiligungsaufwendungen

VZ	Erträge aus inländischer Beteiligung	Erträge aus ausländischer Beteiligung
2002 und 2003	Volles Abzugsverbot bis zur Höhe der steuerfreien Einnahmen, § 3c EStG	Pauschal 5 %, § 8b Abs. 5 a.F. KStG, aber europarechtlich unzulässig
Ab 2004	Pauschal 5 %, § 8b Abs. 5 KStG	Pauschal 5 %, § 8b Abs. 5 KStG

III. Gestaltung durch erhöhte Fremdfinanzierung

Oftmals wird gerade bei Auslandsbezug einer Finanzierung mit Fremdkapital der Finanzierung mit Eigenkapital der Vorzug gegeben. Die Kosten der Fremdfinanzierung stellen inländische Betriebsausgaben dar, während die ausländischen Zinseinnahmen regelmäßig nicht der deutschen Steuerpflicht unterliegen. Eine beschränkte Steuerpflicht für Zinseinnahmen ergibt sich nur bei Besicherung durch inländisches Grundvermögen, § 49 Abs. 1 Nr. 5 c) aa) EStG oder bei Genussrechten, § 49 Abs. 1 Nr. 5c bb) EStG (diese Quellenbesteuerung im DBA regelmäßig reduziert) vorbehaltlich weiterer einschränkender Regelungen des DBA. Damit wird unter Ausnutzung eines Steuersatzgefälles ein Vorteil erzielt.

1. Problem: Abschreibungen auf Gesellschafter-Darlehen gem. § 8b Abs. 3 KStG

Da nach § 8b Abs. 2 KStG auch die Veräußerung von Anteilen an einer Körperschaft durch eine Körperschaft steuerfrei[23] ist, sind gem. § 8b Abs. 3 Gewinnminderungen und damit insbesondere Veräußerungsverluste und Teilwertabschreibungen steuerlich nicht zu berücksichtigen. Für den Fall der Verlustentstehung in einer Tochtergesellschaft kann der Verlust steuerlich nicht durch eine Teilwertabschreibung auf die Beteiligung bei der Muttergesellschaft berücksichtigt werden. Daher sind in der Praxis überwiegend Fremdfinanzierungen zu finden. Dabei ist strittig, ob auf die Teilwertabschreibung bei diesen Finanzierungsdarlehen die Regelung des § 8b Abs. 3 KStG Anwendung findet und damit steuerlich nicht zu berücksichtigen ist.[24] Diese Frage wird schon

---
22 Dötsch/Pung, DB 2004, 151, 154.
23 Gem. § 8b Abs. 3, S. 1 KStG werden pauschal 5 % als nicht abzugsfähige Betriebsausgaben behandelt.
24 Vgl. dazu Dötsch/Pung, DB 2003, 1016, 1022; einschränkend Dötsch/Pung in: Dötsch/Ewersberg/Kost/Pung/Witt, KStG, § 8b, Rn. 49; a.A. Buchna/Sombrowski, DB 2004, 1956, 1958.

seit längerem im Schrifttum diskutiert. Bei Darlehen an eine inländische Tochtergesellschaft kann dies daher als eigenkapitalersetzend angesehen werden, bei ausländischen Tochtergesellschaften richtet sich die Beurteilung, ob ein Darlehen eigenkapitalersetzend ist, nach dem Recht des jeweiligen Staates der Tochtergesellschaft.[25]

27 Dieser Streit scheint durch den Entwurf des Jahressteuergesetz 2008 entschieden zu sein: Danach sollen dem § 8b Abs. 3 KStG folgende Sätze mit Wirkung ab VZ 2008 angefügt werden:

„Zu den Gewinnminderungen im Sinne des Satzes 3 gehören auch Gewinnminderungen im Zusammenhang mit einem Darlehen oder aus der Inanspruchnahme von Sicherheiten, die für ein Darlehen hingegeben wurden, wenn das Darlehen oder die Sicherheit von einem Gesellschafter gewährt wird, der zu mehr als einem Viertel unmittelbar oder mittelbar am Grund- oder Stammkapital der Körperschaft, der das Darlehen gewährt wurde, beteiligt ist oder war. Dies gilt auch für diesem Gesellschafter nahe stehende Personen im Sinne des § 1 Abs. 2 des Außensteuergesetzes oder für Gewinnminderungen aus dem Rückgriff eines Dritten auf den zu mehr als einem Viertel am Grund- oder Stammkapital beteiligten Gesellschafter oder eine diesem nahe stehende Person auf Grund eines der Gesellschaft gewährten Darlehens. Satz 4 ist nicht anzuwenden, wenn nachgewiesen wird, dass auch ein fremder Dritter das Darlehen bei sonst gleichen Umständen gewährt oder noch nicht zurückgefordert hätte."[26]

28 In der Gesetzesbegründung wird ausgeführt: „Damit wird künftig bei Darlehen, die der zu mehr als 25 Prozent beteiligte Gesellschafter, eine nahe stehende Person oder ein rückgriffberechtigter Dritter an die Gesellschaft gibt, grundsätzlich von einer gesellschaftsrechtlichen Veranlassung ausgegangen. Alle mit dem Darlehen in Zusammenhang stehenden Gewinnminderungen unterliegen somit dem Abzugsverbot des § 8b Abs. 3 KStG. Darunter fallen insbesondere Gewinnminderungen aus der Teilwertabschreibung auf Gesellschafterdarlehen, dem Ausfall eines Gesellschafterdarlehens oder dem Verzicht auf Forderungen aus einem Gesellschafterdarlehen. Erfasst werden des Weiteren auch Aufwendungen des Gesellschafters aus der Inanspruchnahme aus Sicherheiten oder Bürgschaften.

29 Der Darlehensgeber hat allerdings die Möglichkeit nachzuweisen, dass unter den gleichen Umständen und zu den gleichen Konditionen auch ein fremder Dritter das Darlehen ausgereicht oder im Krisenfall stehen gelassen hätte. In den nachgewiesenen Fällen kommt das Abzugsverbot nicht zur Anwendung.

Eine Darlehensüberlassung ist insbesondere in den folgenden Fällen nicht als fremdüblich anzusehen:

- Das Darlehen ist nicht verzinslich.
- Das Darlehen ist verzinslich, aber es wurden keine Sicherheiten vereinbart.
- Das Darlehen ist verzinslich und es wurden Sicherheiten vereinbart, aber das Darlehen wird bei Eintritt der Krise der Gesellschaft nicht zurückgefordert.

30 Aus Billigkeitsgründen bleiben mit den nach § 8b Abs. 3 Satz 3 KStG hinzugerechneten Gewinnminderungen korrespondierende Gewinnerhöhungen aus späteren Wertaufholungen nach § 6 Abs. 1 Nr. 2 EStG in voller Höhe steuerfrei. Die Änderung ist nach der neuen allgemeinen Anwendungsregelung in § 34 Abs. 1 KStG erstmals für den Veranlagungszeitraum 2008 anzuwenden."

---

25 So insbesondere Buchna/Sombrowski, DB 2004, 1956, 1958 und DB 2005, 1539 ff.
26 Referentenentwurf zum Jahressteuergesetz 2008.

2. Problem: Gesellschafter-Fremdfinanzierung gem. § 8 a KStG

Die Regelung des § 8a KStG bezweckt, die steuerliche Abzugsfähigkeit von Vergütungen für Fremdkapital zu begrenzen. Dies gilt für Vergütungen, die von einer inländischen Gesellschaft an einen Anteilseigner gezahlt werden und zwar die inländische steuerliche Bemessungsgrundlage mindern, die Zinserträge aber nicht einer inländischen Besteuerung unterliegen. Wenn grundsätzlich für Gesellschaften auch im Steuerrecht der Grundsatz der Finanzierungsfreiheit anerkannt ist, so ist doch aufgrund der unterschiedlichen steuerlichen Belastung und der möglichen Verlagerung von Steuersubstrat in das Ausland dieser Grundsatz der Finanzierungsfreiheit steuerlich eingeschränkt.[27]

Die Regelung der Gesellschafter-Fremdfinanzierung ist in § 8a KStG aufgrund europarechtlicher Unzulässigkeit mit Wirkung für Wirtschaftsjahre, die nach dem 31.12.2003 beginnen, neu erlassen worden.

Die Regelung des § 8a Abs. 1 Nr. 2 KStG a.F. galt nur für Gesellschafter-Fremdfinanzierung eines ausländischen Gesellschafters. Der EuGH hat mit Urteil vom 12.12.2002 entschieden, dass diese Regelung wegen Verstoß gegen die Niederlassungsfreiheit europarechtswidrig ist.[28] Die Finanzverwaltung wendet § 8a KStG a.F. in Fällen mit europäischem Anteilseigner nicht mehr an, in Fällen eines Anteilseigners im Drittstaat ist § 8a KStG a.F. weiterhin anzuwenden.[29] Mit Wirkung ab VZ 2004 hat der Gesetzgeber die Regelung des § 8a KStG neu gefasst und auf inländische Gesellschaften ausgedehnt.

Im Ergebnis ist § 8a KStG gegenüber der vorherigen Regelung nunmehr auf unbeschränkt steuerpflichtige Kapitalgesellschaften (d.h. Sitz oder Ort der Geschäftsleitung in Deutschland) ebenfalls anwendbar. Damit sollen die Finanzierungsformen steuerlich gleichgestellt werden und die Gewinne der inländischen Kapitalgesellschaft jedenfalls einmal besteuert werden.[30]

Wichtige Praxiskonsequenz ist, dass bei der Finanzierung eines Kaufvehikels im Rahmen eines anschließenden Unternehmenskaufs die Regelung des § 8a KStG zu prüfen ist. Auch bei der in Deutschland üblichen hohen Fremdfinanzierung ist die Fremdfinanzierung grundsätzlich im Hinblick auf § 8a KStG zu prüfen.

Kurzer Überblick über den Regelungsaufbau des § 8a KStG:[31]

Vorschrift	Regelungsinhalt
§ 8a Abs. 1 KStG	Tatbestand der Umqualifizierung überhöhter Fremdkapitalvergütungen
§ 8a Abs. 2 KStG	Begriff des Eigenkapitals
§ 8a Abs. 3 KStG	Begriff der wesentlichen Beteiligung
§ 8a Abs. 4 KStG	Sonderregelung für verbundene Gesellschaften
§ 8a Abs. 5 KStG	Missbrauchsvermeidung bei Gewährung des Fremdkapitals an eine nachgeschaltete Personengesellschaft
§ 8a Abs. 6 KStG	Akquisitionsfinanzierung beim konzerninternen Anteilserwerb

---

27 Gosch in: Gosch, KStG, § 8a, Rn. 1–4.
28 EuGH, Urt. vom 12. Dezember 2002 – C-324/00 (Lankhorst-Hohorst).
29 FinMin NRW, Erl. vom 26. Mai 2003, DB 2003, S. 1250; a.A. wohl Gosch in: Gosch, KStG, § 8a, Rn. 29.
30 Gosch in: Gosch, KStG, § 8a, Rn. 2–4.
31 Vgl. zu § 8a KStG ausführlich die instruktive Kommentierung von Gosch in: Gosch, KStG, § 8a.

§ 4 Steuer- und Finanzfragen

Die Regelung des § 8a Abs. 6 KStG ist die komplizierteste Regelung innerhalb des § 8a KStG.[32] Danach werden die für Akquisitionsdarlehen gezahlte Fremdkapitalvergütungen in verdeckte Gewinnausschüttungen der fremdfinanzierenden Kapitalgesellschaft vollumfänglich umqualifiziert (keine Freigrenze, kein safe haven, kein Fremdvergleich). So soll vermieden werden, dass der safe haven durch steuerfreie Anteilsveräußerungen im Konzern erhöht wird.[33]

Tatbestandsvoraussetzung des § 8a KStG:

Vergütungen > 250.000 €	Freigrenze ■ d.h. bei Überschreiten ist auf den gesamten Betrag § 8a anzuwenden) ■ ist gesellschaftsbezogen (steht allen Gesellschaftern einer Kapitalgesellschaft zusammen nur 1 × pro VZ zu, aus Sicht des Anteilseigners aber für jede Gesellschaft)
■ Gewinn oder umsatzabhängige Vergütung ■ Nichtgewinn- oder umsatzabhängige Vergütung und Überschreitung des sog. safe haven von 1,5 : 1 ■ Nicht nur kurzfristig überlassenes Fremdkapital	Keine Ausnahme durch Nachweis eines Fremdvergleichs Ausnahme durch ■ Nachweis eines Fremdvergleichs ■ Mittelaufnahme durch Kreditinstituten zur Finanzierung von Geschäften i.S.d. § 1 KWG (banktübliche Geschäfte)

Rechtsfolge des § 8a KStG ist die Umqualifizierung der von § 8a KStG erfassten Vergütungen in eine verdeckte Gewinnausschüttung. Die entsprechenden Folgen sind eine Einkommenserhöhung bei der Gesellschaft und eine Erfassung der Gewinnausschüttung beim Anteilseigner. Die Konsequenzen der verdeckten Gewinnausschüttung, wenn der Anteilseigner nicht Geber des Fremdkapitals ist, sind problematisch.[34]

Die Regelung des § 8a KStG soll durch die Unternehmenssteuerreform 2008 aufgehoben werden und durch die sog. Zinsschranke gem. § 4h EStG-UntStRef2008 ersetzt werden.

Übersicht zum Anwendungszeitraum des § 8a KStG

VZ	Regelung	Inhalt
Bis 2003	§ 8a KStG a.F.	Verdeckte Gewinnausschüttung nur bei ausländischem Gesellschafter, in offenen Fällen mit EU-Gesellschafter nicht anzuwenden
2004–2007	§ 8a KStG n.F.	Verdeckte Gewinnausschüttung bei ausländischem und inländischen Gesellschafter
Ab 2008	§ 4h EStG-UntStRef2008	Zinsschranke[35]

Wegen der Geltung des § 8a KStG nur noch im VZ 2007 wird zur Darstellung der Struktur einer typischen Akquisitionsfinanzierung unter Geltung des § 8a KStG verwiesen auf die Darstellung eines fremdfinanzierten Anteilskaufs: Dabei sind neben den Problemen des § 8a KStG auch die Belange der finanzierenden Banken zu beachten, die einen direkten Zugriff auf den cash-flow der operativ tätigen Gesellschaft erlangen wollen. Auch soll die persönliche Haftung der Geschäfts-

---

[32] Breuninger/Schade, DStR 2007, 221 ff.; vgl. dazu das länger erwartete Schreiben des BMF, Schr. v. 19. September 2006, BStBl. I 2006, 559.
[33] Dötsch/Pung, DB 2004, 91, 99.
[34] Vgl. dazu ausführlich Dötsch/Pung, DB 2004, 91, 96 f.
[35] Vgl. dazu die Erläuterungen nachfolgend unter 3.

führung wegen Unterkapitalisierung und der Gesellschafter wegen Unterschreitung des Eigenkapitals vermieden werden. Im Ergebnis muss keine Eigenkapitalausstattung der Erwerbergesellschaft erfolgen.[36]

3. Problem: Zinsschranke gem. § 8 a KStG-UntStRef2008

Durch die Unternehmenssteuerreform 2008 wird eine sog. Zinsschranke in § 4 h EStG-UntStRef 2008 – unter Ersatz des bisherigen § 8 a KStG – eingeführt.[37] Die Zinsschranke soll es international tätigen Unternehmen erschweren, die erzielten Gewinne in Niedrigsteuerländer zu verlagern und wird gegenüber der bisherigen Regelung auch auf Finanzierung über Banken ausgedehnt. Damit wird nunmehr jede Art der Fremdfinanzierung erfasst.

32

Die folgenden Vorschriften sind im Zusammenhang mit der Zinsschranke beachtlich:

- § 8 a KStG-UntStRef2008: Betriebsausgabenabzug für Zinsaufwendungen bei Körperschaften (Zinsschranke)

(1) § 4 h Abs. 1 Satz 1 des Einkommensteuergesetzes ist mit der Maßgabe anzuwenden, dass anstelle des maßgeblichen Gewinns das maßgebliche Einkommen tritt. Maßgebliches Einkommen ist das nach den Vorschriften des Einkommensteuergesetzes und dieses Gesetzes ermittelte Einkommen mit Ausnahme der §§ 4 h und 10 d des Einkommensteuergesetzes und des § 9 Abs. 1 Nr. 2 dieses Gesetzes. § 8 c gilt für den Zinsvortrag nach § 4 h Abs. 1 Satz 2 des Einkommensteuergesetzes entsprechend. Auf Kapitalgesellschaften, die ihre Einkünfte nach § 2 Abs. 2 Nr. 2 des Einkommensteuergesetzes ermitteln, ist § 4 h des Einkommensteuergesetzes sinngemäß anzuwenden.

(2) § 4 h Abs. 2 Satz 1 Buchst. b des Einkommensteuergesetzes ist nur anzuwenden, wenn die Vergütungen für Fremdkapital an einen zu mehr als einem Viertel unmittelbar oder mittelbar am Grund- oder Stammkapital beteiligten Anteilseigner, eine diesem nahe stehende Person (§ 1 Abs. 2 des AStG) oder einem Dritten, der auf den zu mehr als einem Viertel am Grund- oder Stammkapital beteiligten Anteilseigner oder eine diesem nahe stehende Person zurückgreifen kann, nicht mehr als zehn Prozent der die Zinserträge übersteigenden Zinsaufwendungen der Körperschaft im Sinne des § 4 h Abs. 3 des Einkommensteuergesetzes betragen und die Körperschaft dies nachweist.

(3) § 4 h Abs. 2 Satz 1 Buchst. c des Einkommensteuergesetzes ist nur anzuwen-den, wenn die Vergütungen für Fremdkapital der Körperschaft oder eines anderen demselben Konzern zugehörenden Rechtsträgers an einen zu mehr als einem Viertel unmittelbar oder mittelbar am Kapital beteiligten Gesellschafter einer konzernzugehörigen Gesellschaft, eine diesem nahe stehende Person (§ 1 Abs. 2 des AStG) oder einen Dritten, der auf den zu mehr als einem Viertel am Kapital beteiligten Gesellschafter oder eine diesem nahe stehende Person zurückgreifen kann, nicht mehr als zehn Prozent der die Zinserträge übersteigenden Zinsaufwendungen des Rechtsträgers im Sinne des § 4 h Abs. 3 des Einkommensteuergesetzes betragen und die Körperschaft dies nachweist. Satz 1 gilt nur für Zinsaufwendungen aus Verbindlichkeiten, die in dem voll konsolidierten Konzernabschluss nach § 4 h Abs. 2 Satz 1 Buchst. c) des Einkommensteuergesetzes ausgewiesen sind und bei Finanzierung durch einen Dritten einen Rückgriff gegen einen nicht zum Konzern gehörenden Gesellschafter oder eine diesem nahe stehende Person auslösen.

---

36 Vgl. dazu ausführlich Thomas/Meissner, BB 2006, 801 ff.
37 Erste Literatur zur Zinsschranke: Köhler, DStR 2007, 597 ff.; Töben/Fischer, BB 2007, 974 ff.

§ 4 Steuer- und Finanzfragen

- § 4h EStG-UntStRef2008: Betriebsausgabenabzug für Zinsaufwendungen (Zinsschranke)

  (1) Zinsaufwendungen eines Betriebs sind abziehbar in Höhe des Zinsertrags, darüber hinaus nur bis zur Höhe von 30% des um die Zinsaufwendungen und um die nach § 6 Abs. 2 Satz 1, § 6 Abs. 2A Satz 2 und § 7 dieses Gesetzes abgesetzten Beträge erhöhten sowie um die Zinserträge verminderten maßgeblichen Gewinns. Zinsaufwendungen, die nicht abgezogen werden dürfen, sind in die folgenden Wirtschaftsjahre vorzutragen (Zinsvortrag). Sie erhöhen die Zinsaufwendungen dieser Wirtschaftsjahre, nicht aber den maßgeblichen Gewinn.

  (2) Abs. 1 Satz 1 ist nicht anzuwenden, wenn

   a) der Betrag der Zinsaufwendungen, soweit er den Betrag der Zinserträge übersteigt, weniger als eine Million Euro beträgt,

   b) der Betrieb nicht oder nur anteilsmäßig zu einem Konzern gehört, oder

   c) der Betrieb zu einem Konzern gehört und seine Eigenkapitalquote am Schluss des vorangegangenen Abschlussstichtages gleich hoch oder höher ist als die des Konzerns (Eigenkapitalvergleich). Ein Unterschreiten der Eigenkapitalquote des Konzerns bis zu einem Prozentpunkt ist unschädlich. (Es folgen Erläuterungen zur Eigenkapitalquote und zu den für den Eigenkapitalvergleich maßgeblichen Abschlüssen).

  (3) Definition des maßgeblichen Gewinns

  (4) Feststellung des Zinsvortrags

  (5) Regelungen zum Untergang nicht verbrauchten Zinsvortrags bei Aufgabe/Übertragung des Betriebs/Ausscheiden einesMitunternehmers

- §15 Nr. 3 KStG-UntStRef2008: Sonderbestimmung für Organkreise
- § 32d Abs. 2 EStG-UntStRef2008: Ausschluss von der Abgeltungssteuer für bestimmte Gesellschafterdarlehen
- §§ 4 Abs. 2, 20 Abs. 9, 24 Abs. 6 UmwStG-UntStRef2008, §§ 8a Abs. 1, § 8c KStG-UntStRef2008: Regelungen für den Wegfall des Zinsvortrags

Damit sind nicht von der Zinsschranke erfasst:

- Einzelunternehmen
- Konzerne mit Zinsaufwand bis zu 1,0 Mio. €
- Gesellschaften im Konzern, die die gesamte Eigenkapitalquote des Konzerns nicht unterschreiten (Ausnahme: keine schädliche konzernexterne Finanzierung, § 8a Abs. 3 KStG-UntStRef2008)

Zinsaufwendungen über 1,0 Mio. € sollen nicht mehr als Aufwand anerkannt werden (Freigrenze, d.h. bei Überschreiten der Grenze gilt für den gesamten Zinsaufwand die Regelung des § 4h EStG-UntStRef2008). Zinsaufwendungen sind im Konzern in Höhe des Zinsertrags eines Wirtschaftsjahres abziehbar. Darüber hinaus sind sie nur bis zu 30% des Gewinns vor Zinsen und Steuern und Abschreibungen (EBITDA) abziehbar.[38]

Der nicht anerkannte Aufwand kann vorgetragen werden gem. § 4h Abs. 4 EStG-UntStRef2008.

Innerhalb eines Konzerns ist die Zinsschranke nicht anzuwenden, wenn eine konzernübliche Finanzierung vorgenommen wird, d.h. wenn die Eigenkapitalquote der Gesellschaft die Eigenkapitalquote des gesamten Konzerns nicht unterschreitet (abzüglich 1%-Punkt Toleranz). Diese

---

[38] Vgl. dazu näher z.B. Köhler, DStR 2007, 597 ff.

B. Besteuerung des Beteiligungskonzerns

Abstandnahme von der Begrenzung des Schuldzinsenabzugs gilt allerdings nur gem. § 8a Abs. 3 KStG-UntStRef2008, wenn:

- die Körperschaft für alle weltweiten Konzerngesellschaften nachweisen kann,
  - dass nicht mehr als 10% des negativen Zinssaldos als Vergütungen für Fremdkapital gezahlt werden
    a) an einen zu mehr als 25% unmittelbar oder mittelbar beteiligten Gesellschafter,
    b) diesen nahe stehenden Personen (§ 1 Abs. 2 AStG)
    c) oder einen Dritten, der auf die beiden vorgenannten Personen zugreifen kann.
  - und der Zinsaufwand auf Verbindlichkeiten beruht, die im voll konsolidierten Konzernabschluss nachgewiesen sind.[39]
- Der Nachweis muss durch Vorlage des testierten Abschlusses (Konzern und Gesellschaft in deutscher Sprache oder beglaubigter Übersetzung) erfolgen.[40]

Praxishinweis:

Durch die Einführung einer derartigen konzernweiten Betrachtung des Zinsaufwands und der Darlehensgewährung ist gerade bei Beteiligungen konzernfremder Gesellschaften darauf zu achten, dass von Dritter Seite nicht Fremdkapital zugeführt wird, das die Vorschrift des § 8a KStG-UntStRef2008 auszulösen vermag.[41]

Die Zinsschranke ist erstmals für Wirtschaftsjahre anzuwenden, die nach dem 25.05.2007 (Tag des Gesetzesbeschlusses des Deutschen Bundestages) beginnen bzw. vor dem 01.01.2008 enden. Die Zinsschranke gilt damit ab dem VZ 2008.

IV. Anteilsveräußerungen im Konzern

Anteilsveräußerungen im Konzern sind gem. § 8b Abs. 2 KStG steuerbefreit, sofern nicht Rückausnahmen des § 8b Abs. 4 KStG greifen.

Die Regelung des § 8b Abs. 4 KStG soll Gestaltungsmöglichkeiten vermeiden, wenn die zu veräußernde Beteiligung durch steuerneutrale Einbringung nach dem UmwStG errichtet wurde.

Die Regelung des § 8b Abs. 2 KStG gilt für Veräußerungen von Gesellschaften, wenn der Verkauf frühestens in dem Wirtschaftsjahr nach dem Wirtschaftsjahr erfolgt, für das das Anrechnungsverfahren letztmals anzuwenden ist.

Damit ergibt sich folgende Übersicht:

	WJ = KJ der ausschüttenden Gesellschaft	WJ ≠ KJ der ausschüttenden Gesellschaft
Veräußerung der Beteiligung steuerfrei nach § 8b Abs. 2 KStG	VZ 2002	WJ 2002/2003, d.h. VZ 2003

---

[39] Köhler, DStR 2007, 597, 599.
[40] Töben/Fischer, BB 2007, 974, 977.
[41] Dazu näher Köhler, DStR 2007, 597, 600.

§ 4 Steuer- und Finanzfragen

35 § 8 b Abs. 4 S. 1 KStG regelt die Ausnahmen zur Steuerbefreiung, führt also zu einer Versagung der Steuerbefreiung des § 8 b Abs. 2 KStG:[42]

§ 8 b Abs. 4 S. 1 Nr. 1	Einbringungsgeborene Anteile im Sinne des § 21 UmwStG
§ 8 b Abs. 4 S. 1 Nr. 2	Anteile, die die veräußernde Kapitalgesellschaft vom Einbringenden unter dem Teilwert über eine Mitunternehmerschaft erwirbt

36 § 8 b Abs. 4 S. 2 KStG regelt die Rückausnahmen, belässt also die Steuerfreiheit des § 8 b Abs. 2 KStG:[43]

§ 8 b Abs. 4 S. 2 Nr. 1	Steuerbefreite Veräußerung nach Ablauf von 7 Jahren nach der Einbringung
§ 8 b Abs. 4 S. 2 Nr. 2	Einbringungsgeborene Anteile sind auf eine Einbringung nach § 20 Abs. 1 S. 2 UmwStG oder § 23 Abs. 4 UmwStG zurückzuführen

Diese Rückausnahmen gelten allerdings nicht für Anteile, die auf eine Einbringung nach § 20 Abs. 1 S. 1 oder § 23 Abs. 1 bis Abs. 3 UmwStG zurückzuführen ist und nicht auf eine Einbringung durch einen nicht von § 8 b Abs. 2 begünstigten Steuerpflichtigen.

> **Praxishinweis:**
> *Daher sind bei Veräußerungen die „Geschichte" der zu veräußernden Anteile der letzten 7 Jahre sicherheitshalber zu dokumentieren und nachweisbar zu halten, da den Steuerpflichtigen die Beweislast der für ihn günstigen Steuerbefreiung trifft.[44] Auch sind vor Durchführung von Veräußerungsmaßnahmen steuerwirksame Teilwertabschreibungen der Vergangenheit zu prüfen, die noch nicht durch Ansatz eines höheren Werts wieder ausgeglichen sind. Beim Kauf von Anteilen ist daher auf die sorgfältige vorherige Dokumentation der Historie der Anteile der letzten 7 Jahre zu achten.*

V. Gestaltungen

1. Die Bedeutung der Organschaft als Gestaltungsinstrument

37 Konzernkapitalgesellschaften werden unabhängig von Beteiligungsquoten und Unternehmensverträgen steuerrechtlich als selbständige Rechtssubjekte betrachtet. Jede Konzerngesellschaft hat ihre eigene Ertragsteuerschuld zu ermitteln.

Verzichtet eine Konzerngesellschaft im Hinblick auf eine Konzernbeziehung auf Einkommen, kann eine verdeckte Gewinnausschüttung zugunsten der Muttergesellschaft vorliegen, vgl. § 8 Abs. 3 Satz 2 KStG. Schließlich ist der Verzicht auf Einkommen einer Konzerngesellschaft wirtschaftlich gleichbedeutend mit der Realisierung des Einkommens und einer anschließenden Gewinnausschüttung an die Muttergesellschaft.

38 ▶ **Beispiel:**
Die Tochter-GmbH verkauft einen Pkw im Wert von 11.000 € zum Preis von 1.000 € an ihre Schwester-GmbH.

---

42 Gosch in: Gosch, KStG, § 8 b Rn. 294.
43 Gosch in: Gosch, KStG, § 8 b Rn. 295.
44 Der Umfang der Beweislast ist umstritten: Volle Beweislast Dötsch/Pung in: Dötsch/Ewersberg, KStG, § 8 b Rn. 60; Eingeschränkt Gosch in: Gosch, KStG, § 8 b, Rn. 303.

Die Tochter GmbH wird so behandelt als ob
- sie ihren Pkw für 11.000 € verkauft hätte,
- und ihrer Muttergesellschaft 10.000 € Gewinn ausbezahlt hätte.

Die Mutter-GmbH wird so behandelt als ob
- sie eine Gewinnausschüttung von ihrer Tochter-GmbH in Höhe von 10.000 € bekommen hätte,
- und sie diesen Betrag in die Schwester-GmbH eingelegt hätte.

Die Schwester-GmbH wird so behandelt als ob
- sie von der Mutter-GmbH eine Einlage in Höhe von 10.000 € bekommen hätte,
- die sie zum Erwerb des Pkws verwendet hat.

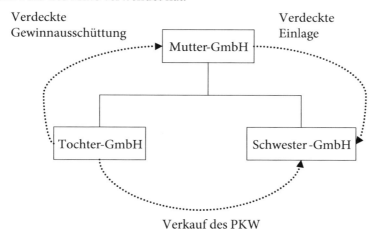

Die Organschaft verändert diese getrennte Erfassung der einzelnen Konzerngesellschaften. Das Einkommen der Organgesellschaft (Tochter-GmbH) wird der Organträgerin (Mutter-GmbH) zugerechnet.

Die Organschaft wird für Zwecke der Körperschaftsteuer begründet,

1. wenn eine nach § 14 Abs. 1 Nr. 1 KStG in Bezug auf die Stimmrechte mehrheitlich gehaltene Organgesellschaft[45]
2. mit Sitz im Inland
3. durch einen Gewinnabführungsvertrag[46] gemäß § 291 Abs. 1 AktG zur Abführung ihres ganzen Gewinnes,
4. an ein anderes gewerbliches Unternehmen, den Organträger,[47] verpflichtet ist.

Die Organschaft hat nach § 14 Abs. 1 Satz 1 KStG zur Folge, dass das Einkommen der Organgesellschaft dem Organträger für die Wirtschaftsjahre zugerechnet wird, in denen die Mehrheits-

---

[45] Organgesellschaften können gemäß § 14 Abs. 1 Satz 1 KStG die Europäische Gesellschaft, die Aktiengesellschaft und die Kommanditgesellschaft auf Aktien sein. § 17 Satz 1 KStG lässt auch andere Kapitalgesellschaften, insbesondere die GmbH als Organgesellschaft zu, wenn die in Satz 2 aufgeführten Voraussetzungen erfüllt sind.

[46] Der Gewinnabführungsvertrag muss nach § 14 Abs. 1 Nr. 3 KStG für mindestens 5 Jahre abgeschlossen sein und tatsächlich durchgeführt werden, vgl. hierzu im Detail Danelsing in: Blümich, KStG, 93. Auflage, § 14, Rn. 113 ff.

[47] Der Organträger kann nach § 14 Abs. 1 Nr. 2 KStG insbesondere eine unbeschränkt steuerpflichtige und nicht steuerbefreite Körperschaft sein, vgl. Danelsing in: Blümich, KStG, 93. Auflage, § 14, Rn. 40 ff.

beteiligung bestanden hat,[48] der Gewinnabführungsvertrag in das Handelsregister eingetragen[49] und durchgeführt wurde.

Die Organschaft bewirkt somit folgende Situation:

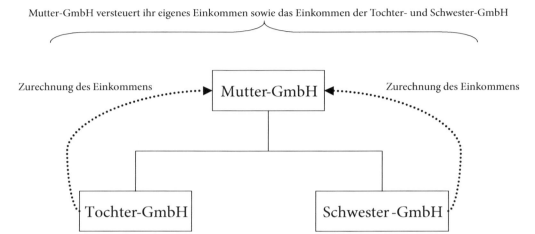

41 Die Rechtsfolge der Organschaft kann für folgende Gestaltungszwecke eingesetzt werden:

a) Gewinn- und Verlustverrechnung im Konzern

42 Ohne Organschaft kann es zu einer Steuerlast im Konzern kommen, auch wenn der Konzern insgesamt kein zu versteuerndes Einkommen erwirtschaftet hat. So muss die Tochter-GmbH auf ihr Einkommen von 100 auch dann Körperschaftsteuer zahlen, wenn die Schwester-GmbH oder auch die Mutter-GmbH einen Verlust von 100 erzielt haben.[50]

Die Zurechnung des Einkommens durch die Organschaft führt zu einer Saldierung. Die Mutter-GmbH bekommt das Einkommen von der Tochter-GmbH genauso zugerechnet wie die Verluste der Schwester-GmbH. Im Organkreis verbleibt nach dieser Verrechnung kein steuerpflichtiges Einkommen mehr.

b) Keine verdeckte Gewinnausschüttungen im Konzern

43 Durch die Begründung einer Organschaft werden verdeckte Gewinnausschüttungen vermieden und „mutieren" zu vorweggenommenen Gewinnabführungen.[51]

---

48 Vgl. § 14 Abs. 1 Nr. 1 KStG.
49 Vgl. § 14 Abs. 1 Satz 2 KStG.
50 Der Verlust einer Kapitalgesellschaft geht nicht verloren, sondern kann nach § 10d EStG für Zwecke des Verlustrücktrages oder Vortrages eingesetzt werden. Die so genannte Mindestbesteuerung nach § 10d Abs. 2 Satz 1 EStG bewirkt jedoch, dass eine Verlustverrechnung – nach Berücksichtigung eines Betrages von 1 Mio. € – nur bis zu 60 % der positiven Summe der Einkünfte möglich ist. Mit anderen Worten müssen die verbleibenden 40 % der positiven Einkünfte versteuert werden, auch wenn ausreichende Verlustvorträge vorhanden sind. Der Verlustvortrag kann nach § 8 Abs. 4 KStG ganz verloren gehen, wenn ein Anteilseignerwechsel erfolgt, der mit der Zuführung neuen Betriebsvermögens verbunden ist. Das Unternehmensteuerreformgesetz 2008 lässt den Verlustvortrag schon dann entfallen, wenn mehr als 25 % der Anteile übertragen werden, wobei bis zu einer Übertragung von 50 % nur ein anteiliger Wegfall, ab 50 % ein vollständiger Wegfall angeordnet ist.
51 R 61 Abs. 4 KStG: „VGA an den Organträger sind im Allgemeinen vorweggenommene Gewinnabführungen; sie stellen die tatsächliche Durchführung des GAV nicht in Frage".

B. Besteuerung des Beteiligungskonzerns

Diese Charakterisierung kann bei der Bestimmung von Transferpreisen und Leistungsbeziehungen im Konzern zu einer Vereinfachung und damit auch einer Risikominderung führen.

c) Effektiver Zinsabzug von Akquisitionsdarlehen

Hat die Mutter-GmbH ihre Beteiligung an der Tochter-GmbH im Rahmen eines Unternehmenskaufvertrag erworben und fremdfinanziert, möchte sie gerne die hierdurch verursachten Schuldzinsen steuerlich geltend machen.

Dies kann sie auch. Der Abzug der Schuldzinsen ist nicht etwa ausgeschlossen, weil die Mutter-GmbH mit dem Erwerb der Beteiligung an der Tochter-GmbH nur nach § 8b Abs. 1, 2 KStG steuerfreie Dividenden- und Veräußerungsgewinne[52] erzielen will. Die Steuerbefreiung des § 8b KStG erfolgt aus technischen Gründen, um eine doppelte oder mehrfache Besteuerung zu vermeiden. Im übrigen wird die Anwendung des § 3c EStG, der den Betriebsausgabenabzug bei einem Veranlassungszusammenhang mit steuerfreien Erträgen einschränkt, durch § 8b Abs. 3, 5 KStG verdrängt, der eine speziellere und abschließende Zurechnung von 5% der (nach § 8b Abs. 1, 2 KStG steuerfreien) Gewinne anordnet.

Gerade weil die Mutter-GmbH jedoch oft nur (zu 95%) steuerfreie Dividenden und Veräußerungsgewinne aus der Beteiligung an ihren Tochter- und Schwester-GmbH Beteiligungen erzielt, geht der Abzug der Schuldzinsen wirtschaftlich ins Leere. Die Mutter-GmbH hat schlichtweg kein Einkommen, das sie steuerwirksam durch ihre Zinsausgaben mindern kann. Die Organschaft rechnet ihr das steuerpflichtige Einkommen der Tochter-GmbHs zu und ermöglicht auf diese Weise die Verrechnung des Zinsaufwands der Mutter mit dem Einkommen der Tochter.

d) Kein steuerwirksamer Step-Up bei Akquisitionen

Die Organschaft hilft nicht, wenn es um die Erlangung eines Step-Up geht.

Erwirbt eine Mutter-GmbH statt einer Beteiligung an der Tochter-GmbH nur den Geschäftsbetrieb kann sie ihre Anschaffungskosten auf die erworbenen Wirtschaftsgüter aufteilen. Soweit die erworbenen Wirtschaftsgüter abnutzbar sind, kann sie die Anschaffungskosten steuermindernd abschreiben.

Der Bilanzansatz bei der Mutter-GmbH wird gegenüber dem Buchwert bei der Verkäuferin um die stillen Reserven aufgestockt. Diese Aufstockung wird als „Step-Up" bezeichnet.

Kauft die Mutter-GmbH dagegen die Anteile an der Tochter-GmbH, hat sie Anschaffungskosten für diese Beteiligung. Die Anschaffungskosten sind gegenüber dem Buchwert beim Verkäufer ebenfalls um die stillen Reserven aufgestockt. Auch insoweit findet ein Step-Up statt. Nur ist dieser Step-Up im Gegensatz zum Erwerb von Wirtschaftsgütern nicht steuerwirksam. Die Beteiligung an der Tochter-GmbH kann mangels Abnutzung nicht der Abschreibung unterworfen werden. Gewinne aus der Veräußerung der Anteile sind nach § 8b Abs. 2 KStG zu 95% steuerfrei, so dass die Aufstockung der Anteile nur zu einer (kaum steuerwirksamen) Minderung des Veräußerungsgewinnes führt, weil nur 5% des Veräußerungsgewinnes steuerpflichtig sind. Bei Veräußerungsverlusten entfällt eine steuerliche Auswirkung, weil § 8b Abs. 3 Satz 3 KStG solche Verluste nicht zum Abzug zulässt – und zwar nicht einmal zu 5%.

---

[52] 5% der Dividenden bzw. Veräußerungsgewinne gelten nach § 8b Abs. 3, 5 KStG als nicht abzugsfähige Betriebsausgaben. Mit anderen Worten sind 5% dieser Gewinne steuerpflichtig.

e) Organschaft über die Grenze

46 Die Organschaft setzt ein unbeschränkt steuerpflichtige Organgesellschaft voraus, die sowohl sie als auch Geschäftsleitung im Inland haben muss (§ 14 Abs. 1 Satz 1 KStG). Auch der Organträger muss zumindest seine Geschäftsleitung im Inland haben.[53]

Die Organschaft kann daher nicht helfen, wenn grenzüberschreitende Sachverhalte betroffen sind.[54]

f) Vermeidung von Dauerschuldzinsen

47 Nach der bis 2007 geltenden Rechtslage können konzerninterne Darlehensverhältnisse in gewerbesteuerlicher Sicht unangenehme Rechtsfolgen haben. Dauerschuldzinsen sind nach § 8 Nr. 1 GewStG nur hälftig zu berücksichtigen. Schuldzinsen im Konzern führen daher dazu, dass sie bei der zahlenden Konzerngesellschaft nur zur Hälfte abzugsfähig sind, bei der vereinnahmenden Konzerngesellschaft jedoch vollständig der Gewerbesteuer zu unterwerfen sind:

Gewerbesteuerliche Situation

Dauerschuldzinsen in Höhe von 100

Mutter-GmbH — 100 gewerbesteuerpflichtige Zinseinnahmen

Tochter-GmbH — 100 gewerbesteuerpflichtige Zinseinnahmen
50 gewerbesteuerpflichtige Zinsausgaben

Enkel-GmbH — 50 gewerbesteuerpflichtige Zinsausgaben

Ergebnis: Der Konzern zahlt Gewerbesteuer auf 100 (Zinseinnahmen von 200 ./. 100 Zinsausgaben), obwohl im Konzern kein Zinsüberschuss entstanden ist (200 Einnahmen ./. 200 Augaben).

---

53 Eine unbeschränkt steuerpflichtige ausländische Gesellschaft kann Organträgerin sein. Der BFH hat mit *Urteil* vom 29. Januar 2003 – I R 6/99 eine Delaware-Corporation mit Sitz in den USA und Geschäftsleitung im Inland als Organträgerin einer inländischen Kapitalgesellschaft zugelassen.

54 Im Gefolge der EuGH Entscheidung Marks & Spencer, Urteil v. 13. Dezember 2005, RS C-446/03, wird verstärkt die Frage aufgeworfen, ob diese Entscheidung die Möglichkeit einer grenzüberschreitenden Organschaft erfordert bzw. ob gesellschaftsrechtliche Hindernisse, die einem Abschluss eines grenzüberschreitenden Gewinnabführungsvertrages entgegen stehen könnten, zur Folge haben müsste, die Organschaft nicht länger an den Abschluss eines Gewinnabführungsvertrages anzuknüpfen; vgl. zur Diskussion Witt in: Dötsch/Jost/Pung/Witt, KStG, 56. Erg.-Lfg. April 2006, § 14, Rn. 21 ff.

B. Besteuerung des Beteiligungskonzerns

Ab 2008 sind Dauerschuldzinsen gemäß § 8 Nr. 1 GewStG n.F. zu einem Viertel dem körperschaftssteuerlichen Gewinn hinzuzurechnen.

Durch die Begründung einer Organschaft kann dieses gewerbesteuerlich nachteilige Ergebnis vermieden werden. Die hierfür maßgebliche gewerbesteuerliche Organschaft richtet sich nach § 2 Abs. 2 GewStG. Nach § 2 Abs. 2 Satz 2 GewStG gilt eine Kapitalgesellschaft als Betriebsstätte des Organträgers, wenn sie Organgesellschaft im Sinne des § 14 KStG ist.

48

g) Vereinfachung der Umsatzsteuer-Compliance

Eine Leistung kann nach § 1 Abs. 1 Satz 1 UStG nur umsatzsteuerbar sein, wenn sie von einem Unternehmer erbracht wird. Ein Unternehmer ist nur, wer selbständig tätig ist, § 2 Abs. 1 Satz 1 UStG. Eine Organgesellschaft ist nicht selbständig tätig. Sie kann keine umsatzsteuerbaren Leistung erbringen.

49

Dies gilt jedoch nur, wenn eine umsatzsteuerliche Organschaft vorliegt. Die Voraussetzungen der umsatzsteuerlichen Organschaft sind in § 2 Abs. 2 Nr. 2 UStG geregelt und von den Voraussetzungen der gewerbesteuerlichen und körperschaftssteuerlichen[55] Organschaft unabhängig. Eine umsatzsteuerliche Organschaft liegt vor, wenn eine Organgesellschaft finanziell,[56] wirtschaftlich[57] und organisatorisch[58] in das Unternehmen der Organträgers eingegliedert ist.

Die Rechtsfolgen der Begründung einer umsatzsteuerlichen Organschaft bestehen damit darin, dass

50

- die Leistungen der Organgesellschaft dem Organträger zugerechnet werden,
- ausschließlich der Organträger eine Umsatzsteuererklärung (und -voran-meldung) für den gesamten Organkreis abgibt,
- Leistungen innerhalb der Organkreises als so genannte Innenumsätze nicht der Umsatzsteuer zu unterwerfen sind.

h) Entbehrlichkeit einer geschäftsleitenden Holdinggesellschaft

Es ist fraglich, ob eine Holdinggesellschaft in umsatzsteuerlicher Sicht Unternehmer ist, wenn sich ihre Tätigkeit auf das bloßen Halten von Beteiligungen und die Entgegennahme von Dividenden beschränkt.

51

Ist die Holdinggesellschaft nicht als Unternehmerin anzusehen, kann sie keinen Vorsteueranspruch für in Anspruch genommene umsatzsteuerpflichtige Leistungen geltend machen. Der Vorsteueranspruch geht verloren. Dies kann durchaus erheblich sein, wenn Beteiligungserwerbe betroffen sind, bei welchen die Transaktionskosten mit Umsatzsteuer belastet sind.

Die Holdingsgesellschaft muss daher eine unternehmerische Tätigkeit ausüben, wenn sie die Vorsteueransprüche erhalten will. Sie kann dies durch die Begründung von Darlehens- und Mietver-

---

55 Insbesondere ist der Abschluss eines Gewinnabführungsvertrages für die Begründung einer umsatzsteuerlichen Organschaft nicht vorausgesetzt.
56 Eine finanzielle Eingliederung liegt bei Stimmenmehrheit vor.
57 Die wirtschaftliche Eingliederung folgt in der Regel aus dem Vorliegen der finanziellen Eingliederung (Stimmenmehrheit), weil dadurch zum Ausdruck kommt, dass die Organgesellschaft der wirtschaftlichen Tätigkeit des Organträgers dienen soll.
58 Die organisatorische Eingliederung liegt vor, wenn der Organträger in der Lage ist, seine Entscheidungen im Tagesgeschäft auf der Ebene der Organgesellschaft durch- und umzusetzen. Ein Musterfall liegt bei Management-Identität vor.

hältnissen, aber auch durch die Erbringung von Managementleistungen gegen Entgelt gegenüber ihren Beteiligungsgesellschaften tun.

Wird jedoch eine umsatzsteuerliche Organschaft begründet, werden die Leistungen der Organgesellschaften der Holdinggesellschaft als Organträgerin zugerechnet. Sie ist hierdurch schon Unternehmerin, ohne dass es der Installation und Aufrechterhaltung von Leistungsbeziehungen im Sinne einer geschäftsleitenden Holding bedarf.

i) Keine Bedeutung für die Grunderwerbsteuer

52 Das Vorliegen einer körperschafts-, gewerbe- und/oder umsatzsteuerlichen Organschaft als solches hat keine unmittelbaren Konsequenzen für die Grunderwerbsteuer. Die umsatzsteuerliche Organschaft kann jedoch im Zusammenhang mit einem Anteilserwerb eine nicht unerhebliche grunderwerbsteuerliche Bedeutung. Die Anteile eines grunderwerbsteuerlichen Organkreises an einer Immobilienkapital- oder Personengesellschaft werden zusammengerechnet,[59] wenn es um das Vorliegen einer gewerbesteuerpflichtigen Anteilsvereinigung nach § 1 Abs. 3 Satz 1 Nr. 1 GrEStG geht:

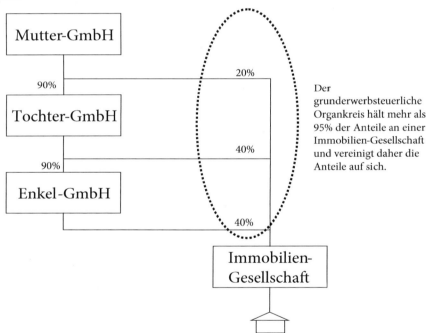

53 Die grunderwerbsteuerliche Organschaft setzt nach § 1 Abs. 4 Nr. 2 lit. b GrEStG im Fall von Kapitalgesellschaften voraus, dass eine Organgesellschaft finanziell, wirtschaftlich und organisatorisch eingegliedert ist.

Die Regelungen der grunderwerbsteuerlichen Organschaft begründen einen eigenständigen Grunderwerbsteuertatbestand und damit insbesondere das Risiko der Entstehung einer unbe-

---

59 Ohne das Vorliegen eines Organkreises, können Anteile einer anderen Gesellschaft nur zugerechnet werden, wenn zumindest 95 % der Anteile gehalten werden. In diesem Fall einer zumindest 95 %-Beteiligung an einer anderen Gesellschaft, werden sowohl Grundstücke als auch Anteile an Immobiliengesellschaften dem Gesellschafter zugerechnet; zu den Einzelheiten vgl. Gleichlautende Erlasse der obersten Finanzbehörden der Länder zur Anwendung des § 1 Abs. 3 i.V.m. Abs. 4 GrEStG auf Organschaftsfälle vom 21. März 2007, DStR 2007, 900.

absichtigten Anteilsvereinigung. Insbesondere im Bereich der organisatorischen Eingliederung liegen Möglichkeiten der Vermeidung einer grunderwerbsteuerlichen Organschaft, etwa durch Bestellung von Geschäftsführern der Ogangesellschaft, die nicht dem Mehrheitsgesellschafter zuzurechnen sind und/oder Vereinbarung einer Geschäftsordnung der Geschäftsführung des abhängigen Unternehmens, welche eine Dominanz der dem Mehrheitsgesellschafter zuzurechnenden Geschäftsführers vermeidet.

2. Verschmelzung

Eine Verschmelzung führt zum Erlöschen der übertragenden Gesellschaft, deren Vermögen im Wege der Gesamtrechtsnachfolge von der aufnehmenden Gesellschaft übernommen wird. Die Verschmelzung kann von
- Kapitalgesellschaft auf Kapitalgesellschaft
- Kapitalgesellschaft auf Personengesellschaft
- Personengesellschaft auf Kapitalgesellschaft
- Personengesellschaft auf Personengesellschaft

erfolgen.

In ertragsteuerlicher Hinsicht stellt die Verschmelzung grundsätzlich einen gewinnrealisierenden Tausch dar. Die übertragende Gesellschaft tauscht ihr Vermögen gegen die Anteile an der übernehmenden Gesellschaft ein. Die Anteilseigner der übertragenden Gesellschaft tauschen ihre Anteile an der übertragenden Gesellschaft gegen Anteile an der übernehmenden Gesellschaft ein:

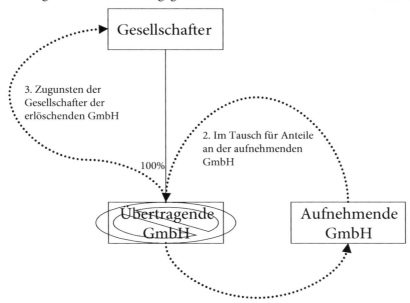

1. Übertragung des gesamten Vermögens

Die Verschmelzung führt daher sowohl zur Besteuerung der stillen Reserven auf der Ebene der übertragenden GmbH als auch auf der Ebene der Gesellschafter der übertragenden GmbH.

§ 4 Steuer- und Finanzfragen

Das Umwandlungssteuergesetz lässt unter weiteren Voraussetzungen eine steuerneutrale Verschmelzung zu. Betriebswirtschaftlich sinnvolle Restrukturierungen sollen nicht mit einer Steuerschuld belastet werden.

Das Umwandlungssteuergesetz differenziert nach Verschmelzungen auf Personengesellschaften, § 3 ff. UmwStG und auf Kapitalgesellschaften, §§ 11 ff. UmwStG.

56 Die übertragende Kapitalgesellschaft kann die übergehenden Wirtschaftsgüter steuerneutral mit dem Buchwert ansetzen, wenn
- die Besteuerung der stillen Reserven gesichert ist, §§ 3 Abs. 2 Nr. 1, 11 Abs. 2 Nr. 1 UmwStG,
- das Besteuerungsrecht der Bundesrepublik Deutschland weder ausgeschlossen noch beschränkt wird, §§ 3 Abs. 2 Nr. 2, 11 Abs. 2 Nr. 2 UmwStG, und
- keine Gegenleistung oder allenfalls eine Gegenleistung in Form von Gesellschaftsrechten gewährt wird, §§ 3 Abs. 2 Nr. 3, 11 Abs. 2 Nr. 3 UmwStG.

Der übernehmende Rechtsträger übernimmt den Wertansatz des übertragenden Rechtsträgers, §§ 4 Abs. 1, 12 Abs. 1 UmwStG.

Der Anteilseigner der übertragenden Gesellschaft kann die untergehenden Anteile im Falle der Verschmelzung auf eine Kapitalgesellschaft steuerneutral gegen die erworbenen Anteile austauschen, wenn das Besteuerungsrecht der Bundesrepublik Deutschland hinsichtlich der erhaltenen Anteile weder ausgeschlossen noch beschränkt wird, § 13 Abs. 2 Nr. 1 UmwStG.[60]

57 Die Verschmelzung kann im Konzern insbesondere zu folgenden Gestaltungsansätzen genutzt werden:

a) Debt-Push-Down

58 Im Falle von Akquisitionen entsteht auf der Ebene der erwerbenden Konzerngesellschaft eine korrespondierende Finanzierungsverbindlichkeit. Die Schuldzinsen fallen auf der Ebene der akquierenden Gesellschaft an, wohingegen die operativen Gewinne bei dem erworbenen Target verbleiben.

Ein steuereffektiver Abzug von Schuldzinsen setzt voraus, dass die erwerbende Gesellschaft über steuerpflichtige Einnahmen verfügt, die zur Minderung der Steuerschuld durch die Schuldzinsen gemindert werden können.

Dieses Ziel kann durch die Begründung einer Organschaft erreicht werden, wie es vorstehend dargestellt wurde. In diesem Fall wird das Einkommen der Organgesellschaft der Organträgerin zugerechnet, die hiervon ihre Schuldzinsen steuerwirksam abziehen kann.

59 Die Verschmelzung begründet eine zweite Alternative,[61] um das operative Einkommen mit den Finanzierungsaufwendungen zu verbinden. Wird die finanzierende Gesellschaft mit der operativen Gesellschaft durch eine Verschmelzung vereinigt, wird auch das operative Einkommen mit den verbundenen Schulden und Schuldzinsen verbunden. Die Schulden wurden „heruntergedrückt"; der Debt-Push-Down wurde vollzogen:

---

60 Das Umwandlungssteuergesetz wurde durch das „Gesetz über steuerliche Begleitmaßnahmen zur Einführung der Europäischen Aktiengesellschaft und zur Änderung weiterer steuerrechtlicher Vorschriften" (SESTEG) mit Wirkung zum 01. Januar 2007 umgefaßt.

61 Die Verschmelzung kann in zwei Richtungen vollzogen werden. Die Tochter-Gesellschaft kann auf die Mutter-Gesellschaft oder aber die Mutter-Gesellschaft auf die Tochtergesellschaft verschmolzen werden. Die Verschmelzung von „oben nach unten" nennt man down-stream-Merger, wohingegen die Verschmelzung von „unten nach oben" als up-stream-Merger bezeichnet wird.

B. Besteuerung des Beteiligungskonzerns

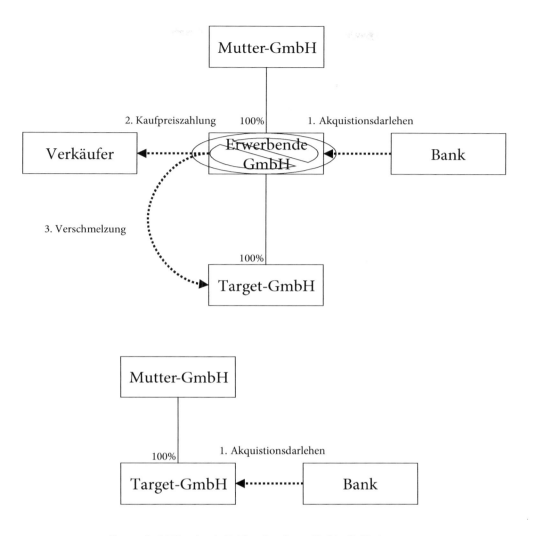

Target-GmbH hat durch die Verschmelzung Verbindlichkeiten
übernommen, aber keine aktiven Wirtschaftsgüter erhalten.

Der Steuerneutralität des Debt-Push-Down steht es nicht entgegen, dass die Target-GmbH wirtschaftlich gesehen ein nachteiliges Geschäft macht. Sie erhält Schulden (der erwerbenden GmbH), aber keinerlei Aktiva.[62] Schließlich gehen die Anteile an der Target-GmbH durch die Verschmelzung unter.

Kein Kaufmann würde einem solch nachteiligen Geschäft zustimmen.

Dennoch ist jedenfalls solange keine verdeckte Gewinnausschüttung anzunehmen und eine Steuerneutralität nicht gefährdet, wie das Stammkapital der Target-GmbH erhalten bleibt[63] und kein Verstoß gegen die §§ 30, 31 GmbHG vorliegt.

60

---

62 Die erwerbende GmbH hatte ausschließlich die Anteile an der Target-GmbH im Vermögen.
63 OFD Koblenz vom 09. Januar 2006, GmbHR 2006, 503; Rödder/Wochinger, DStR 2006, 684.

b) Steuerneutrale Übertragung von Einkunftsquellen zur Vermeidung von Verlustgesellschaften

61 Die Verschmelzung ermöglicht unter den vorstehenden Voraussetzungen eine steuerneutrale Übertragung von Vermögen. Ertragsbringendes Vermögen kann damit steuerneutral von einer Gesellschaft auf die andere übertragen werden. Einer verlustträchtigen Gesellschaft kann damit in die Ertragszone verholfen werden. Dies kann vorteilhaft sein. Schließlich wirken sich die Verluste dann aus; sie können von den Erträgen steuermindernd abgezogen werden und führen zur Minderung der Konzernsteuerbelastung. Andernfalls gehen die Verluste in Verlustvorträgen auf, die zum einen nach der Mindestbesteuerung gemäß § 10d Abs. 3 EStG nur beschränkt genutzt werden können und zum anderen bei Anteilsübertragungen durch die aktuelle Regelung des § 8 Abs. 4 KStG[64] gefährdet sind.

Bei der Verschmelzung ist zu beachten, dass die Verschmelzung auf die Verlustgesellschaft im Falle des Bestehens von Verlustvorträgen zum Entfallen dieser Vorträge führen kann.

Bei der Verschmelzung der Verlustgesellschaft auf die Gewinngesellschaft ist zu beachten, dass Verlustvorträge gemäß §§ 12 Abs. 3, 4 Abs. 2 Satz 2 UmwStG verloren. Der Ansatz eines gewinnrealisierenden Zwischenwertansatzes kann zur Aufzehrung der Verlustvorträge führen; dies allerdings nur im Rahmen der Mindestbesteuerung nach § 10d Abs. 3 EStG.[65]

c) Die Grunderwerbsteuer

62 Die Verschmelzung von grundbesitzenden Gesellschaften führt zu einer Übertragung des Grundstücks und führt zur Grunderwerbsteuerpflicht.[66]

Die Verschmelzung auf eine grundbesitzende Gesellschaft hat dagegen keine Grundstücksübertragung zur Folge. Jedoch kann eine Anteilsvereinigung begründet werden, wenn ein Gesellschafter im Zuge einer Kapitalerhöhung unmittelbar oder mittelbar durch die Verschmelzung 95 % der Anteile an der aufnehmenden Gesellschaft erlangt.

3. Formwechsel

63 Ein Formwechsel kann eine

- Personengesellschaft in eine Kapitalgesellschaft und
- eine Kapitalgesellschaft in eine Personengesellschaft

im Wege der Gesamtrechtsnachfolge verwandeln.

---

64 Nach § 8 Abs. 4 KStG entfallen Verlustvorträge, wenn im Zuge eines Anteilseignerwechsels überwiegend neues Betriebsvermögen zugeführt wird. Nach der ab 2008 gültigen Regelung kommt es auf die Zuführung neuen Betriebsvermögens nicht mehr an; allein entscheidend ist der Anteilseignerwechsel, der ab einem Wechsel von 50 % zum völligen Entfallen der Verluste führt. Bei einem Anteilseignerwechsel zwischen 25 % und 50 % kommt es zu einem quotalen Entfallen der Verlustvorträge.
65 § 10d Abs. 3 EStG ermöglicht eine unbeschränkte Verlustverrechnung bis zur Höhe von 1 Mio. €. Hiernach ist eine Verrechnung mit Verlustvorträgen nur bis maximal 60 % der positiven Einkünfte möglich. Auf die verbleibenden positiven Einkünfte ist Steuer zu bezahlen, die als so genannte Mindeststeuer bezeichnet werden kann.
66 Folgt die Verschmelzung einem Anteilserwerb, greift grundsätzlich die Anrechnung nach § 1 Abs. 6 GrEStG, vgl. Hofmann, GrEStG, 8. Aufl., Herne/Berlin 2004, § 1, Rn. 176 f.

B. Besteuerung des Beteiligungskonzerns

Der Formwechsel einer Personengesellschaft in eine Kapitalgesellschaft wird ertragsteuerlich so angesehen, als ob der Personengesellschafter seine Mitunternehmeranteile in eine Kapitalgesellschaft gegen Gewährung von Gesellschaftsrechten einbringt, § 25 Abs. 1 UmwStG. Mit anderen Worten wird ein Tausch des Mitunternehmeranteils gegen Gesellschaftsrechte an der Kapitalgesellschaft angenommen, der – wie jeder andere Tausch auch – grundsätzlich gewinnrealisierend ist.

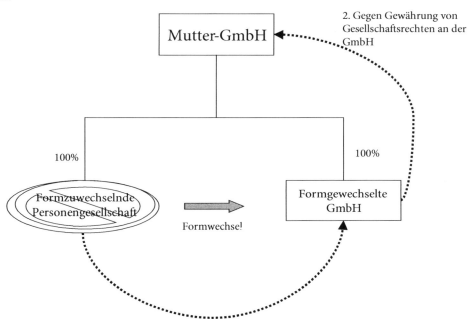

1. Einbringung von Mitunternehmeranteilen in die GmbH

Die §§ 20 ff. UmwStG werden folgerichtig für entsprechend anwendbar erklärt. Danach darf eine Kapitalgesellschaft bei einem Formwechsel von einer Personengesellschaft die erhaltenen Wirtschaftsgüter zum Buchwert ansetzen, wenn

- die eingebrachten stillen Reserven bei der übernehmenden Körperschaft steuerverhaftet bleiben, § 20 Abs. 2 Satz 1 Nr. 1 UmwStG,
- das deutsche Besteuerungsrecht hinsichtlich der eingebrachten stillen Reserven erhalten bleibt und nicht beschränkt wird, § 20 Abs. 2 Satz 1 Nr. 2 UmwStG, und
- als Gegenleistung ausschließlich Gesellschaftsrechte oder aber Gegenleistungen bis maximal zur Höhe des Buchwertes gewährt werden, § 20 Abs. 2 Satz 4, Abs. 1 Satz 1 UmwStG.

Der Wertansatz der erhaltenen Wirtschaftsgüter bei der übernehmenden Kapitalgesellschaft gilt nach § 20 Abs. 3 Satz 1 UmwStG als Veräußerungspreis für den eingebrachten Mitunternehmeranteil sowie – korrespondierend – als Anschaffungskosten für die erhaltenen Anteile an der Kapitalgesellschaft. Der einbringende Mitunternehmer wird so behandelt, als habe er seinen Mitunternehmeranteil zu diesem Wert an die Kapitalgesellschaft verkauft und zugleich die erhaltenen Anteile an der Kapitalgesellschaft gekauft. Soweit daher die Kapitalgesellschaft die erhaltenen Wirtschaftsgüter mit dem Buchwert ansetzt, kann kein Veräußerungsgewinn entstehen.

§ 4 Steuer- und Finanzfragen

Der Formwechsel einer Personengesellschaft in eine Kapitalgesellschaft kann zu folgenden Gestaltungsansätzen genutzt werden:

a) Vorbereitung einer steuerfreien Beteiligungsveräußerung im Konzern

66 Die Veräußerung eines Mitunternehmeranteils durch eine Kapitalgesellschaft ist sowohl körperschafts- als auch gewerbesteuerpflichtig.[67] Die Veräußerung einer Beteiligung an einer Kapitalgesellschaft ist nach § 8b Abs. 2 KStG grundsätzlich steuerbefreit. Nur 5% des Veräußerungsgewinnes muss als nicht abzugsfähige Betriebsausgabe gemäß § 8b Abs. 3 Satz 1 KStG steuerpflichtig erfasst werden.

Die Veräußerungsgewinnbefreiung nach § 8b Abs. 2 KStG gilt auch für die Gewerbesteuer; schließlich basiert der Gewerbeertrag nach § 7 Satz 1 GewStG auf der nach Körperschaftsteuergesetz durchzuführenden Ermittlung des Gewinnes aus Gewerbebetrieb. Nach § 8b KStG steuerfreie Gewinne sind daher schon „aussortiert", bevor sie bei der Gewerbesteuer „ankommen".[68]

67 Vorteilhaft wäre es aus steuerlicher Sicht, die Veräußerung eines Mitunternehmeranteils in die Veräußerung eines GmbH-Anteils zu verwandeln:

Der Gesetzgeber möchte diesen als missbräuchlich angesehenen Gestaltungsansatz verhindern. Nach der bis 2006 geltenden Gesetzessystematik fand die Veräußerungsgewinnbefreiung nach § 8b Abs. 2 KStG keine Anwendung auf so genannte einbringungsgeborene Anteile. Einbringungsgeborene Anteile waren als Anteile definiert, die als steuerneutrale Gegenleistung für die Einbringung von Betrieben, Teilbetrieben oder Mitunternehmeranteilen nach § 20 UmwStG gewährt worden sind.

§ 22 Abs. 1 Satz 1 UmwStG hat mit Wirkung ab 2007 die Systematik der einbringungsgeborenen Anteile durch eine rückwirkende Korrektur des Einbringungsergebnisses ersetzt. Die Veräußerung der erhaltenen – ehemals als einbringungsgeboren bezeichneten – Anteile führt rückwirkend auf den Zeitpunkt der Einbringung zu einer Gewinnrealisierung. Die Gewinnrealisierung ergibt sich aus dem Ansatz des Teilwertes der eingebrachten Wirtschaftsgüter. Der sich hiernach ergebende Veräußerungsgewinn ist für jedes nach der Einbringung vergangene Jahr um $1/7$ zu mindern. Dieser geminderte Veräußerungsgewinn ist steuerpflichtig und wird in § 22 Abs. 1 Satz 3 UmwStG als Einbringungsgewinn I bezeichnet. Diese rückwirkende Korrektur des Einbringungsvorganges führt zu einer korrespondierenden Anpassung auch der Anschaffungskosten für die erhaltenen Anteile an der Kapitalgesellschaft, die ja nur die „andere Seite" der Medaille sind:

---

[67] § 7 Satz 2 GewStG ordnet dies ausdrücklich an, wenn der Veräußerer eine Kapitalgesellschaft ist. Dagegen ist die Veräußerung eines Mitunternehmeranteils durch eine natürliche Person nicht gewerbesteuerpflichtig, da die Veräußerung als Beendigung der gewerblichen Tätigkeit nicht zum lebenden Gewerbebetrieb gehört, der ursprünglich mal Gegenstand der Gewerbebesteuerung war.
Die Gewerbesteuerpflicht aus der Veräußerung eines Mitunternehmeranteils an einer Personengesellschaft entsteht auf der Ebene der Personengesellschaft und nicht der des Gesellschafters. Die Personengesellschaft wird für Zwecke der Gewerbesteuer – ebenso wie für Zwecke der Umsatzsteuer – als rechtsfähig angesehen. Dennoch ist der Konzern freilich von dieser Gewerbesteuerpflicht belastet.
[68] Die Finanzverwaltung vertrat ursprünglich die gegenteilige Ansicht, BMF 28. April 2003, BStBl I 2003, 292 Tz. 57 f.

B. Besteuerung des Beteiligungskonzerns

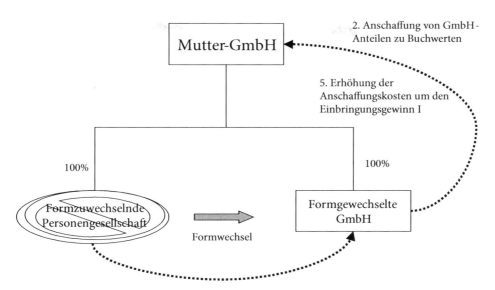

1. Einbringung von Mitunternehmeranteilen zu Buchwerten
3. Rückwirkender Teilwertansatz im Falle der Veräußerung
4. Versteuerung des Einbringunsgewinnes I (Veräußerungsgewinn ./. 1/7 p.a.)

b) Begründung einer gewerbe- und umsatzsteuerlichen Organschaft

Eine Tochterpersonengesellschaft ist körperschaftssteuerlich transparent. Das körperschaftssteuerliche Einkommen wird der Gesellschafterin zugerechnet. Die Gesellschafterin ist daher in der Lage, die Gewinne wie auch die Verluste[69] mit eigenen Gewinnen und Verlusten zu verrechnen. Im Konzern werden damit Gewinne und Verluste ausgeglichen.

Die Tochterpersonengesellschaft ist jedoch rechtsfähig, wenn es um die Gewerbesteuer geht. Sie selbst – und nicht ihre Gesellschafterin – ist Schuldner der Gewerbesteuer. Dies bedeutet freilich, dass die Personengesellschaft auf ihren Gewerbeertrag auch dann Gewerbesteuer zahlen muss, wenn ihre Gesellschafterin und der Konzern insgesamt keinen Gewerbeertrag erzielt.

Eine auch gewerbesteuerliche Integration der Tochterpersonengesellschaft durch die Begründung einer gewerbesteuerlichen Organschaft ist nicht möglich; eine Personengesellschaft kann nicht eingegliedert sein. Die Personengesellschaft verbleibt damit als so genannte Gewerbesteuer-Insel bestehen.[70]

---

69 Unter den Einschränkungen des § 15a EStG.
70 Diese Beurteilung gilt nicht für vermögensverwaltende Personengesellschaften, die auch nicht gewerblich geprägt sind. Diese Beteiligungen werden ertragsteuerlich als Bruchteilseigentum behandelt; die Personengesellschaft ist gewerbesteuerlich mangels Einkünfte aus Gewerbebetrieb nicht existent.
Die Beurteilung gilt ebenfalls nicht für Personengesellschaften, die ertragsteuerlich nicht existent sind. Eine solche Situation kann auf Grundlage der steuerlich maßgeblichen wirtschaftlichen Betrachtungsweise entstehen, wenn z.B. eine Gesellschafterin zugleich wirtschaftliche Eigentümerin auch des anderen Gesellschaftsanteils ist, etwa weil sie als Treugeberin der anderen – zivil- und gesellschaftsrechtlich wirksamen – Gesellschafterin (Treuhänderin) fungiert; zu beachten ist jedoch, dass die Finanzverwaltung das sog. Treuhandmodell gewerbesteuerlich nicht anerkennt, vgl. etwa OFD Münster, 13. Februar 2004, DStR 2005, 744.

§ 4 Steuer- und Finanzfragen

Der Formwechsel zur Kapitalgesellschaft ermöglicht daher die Begründung einer gewerbesteuerlichen Organschaft, durch welche auch die Gewerbeerträge oder -verluste der formgewechselten Personengesellschaft in die Konzernverrechnung einbezogen werden können.

69 Für Zwecke der Umsatzsteuer gilt die Tochterpersonengesellschaft ebenfalls als rechtsfähig. Leistungen zwischen Konzerngesellschaften und der Tochterpersonengesellschaft müssen ebenso der Umsatzsteuer unterworfen werden, wie es bei Leistungen zwischen fremden Dritten der Fall ist. Im Gegensatz zur Tochterkapitalgesellschaft kann die Tochterpersonengesellschaft auch für Zwecke der Umsatzsteuer nicht als Organgesellschaft in die Organschaft des Konzern eingegliedert werden. Der Formwechsel in eine Kapitalgesellschaft eröffnet auch diese Möglichkeit.

c) Die Grunderwerbsteuer

70 Der Formwechsel wird grunderwerbsteuerlich nicht als Rechtsträgerwechsel angesehen;[71] eine Grunderwerbsteuer fällt nicht an.

Die grunderwerbsteuerlichen Regelungen bei der Veräußerung von Anteilen an Immobilienpersonengesellschaften unterscheiden sich von den Regeln, die bei der Veräußerung von Immobilienkapitalgesellschaften gelten.

Die Veräußerung von Anteilen an Immobilienpersonengesellschaften ist nur grunderwerbsteuerpflichtig, wenn die Immobilienpersonengesellschaft innerhalb von 5 Jahren zu zumindest 95 % neue Gesellschafter bekommt.

Die Veräußerung von Anteilen an einer Immobilienkapitalgesellschaft ist dagegen nur grunderwerbsteuerpflichtig, wenn sich zumindest 95 % der Anteile in einer Hand oder in der Hand eines Organkreises vereinigen.

Die Anteile an Immobilienkapitalgesellschaften können daher vollständig grunderwerbsteuerfrei veräußert werden, sofern der Erwerber eine Anteilsvereinigung in diesem Sinne dadurch vermeidet, dass er einen unabhängigen Dritten einbezieht.

Dies ist bei der Immobilienpersonengesellschaft nicht möglich. Hier muss der Veräußerer einen Anteil in Höhe von 5,1 % für 5 Jahre zurückhalten.

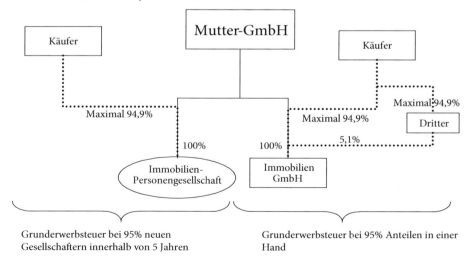

---

71 Eine Ausnahme besteht nur dann, wenn es um die Nachversteuerung einer zuvor erfolgten grunderwerbsteuerneutralen Einbringung eines Grundstücks vom Gesellschafter in die Personengesellschaft geht, vgl. §§ 5, 6 GrEStG.

B. Besteuerung des Beteiligungskonzerns

Der Formwechsel einer Kapitalgesellschaft in eine Personengesellschaft wird ertragsteuerlich als Übertragung des Vermögens der Kapitalgesellschaft gegen Gewährung von Mitunternehmeranteilen an der übernehmenden Personengesellschaft angesehen.

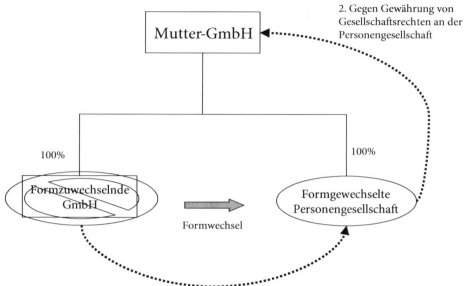

Dieser Vorgang entspricht der Verschmelzung der Kapitalgesellschaft auf eine Personengesellschaft, so dass § 9 Abs. 1 Satz1 UmwStG die entsprechende Geltung der §§ 3 bis 8, 10 UmwStG anordnet. Nur die Anwendung dieser Vorschriften kann eine steuerliche Neutralität des im übrigen gewinnrealisierenden Tausches bewirken.

Die übertragende Kapitalgesellschaft kann auf Antrag nach § 3 Abs. 2 Satz 1 UmwStG die übertragenden Wirtschaftsgüter in ihrer Schlussbilanz steuerneutral mit dem Buchwert ansetzen, wenn

- die Wirtschaftsgüter bei der übernehmenden Personengesellschaft Betriebsvermögen werden und steuerverhaftet bleiben, § 3 Abs. 2 Satz 1 Nr. 1 UmwStG,
- das deutsche Besteuerungsrecht hinsichtlich der übertragenen Wirtschaftsgüter weder ausgeschlossen noch beschränkt wird, § 3 Abs. 2 Satz 1 Nr. 2 UmwStG, und
- schließlich eine Gegenleistung nicht oder ausschließlich in Gesellschaftsrechten besteht, § 3 Abs. 2 Satz 1 Nr. 3 UmwStG.

Die übernehmende Personengesellschaft übernimmt die erhaltenen Wirtschaftsgüter mit dem in der Schlussbilanz der Kapitalgesellschaft enthaltenen Wert, § 4 Abs. 1 UmwStG.

Hieraus folgt, dass der Anteilseigner der übertragenden Kapitalgesellschaft seine Anteile an der Kapitalgesellschaft gegen Mitunternehmeranteile bei der Personengesellschaft eingetauscht hat, die dem Wertansatz bei der Personengesellschaft entsprechen. Hat damit die Kapitalgesellschaft in ihrer Schlussbilanz die Buchwerte angesetzt und die Personengesellschaft die Buchwert entsprechend übernommen, ist der Tausch auf der Ebene der Anteilseigners ertragsteuerneutral.

Der Formwechsel einer Kapitalgesellschaft in eine Personengesellschaft kann zu folgenden Gestaltungsansätzen genutzt werden:

§ 4 Steuer- und Finanzfragen

d) Verlustnutzung auch ohne Organschaft

74 Gewinne und Verluste einer Tochterkapitalgesellschaft werden der Mutter-Gesellschaft und damit ggfs. dem Konzern nur zugerechnet, wenn eine Organschaft besteht. Nur dann können die Gewinne und Verluste im Konzern ausgeglichen werden.

Die Organschaft kann aus verschiedenen Gründen unerwünscht sein. Zum einen birgt der Gewinnabführungsvertrag auch das Risiko in sich, dass für Verluste der Organgesellschaft gehaftet wird; Verluste sind der Organgesellschaft genauso auszugleichen, wie Gewinne der Organgesellschaft von der Organträgerin beansprucht werden können.

Der Gewinnabführungsvertrag zur Begründung eines Organschaftsverhältnisses muss nach § 14 Abs. 1 Nr. 3 KStG auf mindestens 5 Jahre abgeschlossen sein und während seiner gesamten Dauer durchgeführt worden sein. Werden diese Voraussetzungen nicht erfüllt, können die Organschaft und damit die beabsichtigten Verlust- und Gewinnverrechnungsmöglichkeiten entfallen. Diese Bindungswirkung mag dem einen oder anderen Konzern zu langfristig sein und zuviel Bewegungsspielraum nehmen.

Dagegen erfolgt die Verlust- und Gewinnzurechnung bei einer Tochterpersonengesellschaft ohne die Begründung einer Haftung aus einem Ergebnisabführungsvertrag. Es ist weder eine Mindestdauer vorgeschrieben, noch besteht ein eingeschränkter Handlungsspielraum.

Da die Tochterpersonengesellschaft für Zwecke der Gewerbesteuer selbst rechtsfähig ist, kann für Zwecke der Verrechnung von Gewerbeerträgen und -verlusten im Konzern jedoch nicht auf diejenigen der Tochterpersonengesellschaft zurückgegriffen werden, es entsteht ein so genanntes Gewerbesteuer-„Leck".

e) Auszahlungen ohne Kapitalertragsteuer

75 Auszahlungen einer Kapitalgesellschaft können erfolgen durch
- eine offene Gewinnausschüttung,
- eine verdeckte Gewinnausschüttung,
- eine Rückzahlung von Darlehen,
- eine Rückzahlung von Einlagen,
- eine Kapitalherabsetzung,
- eine Begründung eines Darlehens.

76 All diese Auszahlungsformen können problembehaftet sein. Gewinnausschüttungen führen zum Einbehalt von Kapitalertragsteuern nach § 43 Abs. 1 Satz 1 Nr. 1 EStG. Die Kapitalertragsteuer ist bei unbeschränkt steuerpflichtigen Muttergesellschaften nach § 36 Abs. 2 Nr. 2 EStG auf die Körperschaftsteuerschuld anzurechnen, so dass „nur" ein Liquiditätsnachteil droht. Dagegen wirkt die Kapitalertragsteuer abgeltend und definitiv,[72] wenn die Kapitalertragsteuer von ei-

---

[72] EU-Muttergesellschaften können sich jedoch auf § 43 b EStG berufen, wonach auf Grundlage der Mutter-Tochter-Richtlinie eine Kapitalertragsteuerbefreiung eintritt. Andere ausländische Kapitalgesellschaften können sich auf eine Reduzierung (und z.T. einen Ausschluss) des Kapitalertragsteuerabzugs auf Grundlage von Doppelbesteuerungsabkommen berufen. Diese Minderungsansprüche stehen unter dem Vorbehalt der so genannten Anti-Treaty-Shopping Regelung des § 50 d Abs. 3 EStG. Hiernach kann eine Reduktion der Kapitalertragsteuer nur von einer „aktiven" Gesellschaft oder aber einer „passiven" Gesellschaft beansprucht werden, deren Gesellschafter bei direkter Investition ein gleichfalls begünstigendes Doppelbesteuerungsabkommen hätten beanspruchen können. Zu den Einzelheiten der Finanzverwaltungsauffassung vgl. BMF vom 03. April 2007, DB 2007, 997.

ner beschränkt steuerpflichtigen Muttergesellschaft vereinnahmt wird und die Einnahmen nicht Bestandteil einer inländischen Betriebsstätte sind, § 50 Abs. 5 Satz 1 f. EStG.

Die Rückzahlung von Darlehen kann eine Haftung nach § 32b GmbHG begründen, wenn ein eigenkapitalersetzendes Darlehen nach § 32a Abs. 2, 3 GmbHG angenommen werden konnte.

77

Die Rückzahlung von Einlagen führt dem Grunde nach zu keinen Einkünften. Eine Rückzahlung von Einlagen ist nach § 27 Abs. 1 Satz 3 KStG jedoch nur anzunehmen, wenn die Leistungen der Kapitalgesellschaft den ausschüttbaren Gewinn übersteigen. Mit anderen Worten ist eine steuerneutrale Einlagerückzahlung erst anzunehmen, wenn alle Gewinne ausgezahlt worden sind.

Nur die Kapitalherabsetzung führt direkt zu einer steuerneutralen Leistung der Kapitalgesellschaft an ihren Gesellschafter. Die Kapitalherabsetzung geht nach § 27 Abs. 1 Satz 3 KStG dem Verwendungsvorrang des ausschüttbaren Gewinnes vor. Allerdings ist die Kapitalherabsetzung mit einem (zeit-)aufwändigen Verfahren verbunden.

Letztlich kann die Begründung eines Darlehens einer Tochter-GmbH an ihre Mutter-Gesellschaft eine unzulässige Auszahlung von Mitteln begründen, die zum Erhalt des Stammkapitals notwendig sind.

Bei der Tochterpersonengesellschaft gestalten sich die Auszahlungen steuergünstiger. Eine Auszahlung von Mitteln stellt dem Grunde nach[73] keinen steuerpflichtigen Vorgang dar; es werden vielmehr die durch den Gesellschafter bereits im Zeitpunkt der Erwirtschaftung steuerpflichtigen Einkünfte ausgezahlt. Es liegt eine steuerneutrale Verwendung und Auskehrung von Einkommen vor.

78

Eine Haftung für ausbezahlte Beträge besteht für den Kommanditisten nur, soweit die Auszahlung zu einem Kapitalkonto führt, das geringer als seine im Handelsregister eingetragene Hafteinlage ist, § 172 Abs. 4 HGB. Soweit diese im Handelsregister einzutragende Hafteinlage gering gehalten wird, kann die Auszahlung ohne Haftungsfolge vom anderweitig vorhandenen Festkapitalkonto etc. gespeist werden.

f) Größere Variabilität der Personengesellschaft bei der Gewinnverteilung

§ 29 GmbHG lässt nur eine rechnerisch vorgegebene und durch das Gericht für nachvollziehbar erachtete Verteilung von Gewinnen in einer Satzungsregelung zu. Selbiges gilt, wenn die Liquidationsverteilung wirtschaftlich modifiziert werden muss. Die Satzungsregelungen sind über die Veröffentlichungspflichten im Handelsregister auch für Dritte einsehbar, was oft als nachteilig erachtet wird.

79

Dagegen ist die Ausgestaltung der Gewinnverteilung im Rahmen einer Personengesellschaft nahezu unbegrenzt möglich. Eine Veröffentlichungspflicht kann vermieden werden.

---

[73] Eine Ausnahme kann z.B. in der Nachversteuerung nach § 15a Abs. 3 EStG begründet liegen. Hiernach führen Einlageminderungen dazu, dass früher anerkannte Verlustzuweisungen im laufenden Jahr rückgängig gemacht und korrigiert werden, weil der Kommanditist hiernach für steuerwirksame Verluste nicht mehr wirtschaftlich eintreten und gesellschaftsrechtlich haften muss; ähnliches gilt für sog. Überentnahmen nach § 4 Abs. 4a EStG; vgl. hierzu ausführlich Schmidt/Heinicke, § 4 Rn. 522 ff.

g) Publizität

80 Die Publizitätsvorschriften für Kapitalgesellschaften finden auf eine Personengesellschaft auch nach § 264a HGB keine Anwendung, wenn nur eine natürliche Person als Vollhafter fungiert.

h) Die Grunderwerbsteuer

81 Der Formwechsel ist grunderwerbsteuerlich neutral.

82 Die Immobilienpersonengesellschaft kann grunderwerbsteuerneutral übertragen werden, wenn
- innerhalb von 5 Jahre nicht mindestens 95 % neue Gesellschafter festzustellen sind, und
- keine Person und kein Organkreis mittel- oder unmittelbar zu mindestens 95 % Anteile an der Immobilienpersonengesellschaft hält.

Die Immobilienkapitalgesellschaft kann grunderwerbsteuerfrei übertragen werden, solange keine Person und kein Organkreis mittel- oder unmittelbar mindestens 95 % der Anteile hält.

Die Immobilienpersonengesellschaft kann Vorteile bieten, weil sie als Organgesellschaft im Sinne des § 1 Abs. 4 GrEStG jedenfalls dann ungeeignet ist, wenn zumindest eine natürliche Person beteiligt ist.

Das bei einer Immobilienkapitalgesellschaft oftmals verbleibende Risiko einer organisatorischen Eingliederung durch faktische Umstände außerhalb einer Geschäftsführungsidentität wird durch eine solche Immobilienpersonengesellschaft vermieden.

4. Einbringung in Personengesellschaft

83 Die Einbringung von Wirtschaftsgütern in Tochterpersonengesellschaften kann auf vielfältigste Art und Weise erfolgen.

Insbesondere können
- einzelne Wirtschaftsgüter,
- Anteile an Kapitalgesellschaften oder
- Mitunternehmeranteile an Personengesellschaften

gegen Gewährung von Gesellschaftsrechten oder ohne Gegenleistung in eine Personengesellschaft eingebracht werden.[74]

Ertragsteuerlich sind diese Vorgänge als Tauschgeschäft gewinnrealisierend, § 6 Abs. 6 Satz 1 EStG.

84 § 6 Abs. 5 Satz 3 EStG lässt eine steuerneutrale Übertragung eines Wirtschaftsgutes aus einem Betriebsvermögen in das Gesamthandsvermögen einer Personengesellschaft gegen Gewährung von Gesellschaftsrechten zu. Diese Buchwertverknüpfung ist rückwirkend zu versagen, wenn das übertragende Wirtschaftsgut innerhalb einer Sperrfrist von 3 Jahren veräußert oder entnommen wird, § 6 Abs. 5 Satz 4 EStG. Eine Gewinnrealisierung ist nach § 6 Abs. 5 Satz 5 EStG ebenfalls

---

[74] Die Übertragung eines Wirtschaftsgutes von der Muttergesellschaft in eine Tochter-Personengesellschaft kann jedenfalls keine Einlage im Sinne des § 6 Abs. 1 Nr. 5 EStG begründen. Eine Einlage in das Betriebsvermögen setzt voraus, dass zuvor Privatvermögen vorgelegen hat. Die unbeschränkt steuerpflichtige Kapitalgesellschaft verfügt jedoch ausschließlich über Betriebsvermögen, § 8 Abs. 2 KStG.

anzunehmen, soweit sich der Anteil einer Körperschaft an dem Wirtschaftsgut unmittelbar oder mittelbar innerhalb einer Sperrfrist von 7 Jahren erhöht.

Die Einbringung von Betrieben, Teilbetrieben oder Mitunternehmeranteilen ist nach § 24 Abs. 2 Satz 2 UmwStG ertragsteuerneutral möglich, wenn das deutsche Besteuerungsrecht am eingebrachten Betriebsvermögen weder ausgeschlossen noch beschränkt wird. Die Verwertung des eingebrachten Vermögens durch die Personengesellschaft innerhalb von 7 Jahren führt nach § 24 Abs. 5 Satz 1 UmwStG zu einer rückwirkenden Besteuerung des Einbringungsvorgangs. Dasselbe gilt, wenn eine Verwertung durch eine in § 22 Abs. 1 Satz 6 Nr. 1 bis 5 UmwStG beschriebene Transaktion erfolgt.

85

Die vorstehenden Einbringungsvorgänge können zu folgenden Gestaltungsansätzen genutzt werden:

a) Steuerneutrale Übertragung von einzelnen Wirtschaftsgütern unter Kapitalgesellschaften

§ 6 Abs. 5 Satz 3 EStG ermöglicht eine steuerneutrale Einbringung von Wirtschaftsgütern von einem Betriebsvermögen in das Gesamthandsvermögen einer Personengesellschaft. Unter Beachtung der Sperrfristen kann hiernach eine Einbringung des Mitunternehmeranteils in eine Kapitalgesellschaft erfolgen, um auf diesem Wege – unter Beachtung einer weiteren Sperrfrist im Rahmen des Einbringungsgewinnes I – eine steuerneutrale Überführung von Wirtschaftsgütern in eine Kapitalgesellschaft zu erreichen.[75]

86

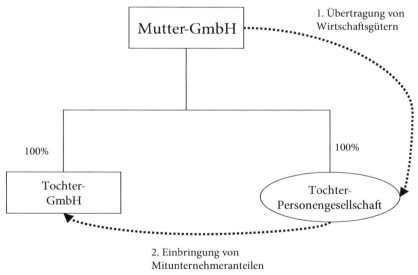

---

75 Im Falle einer ausländischen Gesellschaft mit inländischem Betriebsvermögen dürfte nach Finanzverwaltungsauffassung erforderlich sein, dass die ausländische Gesellschaft im Inland über eine Betriebsstätte verfügt, die nicht nur inländischem Recht genügt (§ 12 AO), sondern zugleich eine solche nach Maßstab der anzuwendenden DBA darstellt, vgl. Betriebsstättenerlass, 24. Dezember 1999, Rn. 1.2.1.1, anders wohl die Literatur vgl. etwa Piltz, Urteilsanmerkung DStR 2005, 173 ff.

b) Steuerneutrale Übertragung von Betrieben, Teilbetrieben und Mitunternehmeranteilen unter Kapitalgesellschaften

87 § 24 Abs. 2 Satz 2 UmwStG ermöglicht eine steuerneutrale Einbringung von Betrieben, Teilbetrieben und Mitunternehmeranteilen in eine Personengesellschaft. Soweit die Sperrfristen nach § 24 Abs. 5 UmwStG beachtet werden, kann der erlangte Mitunternehmeranteil steuerneutral nach § 20 Abs. 2 UmwStG in eine Tochterkapitalgesellschaft eingebracht werden. Sofern hiernach die erlangten Anteile nach Ablauf der Sperrfrist für einbringungsgeborene Anteile nach § 22 Abs. 1 UmwStG veräußert werden, kann das Halbeinkünfteverfahren ausgenutzt werden.

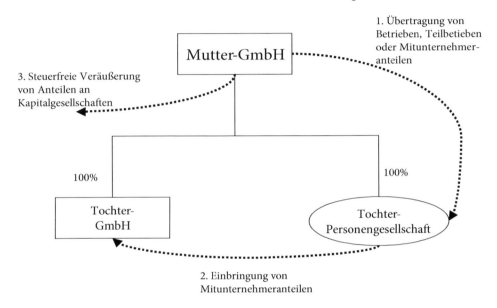

5. Einbringung in Kapitalgesellschaft

88 Die Einbringung von Wirtschaftsgütern in eine Kapitalgesellschaft wird steuerlich als gewinnrealisierender Tausch angesehen. Dies gilt auch für die sogenannte verdeckte Einlage, bei der kein Gesellschaftsanteil für die Übertragung des Wirtschaftsgutes gewährt wird, vgl. § 6 Abs. 6 Satz 2 EStG. Der Sinn und Zweck der strikten Trennung zwischen Kapitalgesellschaft und Gesellschafter besteht darin, die Überleitung voll steuerpflichtiger stiller Reserven auf nur nach dem Halbeinkünfteverfahren zu besteuernde Gewinne aus der Veräußerung von Kapitalgesellschaftsanteilen zu verhindern:

B. Besteuerung des Beteiligungskonzerns

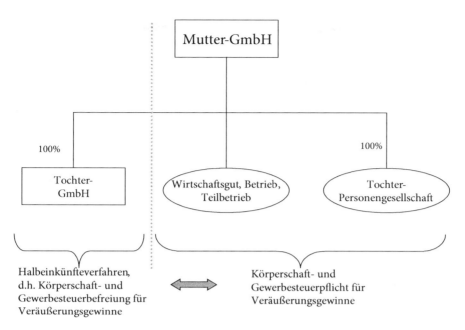

§ 20 Abs. 2 Satz 2 UmwStG erlaubt eine steuerneutrale Einbringung von   89
1. Betrieben,
2. Teilbetrieben oder
3. Mitunternehmeranteilen

gegen Gewährung von Gesellschaftsrechten in eine Kapitalgesellschaft,

1. wenn die Besteuerung des eingebrachten Vermögens bei der übernehmenden Körperschaft sichergestellt ist, § 20 Abs. 2 Satz 2 Nr. 1 UmwStG, und
2. soweit das übernommene Betriebsvermögen nicht negativ ist, und
3. wenn das deutsche Besteuerungsrecht weder beschränkt noch ausgeschlossen wird.

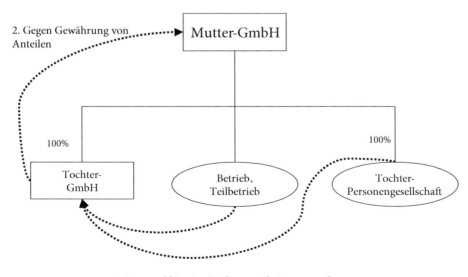

137

90 § 22 Abs. 1 Satz 1 UmwStG sieht eine rückwirkende Besteuerung vor, wenn der Anteilseigner die erhaltenen Anteile innerhalb von 7 Jahren veräußert oder schädlich im Sinne des Satzes 6 verwertet. Dieser rückwirkend anzusetzende Gewinn wird als Einbringungsgewinn I bezeichnet, der sich um ¹/₇ für jedes „gehaltene" Jahr reduziert.

Ein Einbringungsgewinn II entsteht nach § 22 Abs. 2 Satz 1 UmwStG, wenn die aufnehmende Kapitalgesellschaft das eingebrachte Betriebsvermögen innerhalb von 7 Jahren veräußert. Auch der Einbringungsgewinn II führt zu einer Besteuerung der im Zeitpunkt der Einbringung vorhandenen stillen Reserven, die sich – wie beim Einbringungsgewinn I – für jedes abgelaufene Jahr um ¹/₇ mindern, vgl. § 22 Abs. 2 Satz 3 UmwStG.

91 Die Systematik der Einbringungsgewinne kann im Überblick wie folgt dargestellt werden:

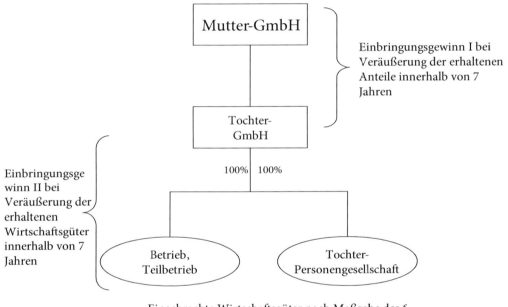

92 § 21 Abs. 1 Satz 2, Abs. 2 UmwStG erlaubt einen Buchwertansatz auch im Falle der Einbringung von Anteilen an einer Kapitalgesellschaft in eine Kapitalgesellschaft gegen Gewährung von Gesellschaftsrechten. Dieser Anteilstausch qualifiziert nur dann für die Buchwertverknüpfung, wenn die gewährten Gesellschaftsrechte zu einer Mehrheitsbeteiligung führen und das deutsche Besteuerungsrecht an den eingebrachten Anteilen nicht beschränkt oder ausgeschlossen wird:

B. Besteuerung des Beteiligungskonzerns

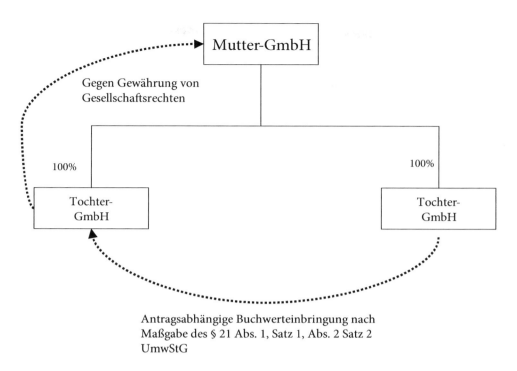

Die vorstehenden Einbringungsvorgänge können zu folgenden Gestaltungsansätzen genutzt werden:

a) Steuerbefreite Veräußerung von Betrieben, Teilbetrieben und Mitunternehmeranteilen

Die Einbringung von Betrieben, Teilbetrieben und Mitunternehmeranteilen kann steuerneutral durchgeführt werden. Nach Ablauf der 7 Jahres-Frist können die Anteile an der aufnehmenden Tochter-GmbH veräußert werden. Die Steuerbefreiung für Veräußerungsgewinne nach § 8b Abs. 2 KStG findet hierbei Anwendung, so dass nach § 8b Abs. 3 Satz 1 KStG nur die 5 % des Veräußerungsgewinne versteuert werden, die hiernach als nicht abzugsfähige Betriebsausgaben gelten.

93

b) Steuerbefreite Veräußerung von Wirtschaftsgütern

Wirtschaftsgüter können nicht steuerneutral auf Tochter-GmbHs übertragen werden. Der Tausch gegen Gesellschaftsrechte wie auch die verdeckte Einlage führen zu einer Gewinnrealisierung.

94

Die Wirtschaftsgüter können jedoch über den Umweg eines Teilbetriebes oder Mitunternehmeranteils steuerneutral eingebracht werden. Im Falle der Übertragung des Wirtschaftsgutes in das Gesamthandsvermögen einer Mitunternehmerschaft sind die vorstehend beschriebenen Fristen des § 6 Abs. 5 EStG zu beachten, deren Missachtung zu einer rückwirkenden Besteuerung des Übertragungsvorganges führen.

§ 4   Steuer- und Finanzfragen

Dagegen kann die Zuordnung eines Wirtschaftsgutes zu einem Teilbetrieb durch faktische Zuordnung erfolgen, ohne dass eine Übertragung vorliegt und eine Sperrfrist zu laufen beginnt. Ein Teilbetrieb setzt einen organisch geschlossenen Teil eines Gesamtbetriebs voraus, der selbständig lebensfähig ist. Diesem Teilbetrieb können einzelne Wirtschaftsgüter zugeordnet werden. Dieser Teilbetrieb kann anschließend nach den zuvor dargestellten Regeln übertragen werden.

c)   Grunderwerbsteuer

95   Die Übertragung von Grundstücken aus dem Vermögen der Muttergesellschaft in das ihrer Tochter-GmbH führt auch dann zur Grunderwerbsteuerpflicht, wenn das Grundstück Teil eines Teilbetriebes oder Betriebes ist. Das Eigentum wurde übertragen.

Die Übertragung von Mitunternehmeranteilen führt nach § 1 Abs. 2a GrEStG nur dann zur Grunderwerbsteuerpflicht bezüglich der Grundstücke im Gesamthandsvermögen, wenn die Personengesellschaft durch die Übertragung innerhalb einer Frist von 5 Jahren zu mindestens 95 % neue Gesellschafter erhalten hat. Dies ist z.B. nicht der Fall, wenn die aufnehmende Tochter-GmbH z.B. selbst seit 5 Jahre (oder seit Grunderwerb) an der Personengesellschaft beteiligt war.

Sofern durch die Übertragung nicht der Tatbestand des § 1 Abs. 2a GrEStG erfüllt wird, kann eine grunderwerbsteuerpflichtige Anteilsvereinigung nach § 1 Abs. 3 GrEStG entstehen. Eine Anteilsvereinigung liegt vor, wenn eine Person durch eine Übertragung zu mindestens 95 % aller Anteile an einer Gesellschaft in seiner Hand vereinigt. Dies wäre der Fall, wenn die Tochterpersonengesellschaft alle Anteile an der eingebrachten Personengesellschaft übernimmt. Dies wäre jedoch nicht der Fall, wenn die Muttergesellschaft einen – wenn auch geringfügigen – Anteil an der Personengesellschaft zurückhält.[76]

Die Einbringung von Anteilen an Tochter-GmbHs in andere (Schwester-) Tochter-GmbHs kann nur im Falle einer Anteilsvereinigung zu einer Grunderwerbsteuerpflicht führen. Eine Anteilsvereinigung entsteht, wenn die Tochter-GmbH durch die Übertragung zu mindestens 95 % der Anteile an der Schwester-GmbH übertragen bekommt.

6.   Einbringung in ausländische Holding

Ausländische Holdinggesellschaften sind aus verschiedenen Perspektiven zu betrachten und zu würdigen.

a)   Der Outbound-Fall

96   Im Outbound-Fall kann die Mutter-GmbH in Deutschland überlegen, ob sie ihre ausländischen Beteiligungen über eine ausländische Holdinggesellschaft oder aber direkt halten möchte:

---

[76] Schließlich hält die Muttergesellschaft dann noch einen (von zwei) Anteilen an der Personengesellschaft. Sie hält damit grunderwerbsteuerlich 50 % – und dies unabhängig von der Quote, die der zurückbehaltene Anteils am Vermögen der Personengesellschaft vermittelt.

B. Besteuerung des Beteiligungskonzerns

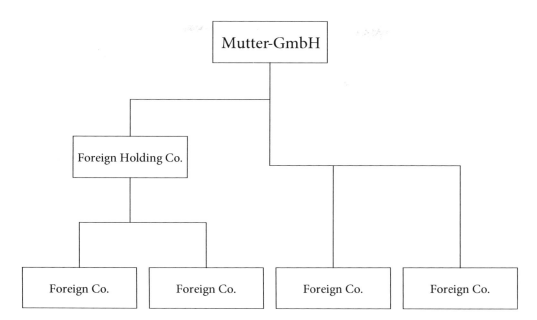

Die Foreign Holding Co. kann zu folgenden Gestaltungsansätzen genutzt werden:

aa) Vermeidung der Schachtelstrafe

Die Veräußerung von Beteiligungen an Kapitalgesellschaften ist nach § 8b Abs. 2 KStG von der Körperschaftsteuer befreit. § 8b Abs. 3 KStG erfasst jedoch 5 % des Veräußerungsgewinnes als nicht abzugsfähige Betriebsausgabe. Auf diese 5 % hat die deutsche Muttergesellschaft Körperschaft- und Gewerbesteuer zu bezahlen.

Die deutsche Steuerpflicht verbleibt auch nach Anwendung der Doppelbesteuerungsabkommen regelmäßig bestehen. Die Doppelbesteuerungsabkommen weisen das Besteuerungsrecht an Veräußerungsgewinnen regelmäßig dem Ansässigkeitsstaat des Veräußerers und damit in unserem Outbound-Fall Deutschland zu.

Diese Steuerpflicht, die sogenannte Schachtelstrafe, fällt nicht an, wenn die Foreign Holding Co. die Beteiligungen an den Foreign Cos veräußert. Die Foreign Holding Co ist nicht in Deutschland steuerpflichtig.[77]

bb) Verlustnutzung

Verluste aus Beteiligungen an Kapitalgesellschaften dürfen nach § 8b Abs. 3 Satz 3 KStG den Gewinn der Muttergesellschaft nicht mindern. Diese Handhabung entspricht vordergründig der Kehrseite der Medaille, nämlich der Steuerbefreiung der Veräußerungsgewinne. Jedoch berücksichtigt diese Schlussfolgerung nicht, dass es sich bei der Steuerbefreiung nach § 8b KStG nur um eine sogenannte technische Steuerbefreiung handelt. Die Steuerbefreiung dient nur zur Umsetzung des Halbeinkünfteverfahrens, wonach die „Hälfte der Steuer" auf der Ebene der Kapitalgesellschaft und die andere „Hälfte" auf der Ebene der letztlich die Erträge vereinnahmenden natürlichen Person besteuert werden soll. Die Kapitalgesellschaft bezahlt ihre „Hälfte" durch die bislang 25 %ige Körperschaftsteuer, wohingegen der Anteilseigner seine „Hälfte" durch die Anwendung der hälftigen Steuerbefreiung nach § 3 Nr. 40 EStG bezahlt. Insgesamt wird der Ertrag der Kapitalgesellschaft nur einmal besteuert. Diese Systematik geht nur auf, wenn Erträge einer

---
77 Im Falle von Dividendenausschüttungen ist § 50d Abs. 3 EStG zu beachten.

Kapitalgesellschaft steuerbefreit werden; sonst würde in einer Konzernkette nichts mehr beim Anteilseigner verbleiben:

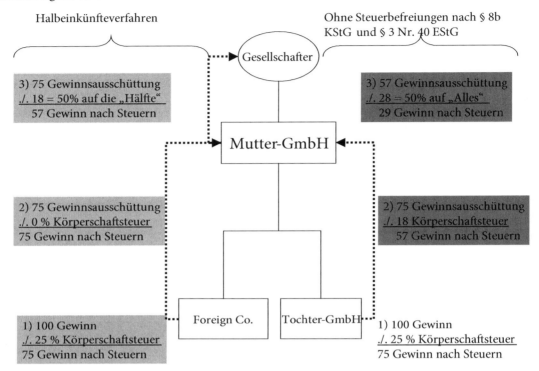

Diese Gegenüberstellung macht deutlich, dass eine Berücksichtigung von Verlusten aus Beteiligungen an Tochterkapitalgesellschaften steuerlich berücksichtigt werden muss. Nur dann ist das System geschlossen.

100 Zusätzlich zu dieser systematischen Konsequenz verbietet der deutsche Steuergesetzgeber in § 2a EStG die Geltendmachung ausländischer Verluste.[78]

Der Europäische Gerichtshof hat die Abzugsfähigkeit von Verlusten ausländischer Tochtergesellschaften im Falle von Marks & Spencer gefordert,[79] wenn und weil die Verluste der ausländischen Tochtergesellschaft definitiv wurden. Die EuGH-Rechtsprechung lässt viele Kommentatoren daran glauben, dass künftig auch in Deutschland eine Abzugsfähigkeit solcher Verluste Einzug halten wird oder muss.

101 ❗ Praxishinweis:

Wer sich hierauf nicht verlassen will, sollte bei der Wahl seiner ausländischen Foreign Holding Co in ein Land gehen, das einen Verlustausgleich gewährt, wenn denn die Investitionen in den Foreign Co´s fehlgehen. Österreich hat dies mit seiner Gruppenbesteuerung getan und viele deutsche Unternehmen angezogen.

Die Verlustverrechnung ist freilich nur dann steuerlich wirksam, wenn hierdurch steuerliche Gewinne und damit die (Konzern-) Steuerlast gemindert werden kann. Aus diesem Grunde durfte und darf sich Österreich auch auf die anschließende Verlagerung von Einkünften freuen.

---

78 Vgl. jetzt EuGH vom 29. März 2007, RS C-347/04 -REWE- Zentralfinanz, welcher Beschränkungen der § 2a EStG in Bezug auf Teilwertabschreibungen auf ausländische Beteiligungen für EG-widrig erklärte.
79 EuGH-Urteil vom 13. Dezember 2005, RS C-446/03.

In der Übersicht stellen sich diese Erwägungen wie folgt dar:

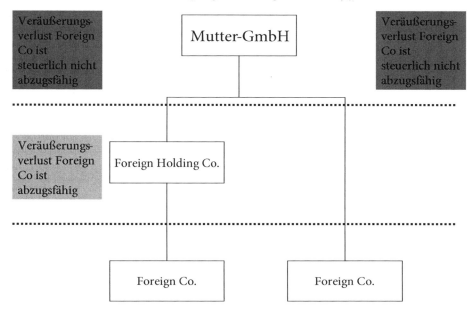

cc) Treaty-Shopping

Schließlich mag das Doppelbesteuerungsabkommen zwischen Deutschland und dem Land der Foreign Co nicht so vorteilhaft sein, wie es andere sind. In diesem Fall kann sich die Muttergesellschaft überlegen, ob sie sich nicht durch eine Foreign Holding Co die Vergünstigungen „eingekauft", die das Doppelbesteuerungsabkommen zwischen diesem Land und dem Foreign Co. Staat bietet:

102

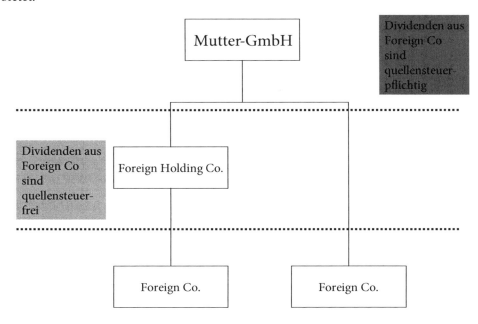

§ 4   Steuer- und Finanzfragen

103   Diese Erwägungen können durchaus auch auf den Fall der Repatriierung der Gewinne nach Deutschland anwendbar sein:

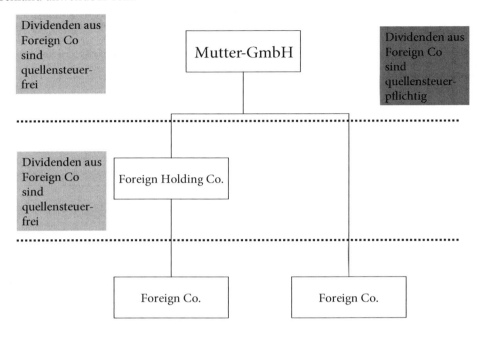

b)   Der Inbound-Fall

104   Auch der ausländische Investor wird seine Investitionsalternativen überdenken:

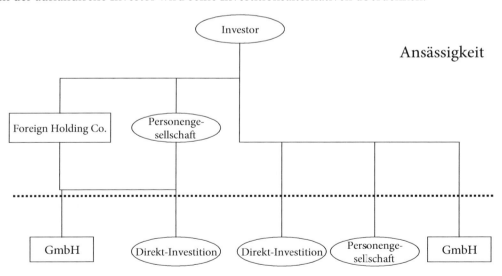

B. Besteuerung des Beteiligungskonzerns

Die Foreign Holding Co kann zu folgenden Gestaltungsansätzen genutzt werden:

aa) Treaty-Shopping

Das Ansässigkeitsland des Investors mag über kein vorteilhaftes Doppelbesteuerungsabkommen mit Deutschland verfügen, so dass sich auch der ausländische Investor überlegen wird, ob er durch Zwischenschaltung einer Kapitalgesellschaft in einem Dritt-Staat von einem günstigeren Doppelbesteuerungsabkommen dieses Dritt-Staats mit Deutschland Gebrauch machen kann:

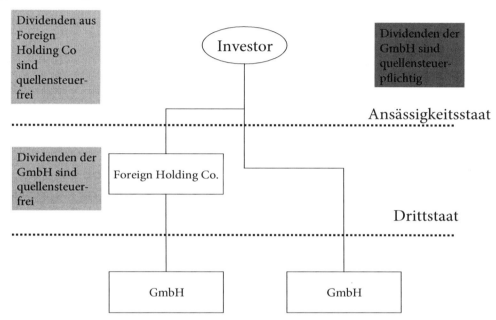

Diese Gestaltungen versucht der deutsche Gesetzgeber zu verhindern. Schließlich drohen ihm dadurch Kapitalertragsteuern zu entgehen, die ihm – ohne Zwischenschaltung einer Kapitalgesellschaft im Drittland – als abgeltende Steuereinnahme aus beschränkter Steuerpflicht gemäß § 49 Abs. 1 Nr. 5 a) EStG zustehen würden.

§ 50d Abs. 3 EStG ist eine wesentliche Vorschrift, die jedenfalls missbräuchliche Gestaltungen erfassen soll. Hiernach soll eine ausländische Kapitalgesellschaft keinen Anspruch auf eine Minderung der Kapitalertragsteuer haben, wenn

1. ihre Gesellschafter bei einer direkten Investition ohne Zwischenschaltung keine Minderung der Quellensteuer beanspruchen könnten, und
2. für die Einschaltung der ausländischen Gesellschaft wirtschaftlich oder sonst beachtliche Gründe fehlen,

oder

3. die ausländische Gesellschaft nicht mehr als 10 % ihrer gesamten Bruttoerträge des betreffenden Wirtschaftsjahres aus eigener Wirtschaftstätigkeit erzielt,

oder

4. die ausländische Gesellschaft nicht mit einem für ihren Geschäftszweck angemessenen eingerichteten Geschäftsbetrieb am allgemeinen wirtschaftlichen Verkehr teilnimmt.

Diese Regelung ist umstritten. Sie scheint im Widerspruch zu europarechtlichen Erfordernissen zu stehen, weil der EuGH mitgliedstaatliche Missbrauchsvorschriften nur bei Gestaltungen und Gesellschaften akzeptiert, die „wholly artificial" sind.[80]

107 Darüber hinaus beschränkt § 50d Abs. 3 EStG auch die Ansprüche der Steuerpflichtigen, die ihnen in einem Doppelbesteuerungsabkommen gewährt werden. Das Doppelbesteuerungsabkommen wird insoweit durch einen deutsche Gesetzgebungsakt einseitig verändert. Dieses Übertrumpfen eines völkerrechtlichen Vertrages wird als Treaty override bezeichnet.

Der Treaty Override wird deutsch-rechtlich allgemein als zulässig angesehen, weil das Doppelbesteuerungsabkommen nach deutschem Verständnis nichts anderes als ein einfaches Bundesgesetz ist, das durch jedes nachfolgende Bundesgesetz verändert werden kann.[81] Die Berufung eines (ausländischen) Steuerpflichtigen auf einen hiernach verbleibenden völkerrechtlichen Vertrag wird ausgeschlossen. Dieses Verständnis ist verfassungs- und europarechtlich in der Kritik.

Jedoch muss der (beschränkt) Steuerpflichtige bis zu einer Entscheidung mit der Anti-Treaty-Shopping Vorschrift des § 50d Abs. 3 EStG leben und seine Gestaltungen hierauf einstellen.[82]

bb) FinCo

108 Die deutsche Steuerbelastung mag dem ausländischen Investor als zu hoch erscheinen. Er wird daher erwägen, die deutschen Einkünfte durch eine konzerninterne Fremdfinanzierung zu mindern:

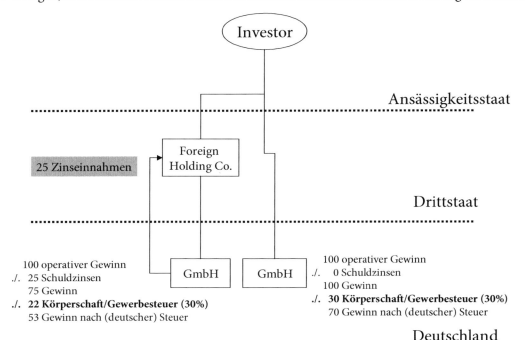

---

80 Vgl. insbesondere die Cadburry-Schweppes Entscheidung des EuGH, C-196/04.
81 Vgl. etwa BFH, BStBl 1995 II 129; BFH 1995 II 781; Schaumburg, Internationales Steuerrecht, 3.26 f mwN pro und kontra, ausführlich Kempf/Bandl DB 2007, Btt. ff.
82 Zu Einzelheiten der Finanzverwaltungsauffassung vgl. BMF v. 03. April 2004, DB 2007, 997.

B. Besteuerung des Beteiligungskonzerns

Die Minderung deutschen Steuersubstrates insbesondere durch (Konzern-)interne Finanzierungsgestaltung ist seit vielen Jahren ein zentrales Element der internationalen Steuergestaltung und der nationalen Missbrauchsgesetzgebung.

Bis einschließlich 2007 versucht der Gesetzgeber durch die Vorschrift des § 8a KStG Missbräuche zu verhindern. § 8a KStG qualifiziert abzugsfähige Schuldzinsen in nicht abzugsfähige (verdeckte) Gewinnausschüttung um, wenn

- entweder eine gewinnabhängige Vergütung vereinbart ist, oder
- aber ein angemessenen Verhältnis zwischen Eigen- und Fremdkapital überschritten ist (sogenannter Safe Haven).

Einzelheiten der Vorschriften waren von steter Rechtsunsicherheit und Gestaltungsmaßnahmen betroffen, so dass sich der Gesetzgeber im Rahmen der Unternehmensteuerreform 2008 zu einer so genannten Zinsschranke entschlossen hat.

Die Zinsschranke lässt Schuldzinsen nur zum Abzug zu,

- wenn die jährliche Zinsbelastung insgesamt unter 1 Mio. € liegt, oder
- wenn ansonsten die Zinsbelastung 30 % des EBITDA überschreitet und der Steuerpflichtige sich nicht auf eine korrespondierende Konzern-Fremdkapitalquote berufen kann.

c) Der Verlagerungs-Fall

Eine ausländische Holdinggesellschaft könnte auch für den unbeschränkt steuerpflichtigen Gesellschafter relevant sein. Die Foreign Holding Co kann zu folgenden Gestaltungsansätzen genutzt werden:

aa) Finanzierungs-Holding Company

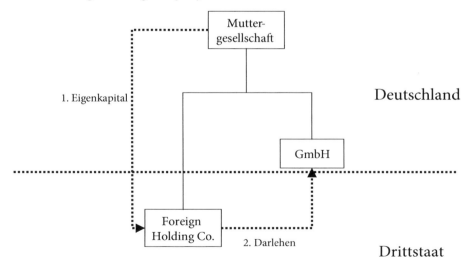

Eine solche Finanzierungsgestaltung kann dazu dienen, bei den inländischen Gesellschaften abziehbare Schuldzinsen zu schaffen. Sofern diese Zinszahlungen bei der Foreign Holding Co. steuerlich günstiger vereinnahmt werden können, entsteht ein steuerlicher Vorteil im Konzern.

111 Die inländische GmbH hat durch den Abzug von Schuldzinsen ihren steuerpflichtigen Gewinn gemindert und damit bis ab 2008 15 % Körperschaftsteuer und – je nach Standort – auch 15 % Gewerbesteuer gespart. Die Muttergesellschaft kann Dividenden grundsätzlich nach § 8b Abs. 1 KStG weitgehend steuerfrei vereinnahmen. Soweit damit die Foreign Holding Co. im Ausland weniger Steuern auf ihre Zinseinnahmen zahlen muss, als die GmbH Steuern gespart hat, hat sich eine Steuerersparnis ergeben.

Diese Gestaltung ist dem Gesetzgeber ein Dorn im Auge. Zum einen hat der Gesetzgeber versucht, den Schuldzinsenabzug insgesamt zu limitieren. Bis zum 31.12.2007 versucht die Vorschrift des § 8a KStG den Schuldzinsenabzug zu limitieren, indem Schuldzinsen in nicht abzugsfähige Gewinnausschüttungen umqualifiziert werden, wenn Gesellschafterdarlehen den so genannten Safe Haven (1,5 fache des Eigenkapitals) überschreiten. Ab 2008 wird dies durch die Zinsschranke versucht, wonach der Schuldzinsenabzug grundsätzlich auf 30 % des EBITDA beschränkt wird.

112 Der vorstehende Sachverhalt wird auch über das Außensteuergesetz angegriffen. Die Hinzurechnungsbesteuerung bewirkt, dass das Einkommen einer Zwischengesellschaft dem Gesellschafter anteilig zuzurechnen ist. Diese in § 7 Abs. 1 AStG geregelte Rechtfolge greift ein, wenn mehrheitlich unbeschränkt Steuerpflichtige an einer Zwischengesellschaft im niedrig besteuerten Ausland beteiligt sind. Eine Zwischengesellschaft ist in § 8 AStG definiert und vorwiegend durch passive Einkünfte gekennzeichnet.

bb) Verlagerungs-Foreign Holding Co.

113 Die Verlagerung von Einkünften ins Ausland – oder gar die gezielte Entwicklung von Einkünfte im Ausland – kann dieselben Effekte begründen, wie es bei der Finanzierungsgestaltung über eine Foreign Holding Co dem System nach aufgezeigt wurde:

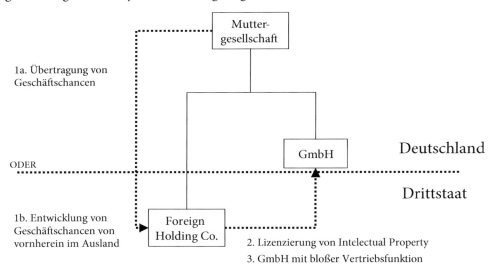

Diese Gestaltungen können zum einen die Funktion haben, das in Deutschland steuerpflichtige Einkommen der GmbH um (Lizenz-) Ausgaben zu mindern. Sie können zum anderen die Funktion haben, die Einkunftsquelle in Deutschland von vornherein zu mindern oder im Ausland zu belassen.[83]

---

83 Sog. Funktionsverlagerung i.S.v. § 1 Abs. 3 Satz 9 AStG.

Soweit hiermit Einkünfte in einem steuerlich günstigeren Drittstaat anfallen, wird eine Steuerersparnis erzielt. Schließlich können die im Drittstaat günstig besteuerten Einkünfte der Foreign Holding Co. über die weitgehend nach § 8b Abs. 1 KStG steuerbefreiten Dividenden ins Inland transferiert werden.

Diesen Gestaltungen erwehrt sich der Gesetzgeber auf vielfältige Weise:

1. Die Überführung von Wirtschaftsgütern ins Ausland führt zu einer Gewinnrealisierung. Dies gilt damit auch für Rechte und damit auch für Intellectual Property.
2. Die Übertragung von Wirtschaftsgütern auf Kapitalgesellschaften führt zur Gewinnrealisierung.
3. Selbiges gilt nunmehr auch für die Übertragung von Geschäftschancen aus Deutschland heraus. Darüber hinaus erfasst § 1 AStG ab 2008 nicht nur die Übertragung, sondern auch die unterlassene Wahrnehmung von Geschäftschancen.
4. Nach wie vor steht die Hinzurechnungsbesteuerung zur Verfügung, um der Muttergesellschaft als Steuerinländer die Einkünfte der ausländischen Zwischengesellschaft direkt hinzurechnen.
5. Nicht zuletzt hat der Gesetzgeber erkannt, dass nur die Absenkung der deutschen Steuerbelastung den Anreiz für solche Gestaltungen mindern oder ausschließen kann. Ein wesentlicher Schritt wurde mit der Absenkung der Körperschaftsteuer auf 15 % ab 2008 erreicht.

C. Besonderheiten bei der Besteuerung des Organschaftskonzerns

I. Grundsätzliches

1. Geschichtliche Entwicklung

Die Organschaftsbesteuerung geht auf eine Rechtsprechung des PreußOVG aus dem Jahre 1909 zur Gewerbesteuer zurück. Das Gericht hatte eine Organgesellschaft trotz rechtlicher Selbständigkeit als Angestellte des Organträgers eingeordnet auf diese Art und Weise konnte eine Doppelbelastung mit Gewerbesteuer vermieden werden. Der RFH übertrug 1922 diese Rechtsprechung auf den Bereich des Körperschaftsteuerrechts. Es wurden schließlich von RFH und BFH die klassischen Merkmale insbesondere der dreigeteilte Eingliederungsbegriff herausgearbeitet. Zusätzlich erfordert die körperschaftssteuerliche Organschaft das Vorliegen eines Gewinnabführungsvertrages. Der Gesetzgeber hat bereits im Jahr 1934 die Möglichkeit einer umsatzsteuerlichen Organschaft im Gesetz verankert. Diese hatte große Bedeutung, da das Prinzip des Vorsteuerabzugs erst 1968 eingeführt wurde. Es konnte vermieden werden, dass auf jeder Stufe Umsatzsteuer anfällt. Kurz darauf 1936 wurde auch die gewerbesteuerliche Organschaft im Gesetz angelegt.

Wesentlich später mit dem Gesetz zur Änderung des Körperschaftsteuergesetzes vom 15.08.1969 wurde auch im Bereich der Körperschaftsteuer das Institut der Organschaft im Gesetz geregelt. Die Regelungen zur Organschaft wurden über viele Jahre inhaltlich nicht verändert. Die zunächst als § 7a KStG eingeführte Regelung wurde im Zuge der Steuerreform 1977 inhaltsgleich in den

§ 14 KStG überführt.[84] In den letzten Jahren kam es hingegen zu einer Fülle von Veränderungen. Durch die Abschaffung der Notwendigkeit einer wirtschaftlichen und organisatorischen Eingliederung kam es zu einer Vereinfachung. Es wurde auch der Versuch unternommen die nationale Begrenzung der Organschaftsregeln zu relativieren. Dies geschah durch die Aufgabe des doppelten Inlandsbezugs im Wege einer Neufassung von § 14 Abs. 1 Nr. 2 KStG. Nach § 14 Abs. 1 Nr. 2 a.F. KStG war erforderlich, dass sich Sitz und Geschäftsleitung des Organträgers im Inland befinden müssen. Die aktuelle Fassung des Gesetzes erfordert hingegen nur noch, dass sich die Geschäftsleitung im Inland befindet. Das Grundkonzept der Organschaftsbesteuerung basiert aber weiterhin auf der Vorstellung, dass eine Gesellschaft nur dann Zugang zu einem deutschen Organkreis erhalten soll, wenn Deutschland auch für die Gesellschaft die Besteuerungshoheit besitzt (sog. Territorialprinzip). Damit verläuft weiterhin die „Organschaftsgrenze" für die am Organkreis teilnehmenden Gesellschaften entlang der Besteuerungshoheit Deutschlands.[85]

2. Verhältnis der Organschaft in den einzelnen Rechtsgebieten zueinander

118 Eine Organschaftsbesteuerung ist im Bereich der Körperschaftssteuer, der Gewerbesteuer und der Umsatzsteuer bekannt. Im Bereich der Grunderwerbsteuer ist weiterhin ein organschaftsähnlicher Tatbestand bekannt. Nachdem lange Zeit die Tatbestandsmerkmale in den einzelnen Steuerarten unterschiedlich ausgestaltet waren besteht derzeit ein Gleichklang im Bereich des Ertragsteuerrechts. § 2 Abs. 2 GewStG bindet die Rechtsfolgen der gewerbesteuerlichen Organschaft daran, dass eine Organgesellschaft im Sinne des Körperschaftsteuerrechts vorliegt. Die Grundvoraussetzungen im Bereich der ertragsteuerlichen Organschaft ist das Vorliegen einer finanziellen Eingliederung (mehrheitliche Beteiligung) der Organgesellschaft in den Organträger, sowie das Bestehen eines Ergebnisabführungsvertrages zwischen den beiden.

Demgegenüber ist im Bereich der Umsatzsteuer weiterhin der klassische dreigeteilte Eingliederungstatbestand maßgeblich. Es ist weiterhin abweichend zum Ertragsteuerrecht nicht das Vorliegen eines Ergebnisabführungsvertrages erforderlich. Die in den letzten Jahren im Bereich des Ertragsteuerrecht zu beobachtenden Tendenzen zu Rechtsvereinfachung werden durch diese Zersplitterung relativiert. In der Praxis wird ganz überwiegend ein Organschaftsverhältnis sowohl im Bereich des Ertragsteuerrechts als auch im Bereich des Umsatzsteuerrechts angestrebt. Um dies zu erreichen ist nach wie vor das Vorliegen einer Eingliederung im Sinne des dreigeteilten Eingliederungstatbestandes und das Bestehen eines Ergebnisabführungsvertrages erforderlich.

119 Im deutschen Steuerrecht treten die Rechtsfolgen der Organschaft zwingend ein soweit die Tatbestandsvoraussetzungen vorliegen. Insbesondere im Bereich der Umsatzsteuer kann es durchaus dazu kommen, dass ungewollt ein Organschaftsverhältnis begründet wird. Im Ertragsteuerrecht ist dies weniger wahrscheinlich, da der in diesem Zusammenhang erforderliche Ergebnisabführungsvertrag nahezu ausschließlich aus steuerlichen Gründen, also um ein Organschaftsverhältnis zu begründen, abgeschlossen wird.

120 Im Zusammenhang mit den Rechtsfolgen eines Organschaftsverhältnisses sind in allen Rechtsgebieten deutliche Unterschiede zu beobachten. Im Bereich der körperschaftsteuerlichen Organschaft kommt es zu einer Einkommenszurechnung von der Organgesellschaft auf den Organträger. Organgesellschaft und Organträger behalten jedoch ihre Eigenschaft als eigenständige

---
84 Ausführlich zur geschichtlichen Entwicklung Jurkat, S. 88 ff.
85 Zur weiteren Entwicklung der körperschaftsteuerlichen Organschaft, Kolbe in: H/H/R, § 14 KStG, Anm. 2 ff.

Steuersubjekte. Im Bereich der Gewerbesteuer wird die Organgesellschaft als Betriebsstätte des Organträgers behandelt. Im Bereich der umsatzsteuerlichen Organschaft verliert die Organgesellschaft ihre Unternehmereigenschaft, als Unternehmer gilt nur noch der Organträger.

II. Die körperschaftssteuerliche Organschaft

1. Vor- und Nachteile

Unabhängig vom Wechsel vom Anrechnungsverfahren auf das Halbeinkünfteverfahren ist im Bereich der Körperschaftssteuer der tragende Vorteil eines Organschaftsverhältnisses unverändert geblieben.[86] Dieser Vorteil liegt in der Möglichkeit der Saldierung von Gewinnen und Verlusten zwischen den Beteiligten eines Organschaftskreises. Ein Organschaftsverhältnis bringt daher insoweit kaum Vorteile, soweit alle Beteiligten Gewinn erwirtschaften, bzw. alle am Organkreis beteiligen Rechtssubjekte Verluste einfahren. Vorteile ergeben sich in erster Linie soweit ein Zusammentreffen von Rechtsträgern mit einem positiven zu versteuernden Einkommen mit Rechtsträgern welche Verluste erwirtschafteten stattfindet.

Ein weiter Vorteil eines Organschaftsverhältnisses besteht darin, dass § 8b Abs. 5 KStG keine Anwendung findet. Die Fiktion dieser Vorschrift ordnet an, dass im Fall einer nach § 8b Abs. 1 KStG steuerfreien Ausschüttung 5 Prozent der Bezüge als nicht abziehbare Betriebsausgaben zu behandeln sind. Eine Gewinnabführung im Rahmen eines Organschaftsverhältnisses erfährt eine solche pauschale Belastung nicht.

Diese per Fiktion angeordnete Behandlung als nicht abziehbare Betriebsausgaben hat der Gesetzgeber mit Wirkung ab dem Veranlagungszeitraum 2004 angeordnet. Zeitgleich ist festgelegt worden, dass § 3c EStG keine Anwendung mehr findet für Ausschüttungen im Rahmen des § 8b KStG. Der Wortlaut von § 8b Abs. 5 S. 2 KStG bringt dies nun explizit zum Ausdruck. Die Anwendung von § 3c EStG hatte bis dahin bedeutet, dass der Empfänger von gemäß § 8a Abs. 1 KStG steuerfreien Dividenden keine im Zusammenhang stehenden Betriebsausgaben (insbesondere keine Finanzierungskosten) geltend machen konnte. Bezogen auf Veranlagungszeiträume bis einschließlich 2003 ist damit ein Vorteil eines Organschaftsverhältnisses auch darin zu sehen, dass § 3c EStG keine Anwendung findet auf Einkommenszurechnungen der Organgesellschaft auf den Organträger.

Weiterhin ist der Umstand, dass die Weitergabe von Gewinnen keinen Liquiditätsnachteil durch die Abführung von KapESt nach sich zieht als positiver Umstand zu werten, welcher für die Eingehung eines Organschaftsverhältnisses spricht.

Gegen die Eingehung eines körperschaftssteuerlichen Organschaftsverhältnisses spricht die Notwendigkeit aufwendiger zivilrechtlicher Konstruktionen. Der erforderliche Abschluss eines Ergebnisabführungsvertrages ist wie in § 2 o. dargestellt an weitgehende formale Voraussetzungen gebunden und birgt ein hohes Fehlerpotential.

Organgesellschaft und Organträger gehen hohe Risiken ein. Der Organträger bleibt auch nach Beendigung des Organschaftsverhältnisses im Hinblick auf § 302 Abs. 3 AktG verpflichtet, Verluste der Organgesellschaft zu tragen. Die Organgesellschaft haftet für die Steuern des Organträgers im Rahmen des § 73 AO. Die Konstruktion ist unflexibel, da eine 5 jährige Bindung an den Ergebnisabführungsvertrag ein Tatbestandsmerkmal der körperschaftssteuerlichen Organschafts-

---

[86] Zu den Vor- und Nachteilen, Kolbe in: H/H/R, § 14 KStG, Anm. 10.

besteuerung darstellt. Bei vorzeitiger Beendigung kann das Organschaftsverhältnis mit Wirkung für die Vergangenheit entfallen.

Es besteht weiterhin das Risiko, dass die Einbindung in einen Vertragskonzern Grunderwerbsteuer auslöst.

Einen Nachteil, der die Begründung eines Organschaftsverhältnisses bisher mit sich brachte, hat der Gesetzgeber in jüngster Zeit korrigiert. Das Minerungspotenzial der Organgesellschaften war bisher gemäß § 37 KStG blockiert und konnte nicht genutzt werden.

Ab dem Veranlagungszeitraum 2008 werden nunmehr auch Organgesellschaften in den Genuss kommen können eine auf 10 Jahre verteilte Auszahlung des Körperschaftsteuerguthabens gemäß § 37 Abs. 5 KStG zu bekommen.[87]

> **Praxishinweis:**
> *Ein Organschaftsverhätnis eröffnet zwar die Möglichkeit zur Saldierung von Gewinnen und Verlusten birgt aber auch hohe Risiken sowohl für den Organträger als auch die Organgesellschaften.*

2. Tatbestandsmerkmale

a) Grundsätzliches

124 Die körperschaftssteuerliche Organschaft ist nach aktuellem Rechtszustand an zwei zentrale Voraussetzungen gebunden. Diese sind das Bestehen einer finanziellen Eingliederung und das Vorliegen eines Ergebnisabführungsvertrages zwischen Organ und Organträger. Neben den beiden zentralen Voraussetzungen enthält das Gesetz jedoch eine Fülle weiterer Tatbestandsmerkmale bzw. Einschränkungen welche erforderlich sind um die Organschaftsbesteuerung durchführen zu können. Die Nichtbeachtung dieser Vorgaben führt nicht immer zum Scheitern des Organschaftsverhältnisses. Das sog. „double dipp" Verbot des § 14 Abs. 1 Nr. 5 KStG soll lediglich bestimmte Verluste von der steuerlichen Berücksichtigungsfähigkeit im Rahmen eines Organschaftsverhältnisses ausschließen. Der Richtliniengeber hat in Abschn. 57 ff. KStR 2004 umfangreiche Verwaltungsanweisungen zur körperschaftssteuerlichen Organschaft vorgegeben.

b) Die Organgesellschaft

125 Die Möglichkeit als Organgesellschaft aufzutreten hat der Gesetzgeber den Kapitalgesellschaften vorbehalten. Nur juristische Personen haben damit diese Möglichkeit. Die Grundvorschrift zur körperschaftssteuerlichen Organschaft § 14 Abs. 1 S.1 KStG sieht lediglich für die Europäische Gesellschaft, die AG und die KGaA die Möglichkeit vor, als Organgesellschaft aufzutreten.

Unter den Voraussetzungen des § 17 KStG sieht das Gesetz eine Ausdehnung auf alle Kapitalgesellschaften vor. Von dieser Regelung wird in erster Linie die GmbH erfasst.

> **Praxishinweis:**
> *Bei der GmbH & Co. KG handelt es sich um eine Personengesellschaft, sie kann daher nicht als Organgesellschaft auftreten.*

---

87 Die Regelung wurde eingefügt mit dem SeStEG v. 07. Dezember 2007, BGBl. I 2782.

Die Vorgesellschaft, welcher nur noch die Eintragung im Handelsregister fehlt um als juristische Person zu entstehen, gilt als wesensgleich mit der später entstehenden Gesellschaft. Nach nahezu einhelliger Auffassung kann daher bereits eine Vorgesellschaft die Position einer Organgesellschaft einnehmen. Demgegenüber wird bei der Vorgründungsgesellschaft bei welcher auch noch keine notariell beurkundete Satzung vorliegt davon ausgegangen, dass hier noch eine Personengesellschaft vorliegt. Nach überwiegender Auffassung ist es in diesem Gründungsstadium noch nicht möglich, als Organgesellschaft tätig zu werden.[88]

Strittig ist ob auch ausländische Gesellschaftsformen welche den deutschen Kapitalgesellschaften entsprechen als Organträger auftreten könnten, soweit sich Sitz und Geschäftsleitung im Inland befinden. Man wird dies zumindest, soweit es sich um Gesellschaften handelt, welche unter dem Recht eines anderen EU-Staates gegründet wurden, zugestehen müssen.[89]

§ 14 Abs. 1 einleitender Satz KStG erfordert nach wie vor, dass sich Sitz und Geschäftsleitung der Organgesellschaft im Inland befinden.[90] Diese im Gesetz vorgesehene doppelte Inlandsanbindung der Organgesellschaft wird im Hinblick auf die in der EU bestehende Niederlassungsfreiheit kritisch bewertet. Gemäß § 10 AO befindet sich die Geschäftsleitung an dem Ort an dem sich der Mittelpunkt der Geschäftsleitung befindet, also dort wo die prägenden Entscheidungen getroffen werden. Der Sitz wird in der Satzung der Kapitalgesellschaft festgelegt. Grundsätzlich ist die Gesellschaft insoweit frei, jedoch werden in § 4a GmbHG bzw. § 5 AktG insoweit Einschränkungen vorgenommen, dass Bezüge zum Ort an dem sich der Sitz befindet bestehen müssen. Überwiegend wird davon ausgegangen, dass von der Körperschaftsteuer befreite Körperschaften (z.B. wegen Gemeinnützigkeit gemäß § 5 Abs. 1 Nr. 9 KStG) nicht als Organgesellschaft auftreten können.

c) Versicherungsunternehmen als Organgesellschaften (§ 14 Abs. 2 KStG)

Gemäß § 14 Abs. 2 KStG können Gesellschaften, welche als Lebens- oder Krankenversicherungsunternehmen einzustufen sind, nicht als Organgesellschaft auftreten. Diese ab dem Veranlagungszeitraum 2002 anwendbare Sonderregelung hat der Gesetzgeber eingeführt, um zu verhindern, dass die steuerlich verlustträchtigen Lebens- und Krankenversicherungen Organschaftsverhältnisse zu den häufig gewinnträchtigen Sachversicherungen eingehen. Es wird zwar z.T. von einer einseitigen Benachteiligung einer Branche gesprochen, jedoch hat das BVerfG eine entsprechende Verfassungsbeschwerde nicht angenommen. Im Ergebnis wird der bis zum Veranlagungszeitraum 2000 geltende Rechtszustand wieder eingeführt. Auf der Grundlage des in dieser Branche geltenden Spartentrennungsgebots ist in der Vergangenheit ein Organschaftsverhältnis daran gescheitert, dass eine organisatorische Eingliederung in eine solche Versicherungsgesellschaft nicht möglich war.[91]

---

88 Vgl. Witt in: Dötsch/Eversberg/Pung/Witt, § 14 KStG, Rn. 56.
89 Vgl. Schmidt/Müller/Stöcker, S. 49 f.
90 Dazu Schmidt/Müller/Stöcker, S. 50 f.
91 Vgl. zu § 14 Abs. 2 KStG Hey in: H/H/R, § 14 KStG, Anm. 292 ff.

d) Der Organträger

129 Im Gegensatz zur Organgesellschaft enthält das Gesetz keine Einschränkungen zur Rechtsform des Organträgers: Prinzipiell können daher natürliche Person, Kapitalgesellschaft oder Personengesellschaften die Stellung eines Organträgers ausfüllen.

Das Gesetz erfordert jedoch gemäß § 14 Abs. 1 einleitender Satz KStG, dass es sich bei dem Organträger um ein gewerbliches Unternehmen handeln muss.

Ein Unternehmen ist prinzipiell als gewerblich einzustufen sofern es einer gewerblichen Tätigkeit im Sinne des § 15 Abs. 2 S.1 EStG nachgeht. Zu beachten ist jedoch, dass gemäß § 2 Abs. 2 S.1 GewStG die Tätigkeit von Kapitalgesellschaften stets und in vollem Umfang als Gewerbebetrieb gilt. Es ist allgemeine Ansicht, dass diese Fiktion auch im Bereich der körperschaftsteuerlichen Organschaft maßgeblich ist. Zu beachten bleibt jedoch, dass Personengesellschaften und natürliche Personen einer gewerblichen Tätigkeit nachgehen müssen um als Organträger auftreten zu können. Es ist nicht ausreichend, wenn es sich bei einer Personengesellschaft um eine sogenannte gewerblich geprägte Personengesellschaft im Sinne des § 15 Abs. 2 Nr. 2 EStG handelt.[92]

> **Praxishinweis:**
> *Kapitalgesellschaften gelten per Fiktion stets als gewerblich; natürliche Personen oder Personengesellschaften müssen eine gewerbliche Tätigkeit ausüben. Holdinggesellschaften können damit problemlos als Organträger auftreten, sofern sie in der Rechtsform einer Kapitalgesellschaft organisiert sind.*

130 § 14 Abs. 1 Nr. 2 KStG macht weitere Vorgaben um als Organträger auftreten zu können.

Es ist zunächst erforderlich, dass es sich bei dem Organträger um eine unbeschränkt steuerpflichtige und keinen Steuerbefreiungen unterliegende Rechtspersönlichkeit handelt. Soweit der Organträger beschränkt steuerpflichtig ist, kommt lediglich in sehr eingeschränktem Maße eine Organschaft im Rahmen des § 18 KStG in Betracht.

Bis einschließlich Veranlagungszeitraum 2000 verlangt § 14 Abs. 1 Nr. 2 KStG, dass der Organträger, soweit es sich um eine Kapital- oder Personengesellschaft handelt, Sitz und Geschäftsleitung im Inland unterhalten muss. Der Gesetzgeber hat jedoch schließlich den doppelten Inlandsbezug des Organträgers aufgegeben. In der aktuellen Fassung des Gesetztes ist es daher ausreichend, wenn sich die Geschäftsleitung einer Personen- oder Kapitalgesellschaft im Inland befindet. Die Erleichterung hat der Gesetzgeber vorgenommen, um in beschränktem Maße eine Internationalisierung zu ermöglichen. Es ist damit grundsätzlich denkbar, dass auch ausländische Gesellschaften als Organträger tätig werden können. Möglich erscheint dies jedoch nur, wenn die ausländische Gesellschaft den Ort der Geschäftsleitung in Deutschland unterhält und damit unbeschränkt steuerpflichtig ist.

e) Sonderproblem Mehrmütterorganschaft

131 Die Rechtsprechung hatte schon frühzeitig die Möglichkeit zuerkannt, dass auch mehrere Rechtsträger als Organträger auftreten können, soweit sie sich über eine Personengesellschaft zum Zwecke der einheitlichen Willensbildung gegenüber der Organgesellschaft zusammenschließen. Diese Möglichkeit ist im Rahmen des UntStFG v. 20.12.2001 durch die Einfügung von § 14 Abs. 2 a.F. KStG gesetzlich geregelt worden, mit Wirkung für alle früheren Zeiträume. Eine besondere

---
[92] Dazu ausführlich Kolbe in: H/H/R, § 14 KStG, Anm. 58 ff.

Regelung war erforderlich, da die Personengesellschaft als solches nicht gewerblich tätig ist, denn sie dient nur der einheitlichen Willensbildung. Die Rechtsprechung bzw. später der Gesetzgeber hat dennoch die Möglichkeit eingeräumt, dass eine solche Personengesellschaft als Organträger auftritt, soweit jeder der beteiligten Gesellschaften ein gewerbliches Unternehmen unterhält. Der Gesetzgeber hat jedoch bereits ein Jahr später die Möglichkeit einer Mehrmütterorganschaft völlig ausgeschlossen. Ursache für diese Maßnahme des Gesetzgebers war die Rechtsprechung des BFH. Dieser hatte im Zusammenhang mit der gewerbesteuerlichen Organschaft gegen die Auffassung der Verwaltung entschieden, dass als Organträger im Fall der Mehrmütterorganschaft nicht die Personengesellschaft als solche, sondern die Gesellschafter dieser Personengesellschaft anzusehen seien.[93] Die bisher maßgebliche Ansicht der Verwaltung hatte zur Folge, dass eine Saldierung der Verluste der Organgesellschaft bei den Gesellschaftern der Personengesellschaft nur in körperschaftsteuerlicher Hinsicht möglich war. Im Bereich der Gewerbesteuer waren hingegen nach Ansicht der Verwaltung die Verluste bei der Personengesellschaft „gefangen". Die abweichende Sicht des BFH hatte demgegenüber zur Folge, dass auch in gewerbesteuerlicher Hinsicht eine Saldierung mit Verlusten der Organgesellschaft direkt bei der beteiligten Personengesellschaft möglich geworden ist. Ein solches Ergebnis war vom Gesetzgeber nicht gewollt.[94]

f) Der Eingliederungstatbestand gemäß § 14 Abs. 1 Nr. 1 KStG

Bis zum Veranlagungszeitraum 2000 war zur Begründung einer körperschaftssteuerlichen Organschaft der klassische dreigeteilte Eingliederungsbegriff maßgeblich. Die Eingliederung musste in finanzieller, wirtschaftlicher und organisatorischer Hinsicht bestehen. Ein dreigeteilter Eingliederungsbegriff ist derzeit noch im Bereich der umsatzsteuerlichen Organschaft maßgeblich.

Ab dem Veranlagungszeitraum 2001 (Wj = Kj) ist nur noch eine finanzielle Eingliederung erforderlich. Die Tatbestandsmerkmale der wirtschaftlichen und organisatorischen Eingliederung hat der Gesetzgeber aufgegeben.

Der Organträger muss über die Mehrheit der Stimmrechte in der Gesellschafterversammlung bzw. der Hauptversammlung verfügen.[95] Im Normalfall reicht die einfache Mehrheit aus. Soweit die Satzung für im Rechtsverkehr regelmäßig auftretende Fragen ein höheres Quorum vorsieht, ist dieses erforderlich. Wenn es sich bei dem Organträger um eine Kapitalgesellschaft handelt ist erforderlich, dass die juristische Person über die Anteile verfügt. Nicht ausreichend ist hingegen, wenn die Gesellschafter die Anteile halten.

Soweit es sich bei dem Organträger um eine Personengesellschaft handelt erfordert das Gesetzt ausdrücklich in § 14 Abs. 1 Nr. 2 S. 3 KStG, dass Anteile nur berücksichtigungsfähig die sich im Gesamthandsvermögen befinden. Bevor der Gesetzgeber diese Regelung im Rahmen des StVergAbG vom 11.04.2003 (anwendbar ab dem VZ 2003) eingeführt hatte war man einhellig davon ausgegangen, dass es ausreichend sei wenn sich die Anteile im Sonderbetriebsvermögen der Gesellschafter befinden. Bis einschließlich Veranlagungszeitraum 2002 sind damit Anteile berücksichtigungsfähig soweit sie sich im Gesamthands- oder Sonderbetriebsvermögen befinden. Nur soweit an der Personengesellschaft auch beschränkt steuerpflichtige Gesellschafter beteiligt sind, ist es auch in diesen älteren Veranlagungszeiträumen erforderlich, dass die Beteiligungen Teil des Gesamthandsvermögens sind.

---

93 BFH, Urteil v. 09. Juni 1999 I R 43/97, BStBl. II 2000, 695.
94 Vgl. zur Mehrmütterorganschaft Schmidt/Müller/Stöcker, S.108 ff.
95 Zur finanziellen Eingliederung Witt in: Dötsch/Eversberg/Pung/Witt, §14 KStG, Rn. 120 ff.

§ 4 Steuer- und Finanzfragen

134 Zur Ermittlung des Quorums können sowohl mittelbar als auch unmittelbar gehaltene Beteiligungen Berücksichtigung finden.[96] Auch eine Zusammenrechnung von mittelbar und unmittelbar gehaltenen Beteiligungen ist nach der aktuellen Gesetzesfassung möglich. Diese Vereinfachung hatte der Gesetzgeber mit dem StSenkG vom 23.10.2000 eingeführt. Das bis zum Veranlagungszeitraum 2000 geltende Zusammenrechnungsverbot für mittelbare und unmittelbare Beteiligungen wurde aufgegeben. Bis zu diesem Zeitpunkt hatte das Gesetz ausdrücklich verlangt, dass mittelbare Beteiligungen nur Berücksichtigung finden können, wenn dieses eine Stimmrechtsmehrheit mitteln. Dies hatte auch bedeutet, dass zur Begründung einer finanziellen Eingliederung weder eine Zusammenrechnung mehrerer mittelbaren Beteiligungen, noch eine Zusammenrechnung von mittelbaren und unmittelbaren Beteiligungen möglich war.

135 Mittelbare Beteiligungen sind jedoch auch nach der aktuellen Gesetzesfassung nur berücksichtigungsfähig, soweit der Organträger über eine mehrheitliche Beteiligung an der mittelnden Gesellschaft verfügt. Das Stimmrecht muss wenigstens auf das wirtschaftliche Eigentum an den Anteilen zurückzuführen sein. Es genügt nicht soweit lediglich ein fremdes Stimmrecht dem Organträger zur Ausübung überlassen wird.

> **Praxishinweis:**
> *Stimmlose Anteile werden bei der Prüfung der finanziellen Eingliederung nicht berücksichtigt, davon betroffen sind insbesondere Vorzugsaktien.*

136 Die finanzielle Eingliederung muss von Beginn des Wirtschafsjahres an ohne Unterbrechungen vorliegen. Es muss sich jedoch nicht um ein 12 Monate umfassendes Wirtschaftsjahr handeln.

> **Praxishinweis:**
> *Wird ein Organschaftsverhältnis unterjährig beendet, ist es sinnvoll ein Rumpfwirtschaftjahr für die Zeit des Bestehens der Organschaftsvoraussetzungen zu bilden, um eine steuerliche Berücksichtigungsfähigkeit zu ermöglichen.*

137 **Beispielfälle:**

Liegt eine finanzielle Eingliederung vor?
- Soweit es um den Veranlagungszeitraum 2002 geht.
- Soweit es um den Veranlagungszeitraum 2000 geht.

Beispiel 1

$$\text{OT-GmbH} \xrightarrow{51\%} \text{A-GmbH} \xrightarrow{51\%} \text{B-GmbH} \xrightarrow{51\%} \text{C-GmbH} \xrightarrow{51\%} \text{OG-GmbH}$$

Eine finanzielle Eingliederung liegt sowohl für den VZ 2000 als auch für den VZ 2002 vor. Dies ergibt sich daraus, dass die mittelbare Beteiligung der Organträger-GmbH die Mehrheit an der Organgesellschaft- GmbH verschafft.

---

96 Dazu Abschn. 57 KStR.

C. Besonderheiten bei der Besteuerung des Organschaftskonzerns

▶ Beispiel 2

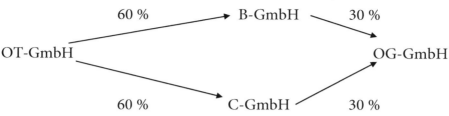

In diesem Fall wird die finanzielle Eingliederung durch eine Zusammenrechnung zweier mittelbarer Beteiligungen erreicht. Daher kann für den VZ 2002 vom Vorliegen einer finanziellen Eingliederung ausgegangen werden, nicht hingegen für den VZ 2000 da für diesen Zeitraum noch das Zusammenrechnungsverbot Platz greift.

▶ Beispiel 3

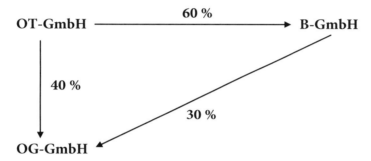

In diesem Fall wird die finanzielle Eingliederung durch eine Zusammenrechnung einer mittelbaren und einer unmittelbaren Beteiligungen realisiert. Daher kann auch in diesem Fall für den VZ 2002 vom Vorliegen einer finanziellen Eingliederung ausgegangen werden. Da für den VZ 2000 noch das Zusammenrechnungsverbot anwendbar ist, liegt keine finanzielle Eingliederung vor.

g) Der Gewinnabführungsvertrag

aa) Allgemeines

Im Rahmen eines körperschaftsteuerlichen Organschaftsverhältnisses ist gemäß § 14 Abs. 1 einleitender Satz KStG das Vorliegen eines Gewinnabführungsvertrages erforderlich.[97]

§ 14 Abs. 1 einleitender Satz legt ausdrücklich fest, dass ein Vertrag im Sinne des § 291 Abs. 1 AktG erforderlich ist. Der Vertrag muss auf die Abführung des ganzen Gewinnes gerichtet sein, wobei jedoch die Höchstgrenze des § 301 AktG zu beachten ist, ein Teilgewinnabführungsvertrag ist nicht ausreichend. Bei einem Gewinnabführungsvertrag handelt es sich nicht lediglich um einen schuldrechtlichen Vertrag, sondern um einen gesellschaftsrechtlichen Organisationsvertrag. Er nimmt Veränderungen vor, die eigentlich einer Satzungsänderung bedürften und setzt sich im Verhältnis zur Satzung durch. Man spricht daher davon, dass der Vertrag satzungsüberlagernde Wirkung hat.[98]

---

97 Zum Gewinnabführungsvertrag Abschn. 60 KStR.
98 Zum Charakter der Verträge: Emmerich in: Emmerich/Habersack § 291, Rn. 25 ff.

§ 291 AktG hat als Ansatzpunkt einen Vertrag mit einer AG bzw. KGaA als unterworfene Gesellschaft. Damit fällt insbesondere kein Vertrag mit einer GmbH als Organgesellschaft in den Anwendungsbereich der Vorschrift.

bb) Zivilrechtliche Anforderungen

141 Das Steuerrecht knüpft an das Zivilrecht an. Es ist die zivilrechtliche Wirksamkeit des Vertrages erforderlich, um die steuerrechtlichen Rechtsfolgen der Organschaft auszulösen. Da das Aktienrecht nicht dispositiv ist, existieren im AktG detaillierte Vorgaben zu den zivilrechtlichen Voraussetzungen, s.o. § 2.

cc) Besonderheiten bei einer GmbH als Organgesellschaft

Gemäß §§ 17, 14 KStG erfordert ein Organschaftsverhältnis mit einer anderen Kapitalgesellschaft insbesondere einer GmbH als Organgesellschaft das Vorliegen eines Gewinnabführungsvertrages mit dem Inhalt des § 291 Abs. 1 AktG. Anders als das Aktienrecht kennt das GmbH-Recht kein kodifiziertes Konzernrecht. Die GmbH fällt nicht in den Anwendungsbereich der §§ 291 ff. AktG. Die Regelungen finden daher jedenfalls keine direkte Anwendung auf Vertragsverhältnisse bei denen sich eine GmbH einem Gewinnabführungsvertrag unterwirft.

Die zivilrechtlichen Voraussetzungen denen GmbH-Unternehmensverträge unterliegen waren lange Zeit heftig umstritten und sind auch heute noch mit Unsicherheiten belastet. Diese im Zivilrecht offen gebliebenen Fragen belasten besonders das Steuerrecht, da Leistungen welche auf der Grundlage eines unwirksamen Ergebnisabführungsvertrages erbracht werden zwangsläufig zu verdeckten Gewinnausschüttungen führen müssen. Als geklärt im Hinblick auf den sog. „Supermarkt-Beschlusses" des BGH[99] können folgende Punkte eingeordnet werden:

- Auf Seiten der Organgesellschaft ist ein Zustimmungsbeschluss der Gesellschafterversammlung erforderlich
- der Zustimmungsbeschluss bedarf gemäß § 54 Abs. 1 GmbHG analog der notariellen Beurkundung
- Gemäß § 54 Abs. 2 GmbHG analog ist im Handelsregister der Organgesellschaft die Fassung des Zustimmungsbeschlusses einzutragen
- in Analogie zu § 10 Abs. 1 S. 1 GmbHG ist auch der Abschluss des Vertrages unter Angabe des Vertragspartners im Handelsregister einzutragen
- soweit es bei dem Organträger um eine Kapitalgesellschaft handelt, ist in Analogie zu § 293 Abs. 3 AktG auch ein Zustimmungsbeschluss dieser Gesellschaft und dessen Eintragung im Handelsregister der Organgesellschaft erforderlich.

Offen geblieben ist die Frage nach dem Quorum mit welchem der Zustimmungsbeschluss der Organgesellschaft zu fassen ist. Die wohl. h.M. ist der Auffassung, dass gemäß § 53 Abs. 3 GmbHG analog die Zustimmung sämtlicher Gesellschafter erforderlich sei. Z.T wird jedoch auch davon ausgegangen, dass ¾ der abgegebenen Stimmen in Analogie zu § 53 Abs. 2 GmbHG ausreichend sei, jedoch Minderheitenschutz über die analoge Anwendung der §§ 304, 305 AktG herzustellen sei.[100]

---

99 BGH, Beschluss vom 24.10.1988, II ZB 7/88, BGHZ 105, 324 = NJW 1989, 295.
100 Ausführlich zu dem Streit: Emmerich in: Scholz, Anh. § 13 Konzernrecht, Rn. 201 f., 143 ff.

C. Besonderheiten bei der Besteuerung des Organschaftskonzerns

❗ Praxishinweis:
Es ist damit zu rechnen, dass soweit die Rechtsprechung eine Zustimmung aller Gesellschafter für erforderlich halten sollte, die Finanzverwaltung mit einer Übergangsregelung reagieren wird. Steuerlich wirklich auf der sicheren Seite ist man jedoch in der Praxis nur, soweit alle Gesellschafter zugestimmt haben. Wenig sinnvoll erscheint es über die Satzungsregelungen zu versuchen das erforderliche Quorum bzw. weitere formale Anforderungen herabsetzen zu wollen. Im Hinblick auf den Minderheitenschutz kann nicht damit gerechnet werden, dass solche Klauseln einer rechtlichen Überprüfung standhalten.

dd) Die zusätzlichen steuerlichen Anforderungen gemäß § 17 Nr. 1 und Nr. 2 KStG

§ 17 Nr. 1 und Nr. 2 KStG enthalten zusätzliche Anforderungen die Gewinnabführung betreffend, soweit es sich bei der Organgesellschaft um eine andere Kapitalgesellschaft als eine AG bzw. eine KgaA handelt. Der Gesetzgeber scheint in der Absicht gehandelt zu haben die aktienrechtlichen Schutzvorschriften der §§ 301 und 302 AktG auf Gewinnabführungsverträge mit einer GmbH übertragen zu wollen. Es bleibt jedoch zu berücksichtigen, dass § 17 KStG steuerrechtliche Vorgaben aufstellt. Die Nichtbeachtung führt damit dazu, dass der Ergebnisabführungsvertrag steuerrechtlich nicht mehr berücksichtigungsfähig ist. Mittlerweile gelten die entsprechenden aktienrechtlichen Regelungen als im Bereich des GmbH-Vertragskonzernrecht entsprechend anwendbar. Unabhängig von § 17 KStG führt daher ein Verstoß gegen diese Regelungen auch im GmbH-Konzern zu zivilrechtlichen Implikationen.

142

§ 17 Nr. 1 KStG ordnet an, dass die Gewinnabführung den in § 301 AktG vorgegebenen Rahmen nicht überschreiten darf. Die Vorschrift legt zur steuerlichen Berücksichtigung gleichzeitig den Betrag der Mindestabführung als auch der höchstmöglichen Gewinnabführung fest. So ist eine Gewinnabführung erst nach dem Ausgleich von Vorjahresverlusten möglich. I.d.R ist dies nur in den ersten Jahren nach Abschluss des Unternehmensvertrages von Bedeutung. Im Rahmen eines Organschaftsverhältnisses ist der Organträger verpflichtet Verluste der Organgesellschaft auszugleichen; daher können keine neuen Verlustvorträge entstehen. Weiterhin ist die Abführung von Beträgen, welche einer Gewinnrücklage zuzuführen sind, nicht möglich. Schließlich beinhaltet § 301 AktG ein Verbot der Abführung von Beträgen aus der Auflösung von vorvertraglichen Rücklagen. Werden die Vorgaben der Vorschrift nicht beachtet ist der Gewinnabführungsvertrag steuerrechtlich nicht berücksichtigungsfähig und das Organschaftsverhältnis scheitert. Soweit die Gewinnabführung den Betrag unterschreite ist der Vertrag nicht in allen Teilen durchgeführt. Wird der Betrag überschritten bedingt der Verstoß gegen § 17 Nr. 1 KStG, dass der Vertrag keine steuerliche Berücksichtigung finden kann.

Die Vorschrift gilt unabhängig von § 17 Nr. 1 KStG als im Bereich des GmbH-Konzernrechts analog anwendbar, daher ist die Sinnhaftigkeit der Regelung des § 17 Nr. 1 KStG fraglich. Zu berücksichtigen ist indes, dass die Rechtsprechung im Bereich des GmbH Konzernrechts sich nur langsam entwickelt hat und der Gesetzgeber sich nicht einzig auf die Entwicklung des Richterrechts verlassen wollte.

143

§ 17 Nr. 2 KStG begründet die steuerliche Pflicht, eine Verlustübernahme entsprechend der Vorschrift des § 302 AktG in einem GmbH-Gewinnabführungsvertrag mit aufzunehmen. § 302 AktG konstatiert eine Pflicht zur Verlustübernahme des herrschenden Unternehmens während der Laufzeit eines Unternehmensvertrages. Die Vorschrift gilt als analog anwendbar im Bereich des GmbH-Konzernrechts. Gleichwohl besteht die Pflicht, eine entsprechende Regelung aus steuerlichen Gründen in den Gewinnabführungsvertrag aufzunehmen. Dies wird vom BFH trotz der zivilrechtlichen Situation ausdrücklich gefordert. Die Vereinbarung kann sowohl über einen pauschalen Bezug auf die gesamte Vorschrift des § 302 AktG erfolgen. Denkbar ist auch ein konkreter

§ 4   Steuer- und Finanzfragen

Bezug auf § 302 Abs. 1 und § 302 Abs. 3 sowie § 302 Abs. 4 AktG (die Regelung des § 302 Abs. 2 AktG hat keinen Bezug zur GmbH).

> **Praxishinweis:**
> Ein pauschaler Verweis auf die Regelung des § 302 AktG ist die einfachste und sicherste Lösung.

ee) Zeitpunkt der steuerlichen Berücksichtigungsfähigkeit des Vertrages

144   Ab dem Veranlagungszeitraum 2003 (bzw. bei Abschluss des Gewinnabführungsvertrages nach dem 20.11.2002 ab dem Veranlagungszeitraum 2002 (§ 34 Abs. 9 Nr. 3 S. 1)) erfolgt die erstmalige Einkommenszurechnung von der Organgesellschaft an den Organträger für das Wirtschaftsjahr der Organgesellschaft bis zu dessen Ende der Gewinnabführungsvertrag zivilrechtlich wirksam wird (§ 14 Abs. 1 S. 2 KStG). Die Wirksamkeit des Vertrages erfolgt mit dessen Handelsregistereintragung. Der Gesetzgeber hat den Bezug auf das Wirtschaftsjahr der Organgesellschaft im Hinblick auf Fälle in denen das Wirtschaftsjahr von Organgesellschaft und Organträger auseinander fallen vorgenommen. Es handelt sich hierbei um eine in der Praxis nur in Ausnahmefällen anzutreffende Fallgruppe. Die Eingehung eines Organschaftsverhältnisses stellt einen Grund dar um das Wirtschaftsjahr zu verändern. Soweit Organgesellschaft und Organträger unterschiedliche Wirtschaftsjahre aufweisen, führt dies in der Praxis zu einer Vielzahl von praktischen Problemen.

> **Beispiel:**
> 145   Organgesellschaft und Organträger schließen einen Ergebnisabführungsvertrag, welcher am 18.07.2006 ins Handelsregister eingetragen wird. Der Organträger hat ein Wirtschaftsjahr welches dem Kalenderjahr entspricht, das Wirtschaftsjahr der Organgesellschaft läuft vom 01.07. bis zum 30.06. Das Wirtschaftsjahr der Organgesellschaft endet damit im Jahr 07. Eine Zurechnung erfolgt damit erstmals zum Einkommen des Organträgers für das Jahr 2007.

Bis zum Veranlagungszeitraum 2002 ist es demgegenüber ausreichend, wenn der Vertag bis zum Ende des Wirtschaftsjahres der Organgesellschaft, für das erstmals eine Einkommenszurechnung erfolgen soll bewirkt ist. Ein Abschluss liegt bereits vor, wenn der Vertrag noch nicht zivilrechtlich wirksam ist. Der Vertrag gilt bereits vor dem Vorliegen der Handelsregister-Eintragung als abgeschlossen. Die zivilrechtliche Wirksamkeit also die Handelsregistereintragung muss bis zum Ende des folgenden Wirtschaftsjahres der Organgesellschaft erfolgen. Diese relativ lange Frist wurde bis zum Veranlagungszeitraum 2002 gewährt, um den langen Wartezeiten für die Vornahme der Handelsregistereintragungen bei den Amtsgerichten in den neuen Bundesländern Rechnung zu tragen.

ff) Mindestlaufzeit des Gewinnabführungsvertrages

146   Der Gewinnabführungsvertrag muss gemäß § 14 Abs. 1 Nr. 3 KStG für mindestens 5 Jahre (a 12 Monate) bindend geschlossen werden. Erforderlich ist die Festlegung einer benannten Laufzeit, nicht ausreichend ist der Abschluss eines unbefristeten Vertrages.[101] Der Vertrag darf keine Möglichkeit einer ordentlichen Kündigung vor Ablauf von 5 Jahren vorsehen.

Der Fünfjahreszeitraum, in welchem eine steuerunschädliche Kündigung ausgeschlossen ist bezieht sich auf die steuerrechtliche Berücksichtigungsfähigkeit, nicht die zivilrechtliche Wirksamkeit des Vertrages. Der in der Praxis häufig zu beobachtende Fall, dass ein Ergebnisabführungsvertrag zwar 5 Jahre steuerlich berücksichtigungsfähig ist, aber zivilrechtlich nicht in der

---

101 Vgl. dazu Witt in: Dötsch/Eversberg/Pung/Witt, § 14 KStG, Rn. 216 ff.

C. Besonderheiten bei der Besteuerung des Organschaftskonzerns

gesamten Zeit wirksam war, ist damit nicht steuerschädlich. Diese Situation ergibt sich regelmäßig im Hinblick darauf, dass für Zwecke der Besteuerung der Handelsregistereintragung Rückwirkung beigemessen wird.

Eine vorzeitige Kündigung, des Ergebnisabführungsvertrages, also vor Ablauf der Fünfjahresfrist, ist steuerunschädlich nur möglich, soweit ein wichtiger Grund dies rechtfertigt. Es muss sich um einen wichtigen Grund aus steuerökonomischer Sicht handeln. Ein solcher Grund kann die Veräußerung oder Einbringung der Anteile des Organträgers an der Organgesellschaft darstellen. Weiterhin ist ein wichtiger Grund denkbar, wenn es zu einer Umwandlung Verschmelzung oder Liquidation einer der Vertragsparteien kommt. Soweit ein wichtiger Grund vorliegt, kann der Vertrag auch im Wege einer einvernehmlichen Auflösung steuerunschädlich beendet werden. Gemäß § 14 Abs. 1 Nr. 3 S. 4 KStG wirkt steuerrechtlich eine Kündigung oder Beendigung eines Gewinnabführungsvertrages während eines laufenden Wirtschaftsjahres auf den Beginn dieses Jahres zurück. Die Kündigung bzw. Beendigung muss auch zivilrechtlich wirksam erfolgen. Es ist im Fall einer außerordentlichen Kündigung § 297 AktG anwendbar. Die Vorschrift ist entsprechend anwendbar soweit es sich um einen Vertrag mit einer GmbH als Organgesellschaft handelt.[102]

147

❗ Praxishinweis:

Bei vorzeitiger Beendigung ohne wichtigen Grund entfällt das Organschaftsverhältnis in den ersten 5 Jahren rückwirkend. Dies bedeutet, das Organschaftsverhältnis kann auch für die Vorjahre keine steuerliche Beachtung finden. Dies kann immense Steuermehrbelastungen zur Folge haben.

gg) Tatsächliche Durchführung des Vertrages

Aus § 14 Abs. 1 Nr. 3 EStG ergibt sich auch, dass der Ergebnisabführungsvertrag während seiner gesamten Dauer tatsächlich durchgeführt werden muss. Die Fünfjahresfrist bezieht sich auch auf die tatsächliche Durchführung des Vertrages. Die tatsächliche Durchführung des Vertrages erfordert, dass die vertraglichen Regelungen in dem festgelegten Umfang umgesetzt werden müssen. Es ist erforderlich, dass die Organgesellschaft ihren Gewinn an den Organträger abführt und der Organträger vertragliche Verluste ausgleicht. Diese Pflicht zur Durchführung des Ergebnisabführungsvertrages steht in einem Spannungsverhältnis zu der in § 301 AktG aufgeführten Höchstgrenze. Soweit eine Aktiengesellschaft zur Gewinnabführung verpflichtet ist, legt § 301 AktG eine Höchstgrenze fest, welche unabhängig von den Vereinbarungen zwischen den Parteien nicht überschritten werden kann. Ein unterschreiten bedeutet hingegen, dass es an der tatsächlichen Durchführung des Vertrages mangelt. Von der Pflicht zur tatsächlichen Durchführung des Vertrages sind auch Nebenbestimmungen betroffen, welche möglicherweise nicht zwingend erforderlich sind, um den Vorgaben des § 14 KStG zu entsprechen (z.B. Verzinsungsregelungen).

148

❗ Praxishinweis:

Der Ausweis einer Forderung bzw. Verbindlichkeit ist nur ausreichend zur tatsächlichen Durchführung des Vertrages, sofern in einer angemessenen Frist die Tilgung erfolgt.[103]

---

[102] Emmerich in Emmerich/Habersack, § 297, Anm. 15.
[103] Vgl. dazu Witt in: Dötsch/Eversberg/Pung/Witt, § 14 KStG, Rn. 210.

h) § 14 Abs. 1 S. 1 Nr. 4 KStG Begrenzung der Rücklagenbildung

149 § 14 Abs. 1 S. 1 Nr. 4 KStG begrenzt die Bildung von Rücklagen bei der Organgesellschaft in organschaftlicher Zeit.[104]

Soweit es sich bei der Organgesellschaft um eine AG bzw. KGaA handelt, ist diese verpflichtet, gemäß §§ 150, 300 AktG gesetzliche Rücklagen zu bilden. Die GmbH demgegenüber kennt keine gesetzlichen Rücklagen. Mit der Verweisung des § 17 Nr. 1 KStG auf § 301 AktG überträgt das Steuerrecht die Pflicht der AG zur Bildung von gesetzlichen Rücklagen auf die GmbH.

Rücklagen dürfen nur gebildet werden, soweit dies bei „vernünftiger kaufmännischer Beurteilung wirtschaftlich begründet ist". Es ist ein konkreter Anlass erforderlich, der aus objektiver unternehmerischer Sicht die Bildung der Rücklage rechtfertigt.

> **Praxishinweis:**
> Ein Verstoß gegen die Regelung führt dazu, dass der Ergebnisabführungsvertrag als nicht vollständig durchgeführt gilt. Dies führt stets dazu, dass das Organschaftsverhältnis nicht mehr berücksichtigungsfähig wird.

3. Die Rechtsfolgen des § 14 KStG

150 Als Rechtsfolge ordnet §14 Abs. 1 S.1 KStG eine Einkommenszurechnung von der Organgesellschaft auf den Organträger an.[105]

Die Organgesellschaft bleibt zivilrechtlich und steuerrechtlich selbständig. Es handelt sich um ein eigenständiges Steuersubjekt, welches zur eigenständigen Einkommensermittlung verpflichtet bleibt. Das ermittelte Einkommen der Organgesellschaft wird jedoch zum ganz überwiegenden Teil dem Organträger zugerechnet.

Die Organgesellschaft kann im Rahmen eines körperschaftssteuerlichen Organschaftsverhältnisses über eigenes selbst zu versteuerndes Einkommen verfügen.

Es ist daher eine Aufteilung in Einkommensteile, welche dem Organträger zuzurechnen sind und Einkommesteile, welche der Organträger selbst zu versteuern hat, geboten.

> **Praxishinweis:**
> In der Praxis ist eine eigene Heranziehung der Organgesellschaft zur Körperschaftsteuer häufig zu beobachten. Insbesondere bei zwei Fallgruppen ist dies der Fall, zum einen soweit Ausgleichszahlungen geleistet werden (§ 16 KStG) und soweit es zu vororganschaftlichen Mehrabführungen der Organgesellschaft an den Organträger gemäß § 14 Abs. 3 KStG kommt.[106]

4. Einkommensermittlung bei der Organgesellschaft

151 Der Umstand, dass die Organgesellschaft eigenständiges Steuersubjekt bleibt, bedingt auch die Pflicht, eine eigenständige Einkommensermittlung durchzuführen. Es gelten insoweit prinzipiell keine Besonderheiten. Es erfolgt eine bilanzielle Gewinnermittlung unter Beachtung des Grundsatzes der Maßgeblichkeit der Handelsbilanz für die Steuerbilanz. § 15 KStG ordnet einige Be-

---

104 Vgl. dazu Witt in: Dötsch/Eversberg/Pung/Witt, § 14 KStG, Rn. 189 ff.
105 Ausführlich zu den Rechtsfolgen: Witt in: Dötsch/Eversberg/Pung/Witt, § 14 KStG, Rn. 260 ff.
106 Schmidt/Müller/Stöcker, S.141 ff.

sonderheiten im Zusammenhang mit der Einkommensermittlung bei der Organgesellschaft an, um der Situation als Organgesellschaft Rechnung zu tragen. Dabei bringt das Gesetz in § 15 Nr. 1 KStG zunächst zum Ausdruck, dass ein Verlustabzug nach § 10 d EStG bei Organgesellschaften ausgeschlossen ist.

§ 15 Nr. 2 KStG enthält das sog. Nettoprinzip nachdem Steuervergünstigungen nicht im Rahmen der Einkommensermittlung bei der Organgesellschaft sondern erst auf der Ebene des Organträgers zu berücksichtigen sind. Dies hat insbesondere Bedeutung für Dividendeneinnahmen im Sinne des § 8b KStG. Diese sind damit im Rahmen der Einkommensermittlung bei der Organgesellschaft als steuerpflichtig zu behandeln: Erst im Rahmen der Besteuerung des Organträger erfolgt eine Berücksichtigung als steuerfreie Einkommensteile.

Mit dem Unternehmensteuerreformgesetz 2008 soll gemäß § 4 h n.F. EStG eine allgemeine Zinsschranke eingeführt werden. Dieser Umstand macht es weiterhin erforderlich, dem § 15 S. 1 KStG eine neue Nr. 3 anzufügen. Diese neue Vorschrift regelt zum einen, dass § 4 H n.F. EStG nur auf der Ebene des Organträgers Anwendung finden kann. Weiterhin bringt die beabsichtigte Neuregelung zum Ausdruck, dass der Organkreis für Zwecke der Ermittlung der Zinsschranke als ein Betrieb im Sinn des § 4 h S. 1 n.F. EStG anzusehen ist.

152

Bisher bestand für Organgesellschaften praktisch keine Möglichkeit ihr Körperschaftsteuerguthaben aus dem Anrechnungsverfahren zu mobilisieren. Die Ursache für diesen Umstand ist darin begründet, dass bisher dieses Körperschaftsteuerguthaben gemäß § 37 Abs. 1 KStG nur in Verbindung mit einer offenen Ausschüttung erstattet wurde. Nunmehr wird gemäß § 37 Abs. 5 KStG das Körperschaftsteuerguthaben ab dem Jahr 2008 in 10 gleichen Jahresbeträgen unabhängig von einer Ausschüttung ausgezahlt. Damit erhalten auch Organgesellschaften, welche weiterhin als eigenständige Steuerpflichtige gelten, dieses Guthaben erstattet.

153

> **!** Praxishinweis:
> *Ab dem Jahr 2008 erhalten auch Organgesellschaften im Rahmen des § 37 Abs. 5 KStG ihr Körperschaftsteuerguthaben erstattet.*

5. Die Haftung der Organgesellschaft gemäß § 73 AO

Die Einkommenszurechnung auf den Organträger bedeutet zwar, dass die entsprechende Steuer der Organgesellschaft gegenüber nicht fällig ist, jedoch kann die Organgesellschaft gemäß § 73 AO in Haftung genommen werden.

> **!** Praxishinweis:
> *Die Organgesellschaft haftet für Steuerschulden des Organträgers soweit es sich um Steuern handelt für die das Organschaftsverhältnis von Bedeutung ist.*

Die Haftung ist nicht auf die körperschaftssteuerliche Organschaft begrenzt, sondern kann auch bei vorliegen einer umsatzsteuerlichen bzw. gewerbesteuerlichen Organschaft für die entsprechenden Steuerarten zum Zuge kommen. Voraussetzung ist das Vorliegen eines wirksamen Organschaftsverhältnisses. Die Haftung ist begrenzt auf die Steuerart, für welche ein Organschaftsverhältnis besteht. Der Höhe nach kann die Organgesellschaft für alle Beträge in Anspruch genommen werden, die bei unterstellter Selbständigkeit bei ihr angefallen wären.

Die Haftungsinanspruchnahme nach § 73 AO ist nur möglich, solange ein Organschaftsverhältnis besteht.

6. Verunglückte Organschaft

154 Die Voraussetzungen die das Gesetz an ein wirksames Organschaftsverhältnis knüpft sind umfangreich, es treten daher immer wieder Fälle auf, bei denen nicht alle Punkte Beachtung gefunden haben. In diesen Fällen der sog. „verunglückten Organschaft" wird die Gewinnabführung der Organgesellschaft an den Organträger regelmäßig als verdeckte Gewinnausschüttung eingestuft.[107] Ohne das Organschaftsverhältnis wird man davon ausgehen müssen, dass die Gewinnabführung rein durch das Gesellschaftsverhältnis veranlasst ist. Die Organgesellschaft hat ihr Einkommen selbst zu versteuern. Im Hinblick auf § 8 Abs. 3 KStG darf der an den Organträger abgeführte Gewinn das Einkommen der Organgesellschaft nicht mindern. Eine Verlustübernahme durch den Organträger ist bei der Organgesellschaft als verdeckte Einlage zu behandeln.

> **Praxishinweis:**
> *Es sollte tunlichst die Situation vermieden werden, dass ein Organschaftsverhältnis steuerlich nicht mehr berücksichtigungsfähig ist, der Ergebnisabführungsvertrag jedoch noch weiterhin zivilrechtlich wirksam bleibt.*

155 Im Rahmen der Besteuerung des Organträgers stellen die von der Organgesellschaft abgeführten Beträge Betriebseinnahmen dar. Soweit es sich bei der Organgesellschaft um eine Körperschaft handelt, sind diese Betriebseinnahmen im Hinblick auf § 8b Abs. 1 KStG steuerfrei. Soweit es sich bei dem Organträger um eine natürliche Person handelt, greift das Halbeinkünfteverfahren. Bei einer Personengesellschaft als Organträger ist die Rechtsform der Gesellschafter entscheidend für die steuerliche Behandlung. Eine Verlustübernahme durch den Organträger ist nach überwiegender Auffassung auf dessen Beteiligungskonto zu aktivieren.

Wenn ein Organschaftsverhältnis erst nach einiger Zeit nicht mehr berücksichtigungsfähig ist, stellt sich die Frage der zeitlichen Reichweite dieser verunglückten Organschaft. Soweit der Mangel während der ersten 5 Jahre des Organschaftsverhältnisses auftritt ist das Organschaftsverhältnis i.d.R. mit Wirkung für die Vergangenheit nicht mehr berücksichtigungsfähig, da die zeitliche Vorgabe des § 14 Abs. 1 Nr. 3 KStG nicht beachtet wird.

7. Die Regelung des § 14 Abs. 1 Nr. 5 KStG

156 § 14 Abs. 1 Nr. 5 KStG soll wohl verhindern, dass es zu einer doppelten Verlustnutzung kommt soweit ein doppeltansässiger der Organträger in konsolidierende Besteuerungssysteme im In- und Ausland eingebunden ist. Rechtsfolge stellt einen Ausschluss der entsprechenden Verluste dar. Die Vorschrift gilt als völlig verunglückt; es ist bisher weder der Finanzverwaltung noch der Literatur gelungen Beispielfälle aufzuzeigen in denen die Vorschrift Platz greifen könnte.

8. Mehr- und Minderabführungen (§ 14 Abs. 3 KStG)

157 Der Ergebnisabführungsvertrag verpflichtet die Organgesellschaft, den handelsrechtlich ermittelten Gewinn an den Organträger abzuführen. Mehr- bzw. Minderabführungen sind das Ergebnis des Abweichens der Handelsbilanz von der Steuerbilanz. Soweit die handelsrechtliche Gewinnabführung den steuerrechtlich dem Organträger zuzurechnenden Betrag übersteigt, spricht man von Mehrabführungen. Solche Mehrabführungen entstehen insbesondere, soweit Lenkungs-

---

[107] Vgl. zur verunglückten Organschaft: Witt in: Dötsch/Eversberg/Pung/Witt, § 14 KStG, Rn. 510 ff.

C. Besonderheiten bei der Besteuerung des Organschaftskonzerns

normen bestimmte Tatbestände steuerlich privilegieren. Dies können beispielsweise steuerliche Sonderabschreibungen sein, welche die handelsrechtlich zulässigen Abschreibungen übersteigen.

Minderabführungen liegen demgegenüber vor, soweit die Einkommenszurechnung höher als die handelsrechtliche Gewinnabführung ausfällt. Dies kann beispielsweise entstehen, wenn handelsrechtlich zu berücksichtigende Betriebsausgaben steuerrechtlich nicht akzeptiert werden.

Für die steuerliche Behandlung dieser Mehr- bzw. Minderabführungen ist von entscheidender Bedeutung, ob deren Ursache in organschaftlicher oder vororganschaftlicher Zeit liegt.

Mehr- bzw. Minderabführungen, deren Ursachen in organschaftlicher Zeit liegen, sind im Rahmen der Gewinnabführung zu behandeln und auf Seiten der Organgesellschaft gemäß § 27 Abs. 6 KStG mit dem Einlagekonto zu verrechnen. Die Neuregelung des § 14 Abs. 3 KStG findet auf diese Fallgruppe keine Anwendung. Die Verwaltung ist – wie sich aus Abschn. 63 Abs. 1 und Abs. 2 KStR 2004 ergibt- der Ansicht, dass auf Seiten des Organträgers in der Steuerbilanz für organschaftliche Mehr- bzw. Minderabführungen besondere passive bzw. aktive Ausgleichsposten zu bilden seien.[108] Nach Abschn. 63 Abs. 3 KStR 2004 sind diese Ausgleichsposten mit der Veräußerung der Organbeteiligung gewinnwirksam aufzulösen. Insbesondere die Auflösung der im Fall von Mehrabführungen zu bildenden passiven Ausgleichsposten kann zu beträchtlichen Steuerbelastungen führen. Der BFH hat nun zum Ausdruck gebracht, dass es an der Rechtsgrundlage für ein solches Vorgehen fehlt. Das Gericht hat eine erfolgsneutrale Auflösung eines solchen passiven Ausgleichspostens zugelassen und damit das ganze System der organschaftlichen Ausgleichsposten in Frage gestellt.[109] Es ist damit zu rechnen, dass der Gesetzgeber nun zeitnah eine der Verwaltungsauffassung entsprechende Gesetzesgrundlage schaffen wird.

Von dieser Fallgruppe zu unterscheiden sind sog. vororganschaftlichen Mehr- oder Minderabführungen. Bei dieser Fallgruppe liegt die Ursache für das Auseinanderfallen von Handels- und Steuerbilanz in vororganschaftlicher Zeit. Auch in diesem Zusammenhang hatte der BFH die in den Richtlinien festgelegte Verwaltungsmeinung nicht mitgetragen. Der Gesetzgeber hat daraufhin am 9. Dezember 2004 im Rahmen des EURLUmsG die Verwaltungsauffassung per Gesetz wieder eingeführt. § 14 Abs. 3 KStG regelt nun, dass vororganschaftlichen Mehrabführungen als Gewinnausschüttungen und vororganschaftliche Minderabführungen als Einlage zu behandeln seien.[110] § 27 Abs. 6 KStG ist ausdrücklich zu entnehmen, dass bei dieser Fallgruppe auf Seiten der Organgesellschaft keine Verrechnung mit dem Einlagekonto erfolgt. Auch nach Ansicht der Finanzverwaltung sind auf Seiten des Organträgers keine Ausgleichsposten zu bilden.

158

Der Gesetzgeber ist mit der Aufstellung der Fiktion des § 14 Abs. 3 KStG den drei Urteilen des BFH vom 18. Dezember 2002 entgegen getreten. Das Gericht hatte dort zum Ausdruck gebracht, dass auch vororganschaftliche Mehr- bzw. Minderabführungen im Rahmen der Gewinnabführung zu behandeln seien.[111] Da die Behandlung von vororganschaftlichen Mehrabführungen insbesondere im Zusammenhang mit der Besteuerung der ehemals gemeinnützigen Wohnungsbaugesellschaften beträchtliche Steuerfolgen haben kann, ist der Gesetzgeber den Weg gegangen, die Behandlung als verdeckte Gewinnausschüttung per Gesetz anzuordnen.[112]

§ 14 Abs. 3 KStG ist für vororganschaftliche Mehrabführungen anwendbar, welche in Wirtschaftsjahren die nach dem 31.12.2003 enden vorgenommen wurden. Bezogen auf vororganschaftliche Minderabführungen ist die Vorschrift ab dem Veranlagungszeitraum 2005 anwendbar.

159

---

108 Zu der Problematik der Ausgleichsposten: Kolbe in H/H/R § 14 KStG, Anm. 93.
109 BFH Urteil vom 07.02.2007, I R 5/05,GmbHR 2007, 662.
110 Zu § 14 Abs. 3: Pache in H/H/R, § 14 KStG, Anm. 300 ff.
111 BFH, Urteil vom 18.12.2002, I R 51/01, BStBl. II 2005, 49.
112 Vgl. Pache in H/H/R, § 14 KStG, Anm. 300 f.

Für die Übergangszeit vor der Anwendbarkeit von §14 Abs. 3 KStG hat die Finanzverwaltung ein Wahlrecht eingeführt. Die betroffenen Steuerpflichtigen haben die Wahl, ob nach Abschn. 59 Abs. 4 KStR 1995 verfahren wird und damit vororganschaftliche Mehraführungen als Gewinnausschüttung und vororganschaftliche Mehrabführungen als Einlagen behandelt werden. Wird das Wahlrecht nicht ausgeübt, erfolgt entsprechend der Rechtsprechung des BFH eine Behandlung im Rahmen der Gewinnabführung.[113]

> **Praxishinweis:**
> Für Altjahre unter dem Regime des Anrechnungsverfahrens kann eine Behandlung von vororganschaftlichen Mehrabführungen als Gewinnausschüttung im Hinblick auf die Möglichkeit einer Körperschaftsteuerminderung von Vorteil sein.

9. Behandlung von Ausgleichszahlungen (§ 16 KStG)

160 Gemäß § 304 Abs. 1 S.1 AktG muss ein Gewinnabführungsvertrag eine Verpflichtung vorsehen, dass an außenstehende Gesellschafter regelmäßig wiederkehrende Ausgleichszahlungen erbracht werden. Zur Behandlung dieser Ausgleichszahlungen enthält § 16 KStG eine Sonderregelung.[114] Die Ausgleichszahlungen bilden eigenes zu versteuerndes Einkommen der Organgesellschaft. Dies gilt auch, wenn der Organträger die Ausgleichszahlungen erbringt.

Auch die auf die Ausgleichszahlungen entfallenden Einkommensteile sind nicht Bestandteil der Einkommenszurechnung an den Organträger. An diesem Punkt wird deutlich, dass die Organgesellschaft ein eigenständiges Steuersubjekt bleibt. Der Höhe nach hat die Organgesellschaft $4/3$ der Ausgleichszahlungen als eigenes Einkommen zu versteuern. Der Gesetzgeber hat diese Zuweisung des zu versteuernden Einkommens an den Organträger der Höhe nach vorgenommen, damit sichergestellt ist, dass die Organgesellschaft die Ausgleichszahlungen und die darauf entfallende Körperschaftsteuer selbst versteuert.[115] Im Rahmen des Unternehmensteuerreformgesetzes 2008 ist eine Absenkung des Körperschaftsteuersatzes auf 15 % vorgesehen. Dies erfordert eine Folgeänderung des § 16 KStG. Das von der Organgesellschaft selbst zu versteuernde Einkommen wird dann $20/17$ der geleisteten Ausgleichszahlungen betragen.

10. Organschaft über die Grenze

a) Ausländische Organträger gemäß § 18 KStG

161 Das Organschaftsrecht ist national ausgerichtet. Lediglich § 18 KStG sieht eine Möglichkeit vor, dass in eingeschränktem Maße eine Organschaft über die Grenze möglich wird. Die Vorschrift eröffnet die Möglichkeit, dass ausländische Rechtsträger als Organträger auftreten können. Dies ist jedoch daran gebunden, dass der ausländische Organträger im Inland eine Zweigniederlassung unterhält. Die wirtschaftliche Eingliederung muss in Bezug auf die Zweigniederlassung vorliegen. Das bedeutet, die entsprechende mehrheitliche Beteiligung an der Organgesellschaft muss dem Betriebsvermögen der Zweigniederlassung zuzuordnen sein (§ 18 S. 1 Nr. 2 KStG). Weiterhin muss gemäß § 17 S. 1 Nr. 1 KStG der Ergebnisabführungsvertrag unter der Firma der Zweignie-

---
[113] BMF v. 22.12.2004, BStBl.I 2005, 65 u. v. 28.06.2005, FR 2005, 768.
[114] Dazu Abschn. 65 KStR.
[115] Zu den Details Pache in: H/H/R, § 16 KStG, Anm. 18 ff.

C. Besonderheiten bei der Besteuerung des Organschaftskonzerns

derlassung geschlossen werden. Das bedeutet, die Zweigniederlassung ist in der Urkunde zu benennen. Vertragspartner bleibt jedoch der Organträger, da die Zweigniederlassung nicht rechtsfähig ist.

Die Rechtsfolge eines Organschaftsverhältnisses welches über § 18 KStG geschlossen wird besteht in einer Zurechnung des Einkommens der Organgesellschaft zum beschränkt steuerpflichtigen Einkommen der Zweigniederlassung des Organträgers.[116]

b) Die Bedeutung der Entscheidung in der Sache Marks & Spencer

Die Vorschrift des § 18 KStG eröffnet keinen Weg zur Konsolidierung über die deutsche Grenze hinweg. Eine solche Möglichkeit sieht das deutsche Steuerrecht nicht vor. Dieser Umstand ist im Hinblick auf die Entscheidung des EuGH in der Sache Marks & Spencer[117] problematisch. Der EuGH hat mit dieser Entscheidung zum Ausdruck gebracht, dass es einen Verstoß gegen europäisches Recht darstellt soweit das Recht eines Staates die Möglichkeit zur Konsolidierung auf das Inland begrenzt und keinerlei grenzüberschreitende Konsolidierung vorsieht. Der EuGH hat dabei zum Ausdruck gebracht, dass zwar ein Eingriff in die Niederlassungsfreiheit gerechtfertigt sein kann, soweit die Maßnahme erforderlich ist um die nationalen Steuerquellen zu schützen. Das Gericht hat es jedoch als unverhältnismäßig eingestuft, soweit es ein Rechtssystem nicht erlaubt, Verluste aus ausländischen Beteiligungen zu nutzen. Der EuGH stellt damit die Forderung auf, Möglichkeiten zu schaffen, Verluste über nationale Grenzen hinweg nutzen zu können, soweit diese sich im Land der Entstehung nicht auswirken können. 162

In der Literatur wird das deutsche Organschaftsrecht ganz überwiegend als unvereinbar mit den Vorgaben des EuGH angesehen. Demgegenüber ist die Finanzverwaltung der Ansicht, dass im Hinblick auf das Erfordernis eines Ergebnisabführungsvertrages ein solcher Verstoß nicht vorliegen würde. Das britische Recht, welches der Entscheidung des EuGH zugrunde liegt, erfordert nicht das Vorliegen eines solchen Unternehmensvertrages.[118] 163

11. Die Anwendung von Tarifvorschriften (§ 19 KStG)

Die Anwendung von besonderen Tarifvorschriften würde bei der Organgesellschaft zwangsläufig ins Leere laufen. 19 KStG sieht daher vor, dass solche besondere Tarifvorschriften bzw. Tarifvergünstigungen nur im Rahmen des Besteuerungsverfahrens des Organträgers Anwendung finden können. Dies gilt gemäß § 19 Abs. 2 KStG auch soweit der Organträger der Einkommensteuer unterliegt und dort gleichartige Tarifvorschriften bekannt sind. Handelt es sich bei dem Organträger um eine Personengesellschaft sind die Verhältnisse des dahinter stehenden Gesellschafters maßgeblich (§ 19 Abs. 3 KStG). Im Falle eines Organschaftsverhältnisses im Rahmen des § 18 KStG mit einem ausländischen Organträger kommt gemäß § 19 Abs. 4 KStG eine Anwendung besonderer Tarifvorschriften nur in Betracht, soweit diese bei beschränkt Steuerpflichtigen Anwendung finden können. 164

Gemäß § 19 Abs. 5 KStG ist auch eine Steueranrechnung nur auf der Ebene des Organträgers denkbar.

---

116 Im Einzelnen zu § 18 KStG: Pache in: H/H/R, § 18 KStG, Anm. 10 ff.
117 EuGH Urteil vom 13. Dezember 2005, C-446/03.
118 Zur Vereinbarkeit mit dem EU-Recht: Kolbe H/H/R, § 14 KStG, Anm. 12.

III. Die gewerbesteuerliche Organschaft

1. Die Bedeutung der gewerbesteuerlichen Organschaft

165 Die gewerbesteuerliche Organschaft ist in § 2 Abs. 2 S. 2 und 3 GewStG geregelt. Der BFH hat insbesondere in der älteren Rechtsprechung zum Ausdruck gebracht, dass die gewerbesteuerliche Organschaft den Sinn habe, die am Aufkommen der Gewerbesteuer beteiligten Gemeinden zu schützen.[119] Es solle verhindert werden, dass Konzernunternehmen ihre Gewinne willkürlich verlagern können. Es wird jedoch auch der Aspekt des Schutzes der Unternehmen vor doppelter Erfassung des wirtschaftlich gleichen Ertrages durch die Gewerbesteuer von der Rechtsprechung hervorgehoben.[120] Es soll der wirtschaftlichen Einheit mehrerer rechtlich selbständiger Unternehmen Rechnung getragen werden.

Die Motive der Praxis zur Eingehung eines gewerbesteuerlichen Organschaftsverhältnisses entsprechen weitgehend denen der körperschaftsteuerlichen Organschaft. Die Möglichkeit der Saldierung von Unternehmensergebnissen mehrerer Unternehmen für Zwecke der Gewerbesteuer bietet den Anreiz für diese Gestaltung. Letztlich geht es darum, Gewinne mit Verlusten bzw. positives mit negativem Gewerbekapital zu verrechnen.

2. Die Tatbestandsmerkmale der gewerbesteuerlichen Organschaft

166 Die Entwicklung der Tatbestandsmerkmale zum Vorliegen einer gewerbesteuerlichen Organschaft kann in besonderem Maße als wechselhaft bezeichnet werden.[121] Zur gewerbesteuerlichen Organschaft existieren Verwaltungsanweisungen im Abschn. 14 GewStR. Diese stammen jedoch von 1998 und sind daher kaum mehr hilfreich im Hinblick auf die zahlreichen tiefgehenden Rechtsänderungen seit dieser Zeit.

167 Die Rechtslage bis einschließlich Veranlagungszeitraum 2000:

Es bestand Gleichklang zwischen körperschaftsteuerlicher und gewerbesteuerlicher Organschaft dahingehend, dass eine Eingliederung der Organgesellschaft in den Organträger in finanzieller, wirtschaftlicher und organisatorischer Hinsicht (§ 14 Nr. 1 und 2 a.F) erforderlich war. Die gewerbesteuerliche Organschaft erforderte jedoch im Gegensatz zur körperschaftsteuerlichen Organschaft nicht das Vorliegen eines Ergebnisabführungsvertrages.

168 Die Rechtslage im Veranlagungszeitraum 2001:

Mit dem Verzicht des Gesetzgebers auf die Tatbestandsmerkmale der wirtschaftlichen und organisatorischen Eingliederung im Bereich des Körperschaftsteuerrechts durch das StSenkG vom 23.10.2000 wurde diese Form des Gleichklangs nicht mehr haltbar. Der Gesetzgeber hat sich zunächst dagegen entschieden, auch im Bereich der gewerbesteuerlichen Organschaft das Vorliegen eines Ergebnisabführungsvertrages zu verlangen. Wenn jedoch nur das Vorliegen einer finanziellen Eingliederung erforderlich geworden wäre hätte jede mehrheitliche Beteiligung zu einer „Zwangsorganschaft" in gewerbesteuerlicher Hinsicht geführt. Um dies zu verhindern, hat der

---

[119] BFH, Urteil v. 08. Januar 1963, BStBl. III, 188.
[120] BFH, Urteil v. 09. Oktober 1974, BStBl. 1975, 179.
[121] Zur Entwicklung der gewerbesteuerlichen Organschaft, Schmidt/Müller/Stöcker, S. 225 f.

C. Besonderheiten bei der Besteuerung des Organschaftskonzerns

Gesetzgeber zunächst bestimmt, dass im Bereich der gewerbesteuerlichen Organschaft weiterhin eine wirtschaftliche und organisatorische Eingliederung erforderlich bleiben solle. Das Tatbestandsmerkmal der finanziellen Eingliederung wurde jedoch auch für den Bereich der gewerbesteuerlichen Organschaft gelockert und insbesondere das Zusammenrechnungsverbot aufgehoben (§ 36 Abs. 2 GewStG).

Die Rechtslage ab dem Veranlagungszeitraum 2002:

169

Der Gesetzgeber hat sich schließlich doch für eine völlige Angleichung von körperschaftsteuerlicher und gewerbesteuerlicher Organschaft entschieden. Er hat eine direkte Koppelung von gewerbesteuerlicher und körperschaftsteuerlicher Organschaft vorgenommen. Sofern eine körperschaftsteuerliche Organschaft vorliegt, besteht gemäß § 2 Abs. 2 GewStG auch in gewerbesteuerlicher Hinsicht ein Organschaftsverhältnis. Damit erfordert auch die gewerbesteuerliche Organschaft ab dem Veranlagungszeitraum 2002 das Vorliegen eines Ergebnisabführungsvertrages.

❗ Praxishinweis:
Wird der erforderliche Ergebnisabführungsvertrag nicht geschlossen, enden alte Organschaftsverhältnisse zum 31.12.2001.

Auch im Bereich der Gewerbesteuer erfolgt kurzfristig eine Regelung zur sog. Mehrmütterorganschaft. § 2 Abs. 2 S. 3 GewStG legt rückwirkend fest (§ 36 Abs. 2 S. 2 GewStG), dass im Fall einer Mehrmütterorganschaft die Personengesellschaft als Organträger gilt. Damit kann der Gewerbeverlust der Organgesellschaft nicht mehr bei den eigentlichen Organträgern abgezogen werden und kann damit nicht genutzt werden. Diese Entscheidung erfolgt als Reaktion auf eine Rechtsprechung des BFH, nach welcher die Gesellschafter der Personengesellschaft als Organträger anzusehen sind.

170

Im Rahmen der Streichung von § 14 Abs. 2 a.F KStG (Abschaffung der Mehrmütterorganschaft) wurde auch § 2 Abs. 2 S. 3 GewStG mit Wirkung ab dem Veranlagungszeitraum 2003 aufgehoben.

3. Die Rechtsfolgen der gewerbesteuerlichen Organschaft

Das Vorliegen einer gewerbesteuerlichen Organschaft bedingt, dass die Organgesellschaft ihre steuerrechtliche Eigenständigkeit verliert und zur Betriebsstätte des Organträgers wird. Der Organkreis wird jedoch nicht als ein einheitliches Unternehmen angesehen. Die Organgesellschaft ermittelt weiter eigenständig den Gewerbeertrag. Sie ist jedoch nicht mehr gewerbesteuerpflichtig; dies ist nun allein der Organträger. Ein Gewerbesteuermessbescheid ergeht nur gegen den Organträger.[122] Insoweit besteht ein Unterschied zur körperschaftsteuerlichen Organschaft in dessen Rahmen die Organgesellschaft eigenständiges Steuersubjekt bleibt. Im Ergebnis kommt es jedoch ebenso wie bei der körperschaftsteuerlichen Organschaft zu einer Zurechnung des Gewerbeertrags von der Organgesellschaft auf den Organträger. Ausgleichszahlungen werden im Gegensatz zur körperschaftsteuerlichen Organschaft nicht von der Organgesellschaft selbst versteuert, sondern auch diese Beträge werden dem Organträger zugerechnet. Eine dem § 16 KStG entsprechende Regelung enthält das Gewerbesteuerrecht nicht. Auch vororganschaftliche Mehrabführungen bedingen im Gegensatz zur Rechtslage bei der körperschaftsteuerlichen Organschaft lediglich eine Zurechnung von Gewerbeerträgen auf den Organträger.

171

---

122 Vgl. Schmidt/Müller/Stöcker, S. 237.

172 Der Gesetzgeber hat weiterhin mit der Regelung des § 10a S. 3 GewStG die bisher bei Gewerbesteuer bestehende Möglichkeit vororganschaftliche Verluste bei der Ermittlung des Gewerbeertrages der Organgesellschaft zu verrechnen abgeschafft. Die Regelung ist ab dem Veranlagungszeitraum 2004 anwendbar und bedingt eine weitere Angleichung der gewerbesteuerlichen und der körperschaftssteuerlichen Organschaft.

IV. Die umsatzsteuerliche Organschaft gemäß § 2 Abs. 2 Nr. 2 UStG

1. Die Bedeutung der umsatzsteuerlichen Organschaft

173 Die Möglichkeit einer umsatzsteuerlichen Organschaft sieht das Gesetz bereits seit dem Jahr 1934 vor. Bis zur Einführung des Prinzips des Vorsteuerabzugs 1968 hatte die umsatzsteuerliche Organschaft große steuerliche Bedeutung. Das Institut ermöglichte die Weitgabe von Waren und Leistungen zwischen Unternehmen, ohne dass Umsatzsteuer anfällt.

Nach der aktuellen Rechtssituation führt die umsatzsteuerliche Organschaft hingegen lediglich dazu, dass der Verwaltungsaufwand geringer wird. Einen echten steuerlichen Vorteil birgt die Eingehung eines umsatzsteuerlichen Organschaftsverhältnisses im Hinblick auf das Prinzip des Vorsteuerabzugs nicht mehr.

Die umsatzsteuerliche Organschaft hat in den letzten Jahren kaum Veränderungen erfahren. Während sich mittlerweile gewerbesteuerliche und körperschaftssteuerliche Organschaft fast völlig angenähert haben, ist die umsatzsteuerliche Organschaft demgegenüber sehr eigenständig.[123] Es ist weiterhin der dreigeteilte Eingliederungsbegriff maßgeblich und ein Ergebnisabführungsvertrag ist nicht erforderlich. Dies ist in der Praxis unbefriedigend, da häufig in allen Bereichen eine Organschaft angestrebt wird und daher ein derartiges Auseinanderfallen der Anforderungen häufig als unnötige Verkomplizierung empfunden wird. Der Gesetzgeber begründet diesen Zustand damit, dass er im Hinblick auf die 6. EG-Richtlinie in welcher die Voraussetzungen für eine umsatzsteuerliche Organschaft vorgegeben sind eine Angleichung an die Regelungen im Bereich des Ertragsteuerrechts nicht vornehmen könne. Es existieren Verwaltungsanweisungen in Abschn. 20 ff. UStR zur umsatzsteuerlichen Organschaft.

2. Die Tatbestandsmerkmale

a) Die Beteiligten

174 Bei der Organgesellschaft muss es sich um eine juristische Person des Privatrechts handeln. Es kommt damit in erster Linie die GmbH, die AG, die KGaA, sowie die Europäische Gesellschaft SE in Betracht. Die Organgesellschaft muss keine Unternehmereigenschaft aufweisen. Auch eine reine Finanzholding kann sofern die Eingliederungsvoraussetzungen vorliegen als Organgesellschaft auftreten. Sofern die Organgesellschaft mangels Unternehmereigenschaft nicht umsatzsteuerpflichtig ist, birgt jedoch die Einbeziehung in einen umsatzsteuerlichen Organkreis kaum Vorteile.

---

123 Zur Entwicklung der umsatzsteuerlichen Organschaft, Schmidt/Müller/Stöcker, S. 263 ff.

C. Besonderheiten bei der Besteuerung des Organschaftskonzerns

Bei dem Organträger muss es sich hingegen um einen Unternehmer im Sinn des UStG handeln. Die Rechtsform des Organträgers ist nicht vorgegeben. Es kann sich grundsätzlich sowohl um natürliche als auch juristische Personen sowohl des privaten als auch des öffentlichen Rechts handeln.[124]

Das Gesetz erfordert nach seinem Wortlaut, dass der Organträger eine unternehmerische Tätigkeit im Sinne des § 2 Abs. 1 S. 1 UStG ausübt. Anders als im Bereich des Ertragsteuerrechts ist es nicht erforderlich, dass der Organträger einer gewerblichen Tätigkeit nachgeht. Es ist also die Ausübung einer selbständigen gewerblichen oder beruflichen Tätigkeit erforderlich.

Keine Unternehmen sind reine Innengesellschaften (z.B. stille Gesellschaft).

Früher wurde überwiegend davon ausgegangen, dass es nicht erforderlich sei, dass der Organträger bereits vor Eingehung der Organschaft unternehmerisch tätig war. Die unternehmerische Tätigkeit könne auch aus dem Organschaftsverhältnis und damit aus der Tätigkeit der Organgesellschaft resultieren, welche dem Organträger umsatzsteuerlich zugerechnet wird.[125] Mittlerweile wird überwiegend davon ausgegangen, dass der Organträger selbst Unternehmer sein müsse.[126] Nach dieser Sicht kann insbesondere eine reine Finanzholding nicht als Organträger auftreten.

Die Möglichkeit einer Mehrmütterorganschaft bestand nie im Bereich der umsatzsteuerlichen Organschaft. Dies klingt bereits im Gesetzestext an, da dort der Gesetzgeber sich bezieht auf „das Unternehmen des Organträgers". Das Gesetz wird hier so verstanden, dass es sich bei dem Organträger um ein einzelnes Unternehmen handeln muss. Eine Mehrmütterorganschaft würde zudem das Problem mit sich bringen, dass Umsätze und Vorsteuerbeträge den einzelnen Gesellschaftern nach deren Beteiligungsverhältnis zugeordnet werden müsste. Dies erscheint kaum praktikabel.

b) Der Eingliederungstatbestand

aa) Allgemeines

Das Gesetz erforderlich eine Eingliederung der Organgesellschaft in den Organträger.[127] Eine solche ist nach dem Gesamtbild der tatsächlichen Verhältnisse in finanzieller wirtschaftlicher und organisatorischer Hinsicht nötig. Das Gesetz enthält keine Definition oder nähere Umschreibung der Tatbestandsmerkmale. Die Rechtsprechung hat im Bereich des Umsatzsteuerrechts die Eingliederungstatbestände zum Teil abweichend zum Ertragsteuerrecht ausgelegt.[128]

bb) Die finanzielle Eingliederung

Es wird auch im Umsatzsteuerrecht auf die Mehrheit der Stimmrechte abgestellt.[129] Der Organträger muss über eine Anteilsmehrheit verfügen, welche es ihm ermöglicht sich bei allen Beschlüssen durchzusetzen. Soweit die Satzung der Gesellschaft insgesamt oder für einzelne Bereiche ein höheres Quorum als die einfache Mehrheit vorsieht ist dieses erforderlich. Maßgeblich ist wem das wirtschaftliche Eigentum an den Anteilen im Sinne des § 39 Abs. 2 Nr. 1 S.1 AO zusteht. Die finanzielle Eingliederung kann auch über eine oder mehrere mittelbare Beteiligungen begründet werden. Nach überwiegender Auffassung ist eine Zusammenrechnung von mittelbaren und unmittelbaren Beteiligungen zulässig. Möglich ist hingegen nicht die Begründung einer finanziel-

---

124 Zu OG und OT: Schmidt/Müller/Stöcker, S. 287 ff.
125 So noch Schmidt/Müller/Stöcker, S. 295, Rn. 1242.
126 Kessler in: Kessler/Kröhner/Köhler, S. 545, Rn. 38.
127 Allgemein zum Eingliederungstatbestand: Schmidt/Müller/Stöcker, S. 301 ff.
128 So auch Abschn. 21 Abs. 3 UstR.
129 Dazu: Schmidt/Müller/Stöcker, S. 304 ff.

len Eingliederung über Beteiligungen zweier Kapitalgesellschaften die im Privatvermögen einer Privatperson gehalten werden.[130]

In diesem Fall liege keine finanzielle Eingliederung in ein übergeordnetes Unternehmen vor. Demgegenüber ist es ausreichend, wenn sich die Anteile an der Organgesellschaft im Privatvermögen der Gesellschafter einer Personengesellschaft befinden.[131] Eine finanzielle Eingliederung über mittelbar gehaltene Anteile ist auch denkbar, wenn die mittelnde Gesellschaft nicht unternehmerisch tätig ist.

cc) Die wirtschaftliche Eingliederung

179 Die wirtschaftliche Eingliederung erfordert, dass die Organgsellschaft nach dem Willen des Organträgers dessen Tätigkeit ergänzt bzw. fördert. Es ist jedoch ein engerer innerer Zusammenhang zwischen der Tätigkeit der Organgesellschaft und dem Organträger erforderlich. Zwischen den Unternehmen muss ein vernünftiger betriebswirtschaftlicher Zusammenhang bestehen.[132]

Die wirtschaftliche Eingliederung erfordert im Umsatzsteuerrecht keine gewerbliche Tätigkeit des Organträgers. Es ist daher auch in Betriebsaufspaltungsfällen oder bei Vorliegen von Holdingunternehmen grundsätzlich eine wirtschaftliche Eingliederung denkbar. Insoweit bestehen Unterschiede zum Ertragsteuerrecht als auch dort ein Organschaftsverhältnis noch das Vorliegen einer wirtschaftlichen Organschaft erfordert hat. Im Ertragsteuerrecht erforderte die wirtschaftliche Eingliederung, dass der Organträger einer originären gewerblichen Tätigkeit nachgeht. Die Verwaltung hat jedoch zum Ausdruck gebracht, dass eine wirtschaftliche Eingliederung nur in Betracht kommen könne, soweit die Beteiligung an der Organgesellschaft im unternehmerischen Bereich gehalten wird. Dies geschieht vor dem Hintergrund, dass das reine Halten und Verwalten von Beteiligungen nicht als unternehmerische Tätigkeit angesehen werden kann.[133]

> **❗ Praxishinweis:**
> *Ein umsatzsteuerliches Organschaftsverhältnis mit einer reinen Finanzholding als Organträger ist nach wie vor kaum realisierbar, im Hinblick auf Probleme im Zusammenhang mit der Unternehmereigenschaft und der wirtschaftlichen Eingliederung. Wird ein Organschaftsverhältnis angestrebt, sollte zumindest eine Führungs- oder Funktionsholding als Organträger auftreten.*

dd) Die organisatorische Eingliederung

180 Eine organisatorische Eingliederung erfordert, dass sich der Wille des Organträgers laufend in der Geschäftsführung der Organgesellschaft realisiert.[134] Es bestehen im Zusammenhang mit diesem Merkmal keine Unterschiede zu dem im Ertragsteuerrecht früher erforderlichen Tatbestandsmerkmal. Eine organisatorische Eingliederung kann demzufolge im Wege einer Personalunion oder über den Abschluss und die Durchführung eines Beherrschungsvertrages realisiert werden. Es sind aber auch weitere vertragliche Gestaltungen denkbar, welche sicherstellen, dass der Organträger jederzeit seinen Willen durchsetzen kann.

---

130 Vgl. Abschn. 21 Abs. 4 S. 3 f. UStR.
131 Vgl. Abschn. 21 Abs. 4, S. 5 UStR; sowie BMF Schreiben v. 26. Januar 2007, IV A 5 – S 7300 – 10/07, BStBl. I 2007, 211.
132 Dazu ausführlich: Schmidt/Müller/Stöcker, S. 314 ff.
133 Ausführlich dazu unter D. II.
134 Dazu: Schmidt/Müller/Stöcker, S. 331 ff.

C. Besonderheiten bei der Besteuerung des Organschaftskonzerns

ee) Die Beurteilung nach dem Gesamtbild der tatsächlichen Verhältnisse

Die drei Eingliederungstatbestände müssen im Rahmen einer Beurteilung nach dem Gesamtbild der tatsächlichen Verhältnisse vorliegen. Es handelt sich dabei um einen Ausgleichsmechanismus welcher soweit ein Tatbestandsmerkmal wenig ausgeprägt vorliegt für einen Ausgleich sorgen kann. Ein weniger ausgeprägt vorliegender Eingliederungstatbestand kann ausgeglichen werden, soweit ein anderer Eingliederungstatbestand besonders deutlich ausgeprägt ist.

Die Eingliederungstatbestände sind in diesem Zusammenhang gleichwertig. Jeder der drei Eingliederungstatbestände ist in diesen Ausgleichsmechanismus einbezogen. Im Gegensatz zur Rechtslage im Ertragsteuerrecht, als noch der dreigeteilte Eingliederungsbegriff maßgeblich war, gilt dies auch in Bezug auf die finanzielle Eingliederung. Es ist auch möglich, eine unzureichende finanzielle Eingliederung dadurch auszugleichen, dass ein anderes Eingliederungsmerkmal besonders ausgeprägt vorliegt.[135]

3. Die Rechtsfolgen der umsatzsteuerlichen Organschaft

Die Rechtsfolge der umsatzsteuerlichen Organschaft besteht darin, dass die Organgesellschaft ihre Unternehmereigenschaft verliert.[136] Die Organgesellschaft ist nicht mehr als selbständig im Sinne des § 2 Abs. 1 UStG einzuordnen. Diese Selbständigkeit stellt ein Tatbestandsmerkmal dar, um als Unternehmer im Sinne des § 2 Abs. 1 UStG eingeordnet werden zu können. Nur der Organträger ist als Unternehmer einzustufen die Organgesellschaft stellt einen unselbständigen Teil dieses Unternehmens dar. Umsätze zwischen der Organgesellschaft und dem Organträger stellen damit reine Innenumsätze dar und sind nicht aufzeichnungspflichtig.

Die Umsätze und Leistungsbezüge der Organgesellschaft werden dem Organträger zugerechnet.

Praxishinweis:

Die Rechtsfolgen der umsatzsteuerlichen Organschaft treten Kraft Gesetzes ein, ohne, dass es eines Antrages bedürfte. Gerade im Bereich der Umsatzsteuer besteht daher die Gefahr, dass es zu ungewollten Organschaftsverhältnissen kommt.

---

135 Schmidt/Müller/Stöcker, S. 337.
136 Vgl. Schmidt/Müller/Stöcker, S. 340.

D. Konzerninterner Liefer- und Leistungsverkehr

183 Gesellschaften sind steuerlich isoliert zu betrachten, auch wenn sie einen Konzern bilden. Jede Gesellschaft ermittelt ihr eigenes steuerliches Einkommen und schuldet ihre eigene Körperschaft-, Gewerbe- und Umsatzsteuer:

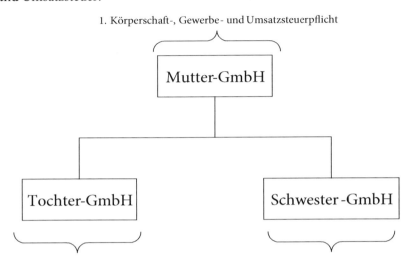

184 Geschäftsbeziehungen sind im Konzern steuerlich genauso abzubilden wie sie es außerhalb eines Konzern sind. Während außerhalb des Konzerns durch die Beteiligung unabhängiger Dritter ein Fremdvergleich stattfindet, fehlt dies bei Geschäften im Konzern. Zur Vermeidung von verdeckten Gewinnausschüttungen und verdeckten Einlagen haben sich die Leistungsbeziehungen in einem Konzern daher an dem Fremdvergleichsmaßstab zu orientieren. Die Beachtung dieses Maßstabes bringt es mit sich, dass die wirtschaftlichen und rechtlichen Grundlagen der Leistungsbeziehungen herausgearbeitet und auch dokumentiert werden. Im Rahmen so genannter Konzernumlage- und Poolverträge sind vereinfachte Vorgehensweisen im Konzern anerkannt, durch welche die Besonderheiten eines Konzernverhältnisses gewürdigt werden sollen.

Durch die Begründung einer Organschaft werden verdeckte Gewinnausschüttungen regelmäßig vermieden und in vorweggenommene Gewinnabführungen „mutiert".[137]

---

[137] R 61 Abs. 4 KStG: „VGA an den Organträger sind im Allgemeinen vorweggenommene Gewinnabführungen; sie stellen die tatsächliche Durchführung des GAV nicht in Frage."

E. Grunderwerbsteuer und Umsatzsteuer als Steuerfalle im Konzern

I. Grunderwerbsteuer

1. Grundsätzliches

Im Zusammenhang mit der Gestaltung von Konzernstrukturen stellt die Gefahr, dass Grunderwerbsteuer anfallen könnte eines der Hauptrisiken dar. Die Regelungen zur Grunderwerbsteuerpflicht bei Anteilsvereinigung sind kompliziert und unübersichtlich ausgestaltet. Da auch mittelbare Veränderungen der Beteiligungsstruktur von Gesellschaften mit Grundvermögen Grunderwerbsteuer nach sich ziehen können, werden häufig im Zuge von Konzernumstrukturierungen grunderwerbsteuerpflichtige Vorgänge nicht wahrgenommen.

> **Praxishinweis:**
> Bei der Überprüfung der steuerlichen Auswirkungen von Veränderungen der Konzernstruktur sollte der Grunderwerbsteuer besonderes Augenmerk geschenkt werden.

2. Grunderwerbsteuer gemäß § 1 Abs. 2 GrEStG

Zum Teil wurde die Auffassung vertreten, dass bereits das Vorliegen eines Gewinnabführungsvertrages sowie eines Beherrschungsvertrages Grunderwerbsteuer nach § 1 Abs. 2 GrEStG auslösen würde. Nach dieser Vorschrift unterliegen auch Rechtsvorgänge der Grunderwerbsteuer welche es einem Anderen rechtlich oder wirtschaftlich ermöglichen ein Grundstück auf eigene Rechnung zu verwerten. Nach Ansicht des FG Düsseldorf würde die Koppelung der beiden Verträge eine so weitgehende Weisungsbefugnis begründen, dass über Grundstücke verfügt werden könnte.[138] Der BFH hat sich jedoch der Sicht des FG Düsseldorf nicht angeschlossen und sieht durch den Abschluss eines Unternehmensvertrages den Tatbestand des § 1 Abs. 2 GrEStG als nicht erfüllt an.[139] Die Sicht des FG Düsseldorf erscheint an diesem Punkt als zu weit gehend.[140]

3. Die Anteilsvereinigung nach §1 Abs. 3 GrEStG

Es besteht die Gefahr, dass es im Rahmen von Konzernstrukturen zu Anteilsvereinigung im Sinne des § 1 Abs. 3 GrEStG kommt.[141]

Soweit Grundstücke zum Vermögen einer Gesellschaft gehören, fällt Grunderwerbsteuer an, soweit dadurch mindestens 95 % der Anteile in einer Hand vereinigt werden. Häufig wird das Erreichen dieser Grenze nicht wahrgenommen, da auch mittelbar gehaltene Anteile zu berücksichtigen sind. Das Gesetz unterwirft der Grunderwerbsteuer sowohl Vorgänge, bei denen per Rechtsgeschäft Anteile übertragen werden, als auch Übertragungen die ohne ein Rechtsgeschäft zur Über-

---
138 FG Düsseldorf Urteil v. 14. August 1998, 3 K 7808/93 GE, EFG 1998, 1661.
139 BFH, Urteil v. 01. März 2000, II R 53/98, BStBl. II 2000, 357.
140 Ebenso Zur Vereinbarkeit mit dem EU-Recht: Kolbe H/H/R, § 14 KStG, Anm. 39.
141 Vgl. dazu auch Kolbe H/H/R, § 14 KStG, Anm. 39.

tragung (§ 1 Abs. 3 Nr. 4 GrEStG) oder Vereinigung (§ 1 Abs. 3 Nr. 2 GrEStG) von Gesellschaftsanteilen führen. Dies kann insbesondere der Fall sein soweit es per Gesetz zu einer Übertragung von Anteilen kommt (z.B. bei einer Verschmelzung, Spaltung, Anwachsung, Realteilung).

Die Grunderwerbsteuer kann bereits ausgelöst werden mit der Eingehung eines Rechtsgeschäfts welches einen Anspruch auf Übertragung von Gesellschaftsanteilen begründet (§ 1 Abs. 3 Nr. 3 GrEStG). Grunderwerbsteuer durch Anteilsvereinigung können jedoch nur Vorgänge auslösen die zu einer Veränderung der Beteiligungsstruktur der zu besteuernden Gesellschaft führen.

188 Es ist jeweils erforderlich, dass durch eine Anteilsübertragung mindestens 95 % der Gesellschaftsanteile in einer Hand vereinigt werden. Mit Wirkung bis zum 31.12.1999 erforderte das Gesetz eine Vereinigung aller Anteile einer Gesellschaft. Bei der Prüfung ob diese Grenze erreicht wird sind sowohl unmittelbar als auch mittelbar gehaltene Anteile zu berücksichtigen. Mittelbar gehalten werden Anteile soweit an der mittelnden Gesellschaft mindestens 95 % der Anteile gehalten werden. Die mittelnde Gesellschaft muss ihrerseits eine Beteiligung von mindestens 95 % an der Grundstücksgesellschaft innehaben.

▶ **Beispiel:**

$$\text{A-GmbH} \xrightarrow{95\%} \text{mittelnde GmbH} \xrightarrow{95\%} \text{Grundstück GmbH}$$

Durch einen Erwerb der A- GmbH von Anteilen an der mittelnden Gesellschaft kommt es im Hinblick auf die Grundstück GmbH zu einem grunderwerbsteuerpflichtigen Vorgang soweit die A- GmbH durch diesen Vorgang eine Beteiligung von mindestens 95 % erlangt. Soweit die A-GmbH bereits über Anteile an der mittelnden GmbH verfügt hat, löst ein Hinzuerwerb Grunderwerbsteuer aus, soweit die 95 % Grenze erreicht wird.

189 Die mittelbare Beteiligung kann auch über mehrere Stufen erfolgen. Grunderbsteuerlich relevant ist der Vorgang jedoch nur, soweit in der Kette keine der Beteiligungen die Grenze von 95 % unterschreitet. In den Anwendungsbereich fallen grundsätzlich Erwerbe von Anteilen an Gesellschaften, unabhängig davon, ob es sich um eine Kapital- oder Personengesellschaft handelt. Der BFH hat jedoch zum Ausdruck gebracht, dass in Bezug auf Personengesellschaften der Begriff des „Anteils" eine gesellschaftsrechtliche Beteiligung zu verstehen sei. Es sei eine gesamthänderische Mitberechtigung in Bezug auf das aktive Gesellschaftsvermögen erforderlich. Demzufolge sei eine reine Kapitalbeteiligung nicht ausreichend. Insbesondere im Fall einer KG ist damit auch eine Beteiligung an der Komplementärstellung erforderlich, selbst wenn der Komplementär nicht am Kapital der Gesellschaft beteiligt ist. Für den sehr praxisrelevanten Fall einer GmbH &Co. KG bedeutet dies, dass neben der Beteiligung am Kapital der KG mit einem Quorum von mindestens 95 % auch eine entsprechende Beteiligung an der Komplementär GmbH erforderlich ist.[142]

190 Im Fall einer natürlichen Person, welche zunächst 95 % der Anteile an einer Kapitalgesellschaft mit Grundbesitz und in der Folgezeit das Grundstück von der Kapitalgesellschaft erwirbt, führt eine buchstabengetreue Prüfung zu zwei grunderwerbsteuerpflichtigen Vorgängen. Zunächst die Anteilsvereinigung gemäß § 1 Abs. 3 GrEStG schließlich ein Erwerb gemäß § 1 Abs. 1 GrEStG durch die natürliche Person. § 1 Abs. 6 GrEStG findet nach dem strengen Wortlaut keine Anwendung, da keine Erwerberidentität hinsichtlich der beiden Vorgänge vorliegt und daher der Anwendungsbereich der Vorschrift nicht betroffen ist. Die Verwaltung wendet § 1 Abs. 6 GrEStG dennoch aus Billigkeitsgründen analog an. Gemäß § 1 Abs. 6 S. 2 GrEStG unterliegt als Bemes-

---

142 Vgl. BFH, Urteil v. 26. Juli 1995, II 67/92, BFH NV, 1996, 171.

sungsgrundlage der Grunderwerbsteuer nur der Betrag um den die Bemessungsgrundlage die der Anteilsvereinigung übersteigt.[143]

4. Anteilsvereinigung im Organkreis

Ein Spezialfall der in § 1 Abs. 3 Nr. 1 GrEStG geregelten Anteilsvereinigung ist die Anteilsvereinigung in einem Organkreis.[144] Die Grunderwerbsteuer kennt das Institut der Organschaft nicht. Soweit jedoch eine Eingliederung in finanzieller, wirtschaftlicher und organisatorischer Hinsicht vorliegt kann eine Anteilsvereinigung in einer eigenständigen Hand begründet werden gemäß § 1 Abs. 3 Nr. 1 bzw. Nr. 2 in Verbindung mit § 1 Abs. 4 Nr. 2 Buchstabe b. Soweit der Eingliederungstatbestand erfüllt ist (es gelten die für die Umsatzsteuer maßgeblichen Kriterien)[145] handelt es sich um eine abhängige Gesellschaft im Sinne des § 1 Abs. 3 Nr. 1 GrEStG. Da eine solche Konstellation regelmäßig zu einer umsatzsteuerlichen Organschaft führt, wird z.T auch von einer grunderwebsteuerlichen Organschaft gesprochen.

Soweit durch eine Anteilsübertragung mindestens 95 % der Anteile einer Gesellschaft mit Grundbesitz in den Organkreis aus herrschenden und abhängigen Gesellschaften gelangen wird Grunderwerbsteuer ausgelöst. Dies gilt unabhängig davon ob der Anteilsübergang per Gesetz oder Rechtsgeschäft stattfindet. Mit Wirkung bis zum 31.12.1999 ist § 1 Abs. 3 a.F. GrEStG noch anwendbar und damit eine Anteilsvereinigung sämtlicher Anteile erforderlich. Im Hinblick auf die Subsidiarität der Anteilsvereinigung im Organkreis kommt es nur zur Belastung mit Grunderwerbsteuer wenn nicht bereits vor dem Anteilserwerb 95 % der Anteile im Organkreis vereinigt waren.

> Beispiel:

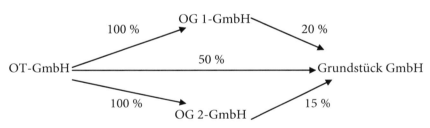

Bei dieser Ausgangssituation mit einer GmbH als Organträger und 2 Organtöchtern würde der Hinzuerwerb von 10 % der Anteile an der Grundstücksgesellschaft durch den Organträger oder einer Organtochtergesellschaft Grunderwerbsteuer auslösen. Ein solcher Hinzuerwerb würde dazu führen, dass sich im Organkreis 95 % der Anteile an der Grundstücksgesellschaft vereinigen würden. Zu beachten ist weiterhin, dass gemäß § 13 Nr. 5 b GrEStG die drei Gesellschaften des Organkreises jeweils Steuerschuldner sind.

---

143 Vgl. Fleischer in: Kessler/Kröner/Köhler, S. 502, Rn. 54.
144 Grundlegend zu dem Problem mit einer Vielzahl von Beispielen: Gleich lautende Erlasse der obersten Finanzbehörden der Länder, v. 21. März 2007, BStBl. I 2007, 422. Zu dem Erlass und den offen gebliebenen Fragen: Behrens/Meyer-Wirges, DStR 2007, 1290.
145 Vgl. dazu: § 4 C IV b).

§ 4 Steuer- und Finanzfragen

> **Praxishinweis:**
> Soweit es um im Inland belegene Grundstücke geht, finden auch Beteiligungen an ausländischen Gesellschaften Berücksichtigung. Die Verwaltung und der BFH sind ausdrücklich der Auffassung, dass grunderwerbsteuerliche Organschaftsverhältnisse nicht auf das Inland beschränkt sind.[146]

193 Die reine Eingehung oder Änderung einer organschaftlichen Verbindung kann keine Grunderwerbsteuerpflicht begründen. Es muss eine Verknüpfung mit einer Veränderung in der Beteiligungsstruktur hinzutreten.

Geschieht dies in einem engen zeitlichen und sachlichem Zusammenhang im Sinne eines vorgefassten Plans geht die Verwaltung davon aus, dass die Übertragung der Anteile mit der Begründung des Organkreises verknüpft sei. Es sei eine Beurteilung des Einzelfalls erforderlich um einen solchen Zusammenhang festzustellen. Soweit zwischen den beiden Vorgängen nicht mehr als 15 Monate liegen geht die Verwaltung stets von einem engen zeitlichen Zusammenhang aus und vermutet ein Vorgehen nach einem vorgefassten Plan. Diese Vermutung kann durch substantiiert belegte Tatsachen entkräftet werden.[147]

> **Praxishinweis:**
> Es kann auch zur Begründung von Grunderwerbsteuer kommen soweit zunächst eine Anteilsübertragung stattfindet und die Zusammenfassung von Unternehmen in einem Organkreis zeitnah folgt.

194 Auch im Zusammenhang mit natürlichen Personen kennt § 1 Abs. 3 in Verbindung mit § 1 Abs. 4 Nr. 2 a) einen Abhängigkeitsbegriff. Abhängigkeit liegt in diesem Fall vor, soweit Weisungsgebundenheit im Hinblick auf die Unternehmensanteile besteht. In Praxis hat dieser Tatbestand jedoch nur eine untergeordnete Bedeutung.

5. Sonderproblem Anteilsverschiebungen im Organkreis

195 Die Finanzverwaltung ist der Auffassung, dass Anteilsverschiebungen im Organkreis auch Grunderwerbsteuer im Hinblick auf die Anteilsvereinigung in der Hand eines Rechtsträgers auslösen können.[148] Diese Steuerfolgen sollen unabhängig von einer Besteuerung im Hinblick auf eine Anteilsvereinigung im Organkreis eintreten. Die Finanzverwaltung ist der Auffassung es würde sich bei der Anteilsvereinigung in der Hand eines Rechtsträgers und der Anteilsvereinigung im Organkreis um zwei selbständige Erwerbsakte in unterschiedlichen Händen handeln. Es sind daher Konstellationen denkbar, bei denen es zu zweifelhaften Mehrfachbelastungen mit Grunderwerbsteuer kommen kann.

> **Beispiel:**
> 196 Die OT-GmbH erwirbt 90 % der Anteile der OG-GmbH und begründet gleichzeitig ein Organschaftsverhältnis. Die OG-GmbH verfügt über 60 % der Anteile an der X-GmbH welche über Grundbesitz verfügt. Die weiteren 40 % der X-GmbH werden von der OT-GmbH gehalten. Die OT erwirbt später die Anteile der OG-GmbH an der X-GmbH.

---

146 So gleich lautende Erlasse der obersten Finanzbehörden der Länder, v. 21. März 2007, BStBl. I 2007, 422.
147 Vgl. dazu: Gleich lautende Erlasse der obersten Finanzbehörden der Länder, v. 21. März 2007, BStBl. I 2007, 422 (423).
148 Siehe gleich lautende Erlasse der obersten Finanzbehörden der Länder, v. 21. März 2007, BStBl. I 2007, 422 (427).

E. Grunderwerbsteuer und Umsatzsteuer als Steuerfalle im Konzern

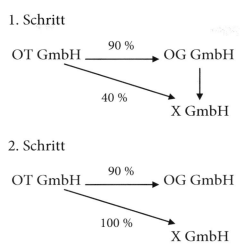

Mit dem Anteilserwerb durch die OT-GmbH und der gleichzeitigen Begründung einer Organschaft wird Grunderwerbsteuer gemäß § 1 Abs. 3 Nr. 1 bzw. Nr. 2 in Verbindung mit § 1 Abs. 4 Nr. 2 Buchstabe b GrEStG im Hinblick auf die Anteilsvereinigung im Organkreis ausgelöst. Der spätere Erwerb der Anteile durch die OT-GmbH löst erneut Grunderwerbsteuer aus, da nunmehr eine Anteilsvereinigung in der Hand der OT-GmbH stattgefunden hat. Eine Herabsetzung der Bemessungsgrundlage gemäß § 1 Abs. 6 GrEStG kommt nicht in Betracht. Die Vorschrift erfasst nicht die Subsidiaritätsverhältnisse innerhalb des § 1 Abs. 3 GrEStG. Weiterhin erfordert die Vorschrift Erwerberidentität für die beiden Vorgänge. Bei der fraglichen Fallkonstellation geht es jedoch einmal um eine Anteilsvereinigung in der Hand des Organkreises und in dem zweiten Vorgang in der Hand der OT-GmbH.

Die Sicht der Verwaltung ist an diesem Punkt heftiger Kritik aus Literatur und Wirtschaft ausgesetzt.

6. Gesellschafterwechsel bei Personengesellschaften gemäß § 1 Abs. 2 a GrEStG

Mit Wirkung ab dem 1.1.1997 kann auch der Gesellschafterwechsel bei grundstücksbesitzenden Personengesellschaften zu Grunderwerbsteuer gemäß § 1 Abs. 2 a GrEStG führen. Der Anwendungsbereich der Vorschrift überschneidet sich mit dem des § 1 Abs. 3 GrEStG insbesondere soweit es um die Besteuerung einer GmbH &Co. KG geht. § 1 Abs. 3 GrEStG ist subsidiär gegenüber dem Tatbestand des § 1 Abs. 2 a GrEStG. Die Vorschrift des § 1 Abs. 2 a GrEStG wurde eingeführt, um auf missbräuchliche Gestaltungen zu reagieren bei denen Grunderwerbsteuer vermieden werden sollte indem über einen Gesellschafterwechsel bei einer Personengesellschaft mit inländischem Grundvermögen wirtschaftlich eine Übertragung von Grundvermögen stattfindet.[149] Die Vorschrift erforderte zunächst, dass bei wirtschaftlicher Betrachtung der Gesellschafterwechsel als ein auf die Übereignung eines inländischen Grundstücks gerichtetes Rechtsgeschäft anzusehen ist. Mit Wirkung ab dem 1.1.2000 ist keine wirtschaftliche Betrachtung mehr erforderlich, es genügt ein Wechsel von mindestens 95 % der Gesellschafter um Grunderwerbsteuer auszulösen. Mit dem Gesellschafterwechsel wird die Fiktion aufgestellt das Grundvermögen würde per Rechtsgeschäft von einer Personengesellschaft auf eine neue Personengesellschaft übertragen.

197

---
149 Vgl. zu der Regelung: Fleischer in: Kessler/Kroner/Köhler, S. 514 ff.

§ 4 Steuer- und Finanzfragen

Dies schlägt sich auch in der Form nieder, dass gemäß § 13 Nr. 6 GrEStG die Personengesellschaft Steuerschuldner für die Grunderwerbsteuer ist.

198 Soweit in einem Zeitraum von 5 Jahren 95 % der Anteile an einer Personengesellschaft mit inländischem Grundbesitz unmittelbar oder mittelbar übertragen werden ist der Tatbestand des § 2 Abs. 2 a GrEStG erfüllt. Unerheblich ist ob es durch Rechtsgeschäft oder per Gesetz zu einem Anteilsübergang kommt. Eine mittelbare Beteiligung erfordert auch in diesem Zusammenhang, dass auf jeder Stufe das Quorum von 95 % erreicht wird. Im Wege der Erbschaft übergehende Anteile bleiben bei der Ermittlung des Vonhundertsatzes unberücksichtigt.[150] Die Vorschrift erfasst sowohl den direkten Erwerb von Anteilen (derivativer Erwerb), als auch den Beitritt bei gleichzeitiger Kapitalerhöhung (orginärer Erwerb).

199 Das fragliche Grundvermögen muss während des Überwachungszeitraums von 5 Jahren zum Vermögen der Personengesellschaft gehören. Heftig kritisiert wird die Ansicht der Finanzverwaltung, dass auch Grundstücke einzubeziehen seien, welche nach einem teilweisen Gesellschafterwechsel angeschafft wurden, sofern die Vorgehensweise auf einem vorgefassten Plan beruht. Es ist fraglich, ob die Finanzverwaltung auch in diesem Zusammenhang ein planmäßiges Vorgehen unterstellt soweit zwischen dem Gesellschafterwechsel und dem Grunderwerb nicht mehr als 15 Monate vergangen sind.

200 Im Hinblick auf die Fiktion des § 1 Abs. 2 a GrEStG, dass ein Grundstück von einer Personengesellschaft auf eine andere übergeht, findet die Befreiungsvorschrift des § 1 Abs. 6 GrEStG welche Erwerberidentität erfordert keine Anwendung. Demgegenüber ist § 6 Abs. 3 GrEStG anwendbar. Die Vorschrift regelt eine Befreiungsmöglichkeit soweit ein Grundvermögen von einer Personengesellschaft auf eine andere übergeht.

201 Die §§ 5 und 6 GrEStG enthalten Steuerbefreiungsvorschriften im Zusammenhang mit Übertragungen von Grundstücken auf eine Gesamthand (§ 5 GrEStG), bzw. der Übertragung von Gesamthand auf die Beteiligten. Die Regelungen finden keine Anwendung auf mittelbare Anteilsübertragungen. Dieser Umstand wurde möglicherweise vom Gesetzgeber nicht bedacht und kann zu besonderen Steuerbelastungen führen. Die Vorschriften sind nicht anwendbar im Zusammenhang mit Anteilen an einer Kapitalgesellschaft.

Die Regelungen sollen eine Steuerbefreiung in dem Umfang realisieren, indem die Überführung in ein Gesamthandsvermögen oder aus einem Gesamthandsvermögen heraus zu keiner Veränderung der wirtschaftlichen Verhältnisse an dem Grundvermögen führt. Die Vorschriften erfordern Personenidentität zwischen den an der Gesamthand beteiligten Personen und dem Eigentümer bzw. Miteigentümer des Grundvermögens. Soweit die Übertragung von Grundvermögen auf eine Mitunternehmerschaft bzw. aus einer solchen heraus erfolgt wird Grunderwerbsteuer nur erhoben soweit es wirtschaftlich zu einer Übertragung kommt. Soweit beispielsweise ein Miteigentümer von Grundvermögen einen seinem Quorum entsprechenden Anteil, an einer Personengesellschaft auf die das Grundvermögen übertragen wird, erhält, kommt es zu keiner Belastung mit Grunderwerbsteuer.

---

150 Vgl. ausführlich zu der Regelung: Gleichlautende Erlässe der Länder v. 26. Februar 2003, BStBl. I 2003, 271.

II. Umsatzsteuer

1. Grundsätzliches

Konzernstrukturen können zu systemfeindlichen Benachteiligungen von Unternehmen in umsatzsteuerlicher Hinsicht führen. In der Praxis ist häufig zu beobachten, dass Anteile in Holdinggesellschaften gehalten werden. Soweit diese Unternehmen keine sonstigen Tätigkeiten ausüben ist fraglich ob es sich um Unternehmen im Sinne des Umsatzsteuergesetzes handelt. Soweit es an der Unternehmereigenschaft mangelt, bedingt dies, dass solche Gesellschaften keine Berechtigung zum Vorsteuerabzug haben.

Unabhängig von der Unternehmereigenschaft ist zudem fraglich, ob ein Vorsteuerabzug bestehen kann soweit es um Leistungen geht die im Zusammenhang stehen mit dem Erwerb, dem Halten oder Veräußern von Anteilen. Eine Vorsteuerabzugsberechtigung besteht nur, soweit Lieferungen oder Leistungen im Hinblick auf eine unternehmerische Betätigung in Anspruch genommen werden.

2. Die Unternehmereigenschaft

§ 2 Abs. 1 S. 1 UStG bindet das Vorliegen der Unternehmereigenschaft daran, dass eine gewerbliche oder berufliche Tätigkeit ausgeübt wird. Dies erfordert gemäß § 2 Abs. 1 S. 3 UStG eine nachhaltige Tätigkeit welche auf die Erzielung von Einnahmen gerichtet ist, die Absicht Gewinne zu erzielen ist nicht erforderlich. Das bloße Erwerben, Halten, oder Veräußern von Beteiligungen erfüllt nach Ansicht der Rechtsprechung und der Verwaltung diese Vorgaben nicht.[151] Dies ergebe sich daraus, dass Dividenden und andere Gewinnbeteiligungen nicht als umsatzsteuerliches Entgelt im Rahmen eines Leistungsaustausches anzusehen seien.

Der EuGH hat zum Ausdruck gebracht, dass die Unternehmereigenschaft grundsätzlich die Erbringung entgeltlicher Leistungen voraussetzt. Auch im Rahmen eines umsatzsteuerlichen Organschaftsverhältnisses wird es nicht mehr für ausreichend angesehen, wenn nur Organgesellschaften unternehmerisch tätig sind und der Organträger keine eigenen unternehmerischen Tätigkeiten entfaltet. Soweit unternehmerische Leistungen gegen Entgelt an die Tochtergesellschaften erbracht werden, stellt der Erwerb das Halten und Veräußern der Anteile eine unternehmerische Tätigkeit dar.

Die Finanzverwaltung hat nunmehr auch zum Ausdruck gebracht, dass, soweit eine Führungs- oder Funktionsholding vorliegt, diese unternehmerisch tätig wird. Eine solche liegt vor soweit die Holding im Sinne einer einheitlichen Leitung aktiv in das Tagesgeschäft ihrer Töchter eingreift.

Eine unternehmerische Tätigkeit liegt weiterhin vor, soweit Beteiligungen erwerbsmäßig erworben und veräußert werden im Sinne eines gewerblichen Wertpapierhandels.

Eine unternehmerische Tätigkeit liegt nach Aussage des BMF auch vor soweit die Beteiligung zur Förderung einer bestehenden oder beabsichtigten unternehmerischen Tätigkeit erfolgt so etwa zur Sicherung günstiger Absatzkonditionen oder um Einfluß auf potentielle Konkurrenten zu erlangen.

---

[151] BMF Schreiben v. 26. Januar 2007, IV A 5 – S 7300 – 10/07, BStBl. I, 211; EuGH Urteil v. 20. April 2004, C-77/01, DB, 2004, 1246.

3. Anwendung der Sphärentheorie

204 Die Finanzverwaltung hat sich mit BMF Schreiben vom 26.01.2007 zur sog. Sphärentheorie bekannt. Nach dieser Theorie ist unabhängig von der Rechtsform und insbesondere auch bei Kapitalgesellschaften eine Trennung zwischen einem unternehmerischen und einem nichtunternehmerischen Bereich möglich. Eine solche Trennung soll Platz greifen, soweit Unternehmen neben einer unternehmerischen Tätigkeit auch Anteile erwerben, halten oder veräußern im Sinne einer Finanzholding. Es ist nicht mehr möglich Beteiligungen, die neben einer unternehmerischen Betätigung gehalten werden dem Unternehmen zuzuordnen. Ein Vorsteuerabzug ist nur möglich soweit die Aufwendungen den unternehmerischen Bereich betreffen. Wenn eine direkte Zuordnung nicht möglich ist, sei eine Aufteilung nach einer Gesamtschau des Unternehmens vorzunehmen.

205 Nach Art. 19 der 6. EG-Richtlinie erfolgt eine Aufteilung nach folgender Formel:

$$\frac{\text{Gesamtbetrag der Umsätze die zum Abzug von Vorsteuer berechtigen abzüglich der Mehrwertsteuer}}{\text{Der Betrag des Zählers zzgl. der nicht zum Abzug von Vorsteuer berechtigenden Umsätze}}$$

Bei der Berechnung der Quote bleiben gemäß Art. 19 Abs. 2 6 EG-Richtlinie insbesondere Umsätze für Hilfsgeschäfte unberücksichtigt.

Die Sphärentheorie stößt bei großen Teilen der Literatur und der Wirtschaft auf heftigen Widerstand.

> **Praxishinweis:**
> *Es kann sinnvoll sein zur Sicherung des Vorsteuerabzuges Eingangsleistungen von einer Holding auf eine unternehmerisch tätige Tochtergesellschaft zu verlagern.*

F. Steuerpolitik im Unternehmen

I. Verlustverwertungsstrategien

1. Verlustverrechnung

a) Außerhalb des Organkreises

206 Die Selbständigkeit der Gesellschaften innerhalb eines Konzerns verhindert, dass Gewinne einer Gesellschaft mit Verlusten einer anderen Gesellschaft verrechnet werden können. Im Konzern können so Steuern anfallen, obwohl das steuerliches Ergebnis im gesamten Konzern null oder negativ war. Dieses Ergebnis kann im Gestaltungswege z.B. dadurch vermieden werden, dass

- Verlustgesellschaften durch Übertragung von Einkunftsquellen vermieden werden,
- Ergebnisse von Verlustgesellschaft etwa durch zinsgünstige Darlehen der Gesellschafterin um Zinsen entlastet werden,

F. Steuerpolitik im Unternehmen

- Aufwendungen im Rahmen von Konzernumlagen und Verrechnungspreisen entsprechend allokiert werden.

b) Innerhalb des Organkreises

Im Organschaftskonzern werden die Ergebnis der Organgesellschaft nach § 14 Abs. 1 KStG dem Organträger zugerechnet. Auf der Ebene des Organträgers erfolgt damit eine Verrechnung von positiven Einkünften der einen Organgesellschaft mit negativen Einkünften der anderen Organgesellschaft. Die Verlustverrechnung gelingt.

207

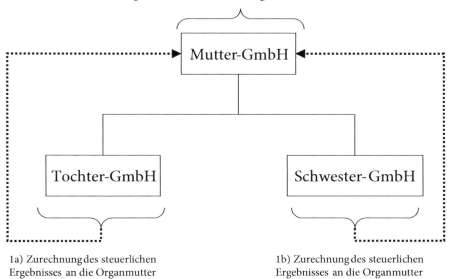

1a) Zurechnung des steuerlichen Ergebnisses an die Organmutter

1b) Zurechnung des steuerlichen Ergebnisses an die Organmutter

Die Organschaft kann die Verlustverrechnung aber nur für die Zeit ihres Bestehens gewährleisten. Verluste einer Organgesellschaft, die vor der Integration in die Organschaft entstanden sind, können nicht genutzt werden; diese Verluste ruhen und werden als vororganschaftliche Verluste bezeichnet.

2. Gestaltungsmöglichkeiten zur Ergebnisverlagerung

Die Verlagerung von Ergebnissen im Konzern kann vielfältige Motive haben:

208

- Verlustträchtige Konzerngesellschaften sollen verhindert werden, um damit eine vollständige Verrechnung von Verlusten im Konzern zu gewährleisten,
- Konzerngesellschaften sollen Verlustvorträge durch entsprechende positive Ergebnisse – im Rahmen der Mindestbesteuerung – schnell aufzehren, um damit die Verlustvorträge kurzfristig zur Minderung von Steuerlasten verwerten zu können,
- Gewinne sollen mit dem niedrigst möglichen Steuersatz versteuert werden, so dass Gewinne möglichst in niedrigbesteuerten Gesellschaften anfallen.

209 Die Ergebnisverlagerung kann durch vielfältige Gestaltungsansätze versucht werden:
- Die Preisgestaltung im Konzern kann im Rahmen der Fremdvergleichsgrundsätze die gewünschte Allokation unterstützten.
- Diese Preisgestaltung kann durch eine Allokation von Funktionen unterstützt werden. Hiernach wird eine Konzerngesellschaft, die lediglich einen risikolosen Vertrieb durchführt, weniger Provision erhalten, als eine Konzerngesellschaft, die zusätzlich noch das Produktionsrisiko trägt.
- Während die Übertragung von Funktionen nunmehr nach § 1 AStG zu einer Gewinnrealisierung beim übertragenden Unternehmen führen kann, kann der Aufbau neuer Funktionen im Drittland angezeigt sein.
- Durch die Übertragung oder Allokation von Einkunftsquellen können Einkünfte bei der gewünschten Einheit angesiedelt werden.
- Selbiges gilt durch die Übertragung oder den Erwerb von ertragreichen Wirtschaftsgütern durch Gesellschaften, die von diesem Ertrag profitieren sollen.
- Im Rahmen der Finanzierungsfreiheit steht es der Konzernmutter im Regelfall frei, wie sie ihre Tochtergesellschaften finanziell ausstattet. Soweit sie dies im Darlehenswege tut, werden Einkünfte der Tochtergesellschaft auf die Konzernmutter oder aber eine andere Konzern- oder gar Finanzierungsgesellschaft verlagert. Eine – ggfs. vollständige – Eigenkapitalfinanzierung belässt der Tochtergesellschaft ungemildert ihren operativen Gewinn. Schließlich stehen unzählige Varianten der Konzernfinanzierung zur Verfügung, die von zinslosen Darlehen über zinsgünstige Darlehen bis hin zu mezzaninen Finanzierungsformen gehen.

210 All diese Gestaltungsmöglichkeiten müssen die Hürden „überspringen", die der Gesetzgeber zur Vermeidung von Missbräuchen aufgestellt hat:
- § 12 Abs. 1 KStG fingiert eine gewinnrealisierende Veräußerung, wenn das deutsche Besteuerungsrecht an einem Wirtschaftsgut oder dessen Nutzung beschränkt oder ausgeschlossen wird.
- Die Vorschriften über die verdeckte Gewinnausschüttung und verdeckte Einlagen messen die Konzernleistungsbeziehungen – jedenfalls außerhalb des Organschaftskonzerns – am Maßstab des Drittvergleiches und des „ordentlichen Geschäftsführers".
- § 1 Abs. 1 AStG passt wirtschaftliche Rahmendaten aus Geschäftsbeziehungen zwischen nahe stehenden Personen an, wenn diese davon abweichen, wie sie voneinander unabhängige Dritten unter gleichen oder ähnlichen Verhältnissen vereinbart hätten.
- § 1 Abs. 3 AStG stellt detaillierte Transferpreisvorgaben vor, die durch die Mitwirkungs- und Dokumentationspflichten des § 90 Abs. 3 AO begleitet werden.
- § 1 Abs. 3 AStG erfasst die Übertragung oder auch Überlassung von Funktionen als gewinnrealisierenden Vorgang.
- Nach wie vor erfasst § 7 Abs. 1 AStG die Einkünfte einer Zwischengesellschaft beim unbeschränkt steuerpflichtigen Gesellschafter, wenn die Zwischengesellschaft in einem Niedrigsteuerland ansässig ist und „schädliche", vornehmlich passive Einkünfte im Sinne des § 8 AStG erzielt.

- Die generelle Missbrauchsnorm des § 42 AO ersetzt missbräuchliche Gestaltungen, die allein aus steuerlichen Gründen aufgesetzt wurden, durch die wirtschaftlich Nahe liegenden.[152]

3. Abzugsfähigkeit von Verlusten aus Beteiligungsgesellschaften

Das so genannte Halbeinkünfteverfahren beinhaltet ein System, wonach die operativen Einkünfte einer Kapitalgesellschaft vereinfacht gesagt zur Hälfte von ihr selbst und zur anderen Hälfte von der natürlichen Person als Anteilseigner zu versteuern sind.

Dieses System wurde durch einen „hälftigen" Körperschaftsteuersatz von nur 25 %[153] auf der Ebene der operativen Kapitalgesellschaft umgesetzt. Auf der Ebene der natürlichen Person als Anteilseigner sind die hiernach zu vereinnahmenden Dividenden ebenfalls nur zur Hälfte zu versteuern. Diese hälftige Besteuerung auf der Ebene des Anteilseigners wurde nicht mit einem nur hälftigen Steuersatz (von auch ca. 25 %), sondern durch eine hälftige Steuerbefreiung umgesetzt.[154]

Dieses System geht nur „auf", wenn eine Kapitalgesellschaft auf ihre Dividende keine Steuern zahlen muss. Andernfalls kommt es zu einer Doppelbesteuerung. Dieses Systemelement ist in § 8b Abs. 1 KStG abgebildet. Hiernach sind Dividenden körperschaftsteuerfrei, auch wenn § 8b Abs. 5 KStG einen Teil – nämlich 5 % hiervon – als nicht abzugsfähige Betriebsausgaben behandelt.

Da es keinen Unterschied macht und machen darf, ob eine Gesellschaft alle Einkünfte als Dividenden ausschüttet oder thesauriert, muss § 8b Abs. 2 KStG grundsätzlich auch einen Gewinn aus der Veräußerung von Anteilen an einer Kapitalgesellschaft von der Körperschaftsteuer befreien. Schließlich bildet der Veräußerungsgewinn zumindest auch thesaurierte Gewinne der Beteiligungsgesellschaft ab.

Die Kehrseite der Medaille sieht der Gesetzgeber ausweislich § 8b Abs. 3 KStG darin, dass er nunmehr auch Verluste aus der Veräußerung von Kapitalgesellschaften von der steuerlichen Berücksichtigung ausschließen will. Schließlich sollen Verluste nur dann die Steuerlast mindern,

211

212

---

[152] Die gesetzgeberische Entwicklung dieser Vorschrift würde nach dem gegenwärtigen Änderungsvorschlag zu § 42 AO im Entwurf eine Jahressteuergesetzes 2008, der *de facto* eine Beweislastumkehr zu Lasten des Steuerpflichtigen enthält, einen traurigen Höhepunkt erreichen: die hierin zum Ausdruck kommende „Inpflichtnahme des Individuums zur Erzielung von Staatseinnahmen" verkehrt und pervertiert den überkommenen liberalen Ausgangspunkt eines Staatsverständnisses, wonach der Staat an den garantierten Freiheitsrechten seiner Bestätigung findet während nunmehr die Freiheitsrechte offenbar der Mobilisierung des Individuums im Interesse staatlich definierter Finanzpolitik dienen, vgl. auch die nach wie vor grundlegende Diskussion dieses Prozesses der Erosion des Begriffs des subjektiven Rechts durch Preuß, Die Internalisierung des Subjekts, 1979; im Gespräch ist zudem eine Anzeigepflicht für sog. Steuersparmodelle ein Gesetzentwurf ist hierzu nicht allgemein veröffentlicht worden, vgl. FAZ Nr. 162, 16. Juli 2007, S. 11: „Union kritisiert Stärkung der Finanzverwaltung". Der nunmehr vorliegende Referentenentwurf vom 8. August 2007 hat die Regelung nicht wesentlich entschärft; der DStV hat in einer Mitteilung vom 10. August 2007 von einer „Mogelpackung" gesprochen, die am ursprünglichen Ziel festhalte, „alle Bürger unter Generalverdacht zu stellen".
[153] Das Unternehmensteuerreformgesetz 2008 mindert den Körperschaftsteuersatz auf 15 %. Die Kapitalgesellschaft zahlt dennoch eine „gedankliche Hälfte", in dem sie den gesunkenen Körperschaftsteuersatz auf eine breitere Bemessungsgrundlage anwendet.
[154] Das Unternehmensteuerreformgesetz 2008 verwischt diese Systematik auch im Bereich des Anteilseigners.
Der betriebliche Anleger kann statt der hälftigen Steuerbefreiung nur noch eine 40 %ige Steuerbefreiung beanspruchen. Die „gedankliche Hälfte" soll jedoch auch bei dieser Steuerbefreiung erhalten bleiben, zumal der Anteilseigner durch den gesunkenen Körperschaftsteuersatz eine höhere Dividende erhält.
Der private Anteilseigner kann sich nicht mehr auf die hälftige Steuerbefreiung berufen. Ebenso wenig findet die 40 %ige Steuerbefreiung Anwendung. Dafür muss der private Anteilseigner mit dem Abgeltungsteuersatz von 25 % auch nur noch die „gedankliche Hälfte" versteuern.

wenn auch Gewinn die Steuereinnahmen erhöhen. Dieser vordergründige Gedanke war bereits zu widerlegen.

Diese Systematik bleibt auch im Organschaftskonzern erhalten. Auch der Organträger kann seine Organgesellschaft unter Inanspruchnahme der Steuerbefreiung nach § 8 b Abs. 2 KStG veräußern. Andererseits kann er Veräußerungsverluste steuerlich ebenso wenig geltend machen.

213 Jeder Konzern muss sich daher mit der aktuellen Rechtslage auseinandersetzen. Hiernach sind Verluste aus der Veräußerung von Beteiligungen nicht abzugsfähig und daher zu vermeiden. Gestaltungsansätze können darin bestehen,

- dass verlustträchtige Beteiligungen über Holdinggesellschaften in Drittländern übertragen werden, die einen Abzug von Verlusten gegen lokale Gewinne wie z.B. in Österreich ermöglichen,

- dass verlustträchtige Betätigungen statt dessen über eine Personengesellschaft ausgeübt werden, bei welcher zumindest für Zwecke der Körperschaftsteuer eine Zurechnung der Verluste an den Gesellschafter erfolgt,

- dass verlustträchtige Beteiligungen über die Integration in eine Organschaft einer durch den Ergebnisabführungsvertrag begründeten Ergebnisausgleichspflicht unterliegen und wirtschaftlich keiner Wertminderung mehr zugänglich sind, die zu einem Veräußerungsverlust führt.

4. Verlustvorträge

214 Verluste können in die Zukunft vorgetragen werden, wenn sie weder im Entstehungs- noch im Rücktragsjahr verrechnet werden konnten.

Die Verlustverrechnung ist durch die so genannte Mindestbesteuerung beschränkt. Hiernach kann ein Verlust nur bis zur Höhe von 1 Mio. € unbeschränkt mit Gewinnen des laufenden Jahres verrechnet werden, § 10 d EStG. Darüber hinaus können Verluste nur bis zu 60 % des positiven Einkünfte verrechnet werden. Dies bedeutet, dass die Gesellschaft auf 40 % ihre Einkünfte Steuern bezahlen muss, auch wenn sie – wegen der Verlustvorträge – noch immer in der Gesamtverlustphase ist und veranlagungszeitraumübergreifend noch keine „Mark" verdient hat.

Der wirtschaftliche Wert der Verlustvorträge ist gemindert. Die Verlustvorträge führen erst im Laufe der Zeit zu einer Minderung der Steuerlast; sie sind weniger Wert, als Verluste, die im Entstehungsjahr unbegrenzt verrechnet werden können.

215 Diese Sachlage führt zu folgenden Schlussfolgerungen:

- Die Entstehung von Verlustvorträgen im Konzern ist zu vermeiden, weil nur die sofortige Verlustverrechnung zu einer sofortigen Minderung der Steuerlast und damit zu einer optimalen Verwertung von Verlusten führt.

- Die Konzernsteuerplanung muss die Entstehung von Verlusten durch die vorstehend beschriebene Gestaltungsplanung, die Begründung von Organschaften oder aber die Realisierung von stillen Reserven verhindern.

II. Ausschüttungspolitik

Die Ausschüttungspolitik kann sich zum einen auf die Ausschüttungen im Konzern beziehen, bei welchen folgende Aspekte relevant sind:

- Dividenden sind im Konzern durch § 8b Abs. 1 KStG zu 95% körperschaftssteuerbefreit. Die Schachtelstrafe in Form der Körperschaftsteuer auf 5% der Dividenden muss jedenfalls im Inland in Kauf genommen werden.
- Ausländische Dividenden sind oft mit einer Quellensteuer belastet, die zum Teil nicht vollständig durch Doppelbesteuerungsabkommen gemindert werden kann. Die Quellensteuerbelastung kann durch Anrechnung auf die deutsche Steuerschuld oft nur eingeschränkt neutralisiert werden.

Die Ausschüttungspolitik im Verhältnis des Konzern zu seinen Gesellschaftern hat folgende Aspekte zu beachten:

- Die ausländischen Gesellschafter können die grundsätzlich abgeltende Kapitalertragsteuer nur durch die Anwendung von Doppelbesteuerungsabkommen mindern. Die Minderung kann im Wege des Freistellungs- oder aber Erstattungsverfahrens umgesetzt werden.

III. Finanzierungspolitik

Die Finanzierungspolitik im Konzern kann auf den unterschiedlichsten Gestaltungsansätzen beruhen:

- Die Eigenkapitalfinanzierung von Gesellschaften belässt diesen ihren operativen Gewinn vollständig, was bei niedrig besteuerten Gesellschaften sinnvoll sein kann.
- Die Darlehensfinanzierung von Gesellschaften ermöglicht die Minderung der operativen Gewinne und somit die Minderung der Steuerlast, die in Hochsteuerländern sinnvoll sein kann.
- Die Auslagerung der Finanzierungsaktivitäten auf Holdinggesellschaften kann eine Verlagerung der Einkünfte in einen Drittstaat ermöglichen, der konzernweit über die günstigsten steuerlichen Rahmenbedingungen verfügt.

Die vorstehenden Finanzierungsgestaltungen müssen eine Vielzahl von Hürden überwinden, bevor eine steuerliche Anerkennung vorliegt:

- Die Zinsschranke lässt einen Zinsabzug für Zwecke der Ermittlung des in Deutschland steuerpflichtigen Einkommens nur zu, wenn entweder der Zinsaufwand auf 1 Mio. € p.a. beschränkt ist oder aber die Finanzierung der Gesellschaft derjenigen des Konzerns gleicht und eine Drittfinanzierung von über 90% vorliegt.
- § 1 Abs. 1 AStG kann zur Anpassung von Finanzierungskonditionen führen, die einem Fremdvergleich standhalten und damit einer Verlagerung von Gewinnen entgegenstehen.
- § 7 AStG kann schließlich zu einer Hinzurechnungsbesteuerung führen, bei welcher der Gesellschafterin die Gewinne der ausländischen Zwischengesellschaft zugerechnet werden.
- Als letztes Mittel kann sich die Finanzverwaltung auf den Missbrauch rechtlicher Gestaltungsmöglichkeiten nach § 42 AO zurückziehen.

IV. Konzernsteuerquote

219 Die Konzernsteuerquote hat sich als Meßlatte für die Konzernsteuer- und -gestaltungsplanung erwiesen.[155]

Die Konzernsteuerquote hat insbesondere bei börsennotierten Unternehmen Bedeutung für die Entwicklung der „earnings per share", die ihrerseits Funktion der erzielten bzw. erzielbaren Nachsteuerrendite des Unternehmens sind.

Die Konzernsteuerquote ist diejenige Größe, die Aussagen über die (Ertrag)Steuerbelastung des Unternehmens enthält sowie deren Optimierung Ziel des Managements des Unternehmens sein wird. Rechnerisch wird als Konzernsteuerquote der Quotient aus der ausgewiesenen Ertragssteuerbelastung und dem Jahresergebnis vor Steuern angesehen.[156]

Der Konzernsteueraufwand des Konzern resultiert im Grundsatz aus den tatsächlichen und den latenten Steuern.

Das Management der End-Konzernsteuerquote hat demzufolge seinen Schwerpunkt auf Gebieten wie etwa

- effektive Verlustnutzung
- effektive Nutzung von anrechenbaren Steuern
- Nutzung von steuerlichen Subventionen
- Sicherung der Werthaltigkeit aktiver latenter Steuern
- Effiziente Steuerrückstellungspolitik.[157]

G. Ausblick

I. Überlegungen zur Gruppenbesteuerung

220 Im Internationalen Überblick ist eine Tendenz zu beobachten Organschaftsbesteuerungssysteme durch Gruppenbesteuerungsmodelle abzulösen. In einem Organschaftsmodell erfolgt eine Einkommenszurechnung von der Organgesellschaft auf den Organträger. Die Organgesellschaft bleibt jedoch eigenständiges Steuersubjekt, welches auch über eigenes zu versteuerndes Einkommen verfügen kann.

Gruppenbesteuerung im engeren Sinne bedeutet, dass die Unternehmensgruppe zum Steuersubjekt wird und die einzelnen Mitglieder ihre Eigenschaft als eigenständiges Steuersubjekt verlieren. Der Konzern verselbständigt sich in diesen Regelungssystemen in einem größeren Masse im Vergleich zur Organschaftsbesteuerung. Es ist eine internationale Tendenz zu beobachten in Richtung solcher Systeme, wenn gleich die eingeführten Regelungssysteme fast nie zu einer echten Gruppenbesteuerung führen.

221 Beispielhaft kann Österreich angeführt werden, dort wurde mit Wirkung ab dem Kalenderjahr 2005 von einem Organschaftsmodell auf ein so genanntes Gruppenbesteuerungssystem gewechselt. Auch in diesem System führen die Gruppenmitglieder eine eigenständige Einkommenser-

---

155 Vgl. ausführlich Kröner/Benzel, in: Kessler/Kröner/Köhler, Konzernsteuerrecht, München 2004, § 15.
156 Vgl. Kröner/Benzel in: Kessler/Kröner/Köhler, § 15 Rn. 4.
157 Vgl. ausführlich Kröner/Benzel in: Kessler/Kröner/Köhler, § 15 Rn. 54 ff.

mittlung durch und bleiben eigenständige Steuersubjekte. Praktisch kommt es jedoch dazu, dass nur der Gruppenträger das konsolidierte Einkommen versteuert. Es handelt sich damit um kein reinrassiges Gruppenbesteuerungssystem. Im Vergleich zur deutschen Lösung ist es einer echten Gruppenbesteuerung jedoch mehr angenähert. Österreich hat insbesondere auch die Möglichkeit eröffnet ausländische Verluste in die Gruppenbesteuerung einzubringen. Das österreichsche Modell gilt als eines der wenigen Konsolidierungssysteme, welches den vom EuGH aufgestellten Kriterien in der Rechtssache Marks & Spencer entspricht. Es ist allerdings ein relativ kompliziertes Verfahren, bereits der erforderliche Gesetzestext übersteigt das alte Regelungssystem um ein Vielfaches.

Der deutsche Gesetzgeber lässt bisher keine Bestrebungen erkennen das Organschaftssystem durch ein mehr einer Gruppenbesteuerung angenähertes Modell zu ersetzen. 222

Es erscheint zudem fraglich, ob es für Deutschland nicht sinnvoller wäre das bestehende Organschaftsmodell zu überarbeiten und den veränderten Bedürfnissen der Praxis anzupassen. Ansatzpunkt einer solchen Überarbeitung ist zunächst die Frage ob es noch zeitgemäß ist zwangsweise eine Organschaftbesteuerung durchzuführen. Insbesondere im Bereich der Umsatzsteuer ist es leicht möglich unbeabsichtigt die Voraussetzungen einer Organschaftsbesteuerung zu erfüllen und damit der Verpflichtung zu unterliegen Umsätze dem Organträger zuzurechnen. Die Organschaftsbeuerung sollte daher von einem langfristig bindenden Antrag abhängig gemacht werden.

Weiterhin erscheint das Erfordernis eines Ergebnisabführungsvertrages für Organschaftssysteme im Bereich der Ertragsteuer als nicht mehr zeitgemäß und sinnvoll. Diese Verträge sind innerhalb der EU in nur sehr wenigen Rechtsordnungen bekannt. Daher wird ganz überwiegend davon ausgegangen, dass das Tatbestandsmerkmal einen indirekten Verstoß gegen die Niederlassungsfreiheit darstellt. Soweit die Einkommenszurechnung an ein Antragsrecht geknüpft wird erscheint es nicht erforderlich den Abschluss eines hoch komplizierten zivilrechtlichen Rechtsverhältnisses zu verlangen.[158] 223

Langfristig wird sich auch Deutschland nicht dagegen verwahren können zumindest in eingeschränktem Masse ausländische Verluste in ein solches Konsolidierungssystem einzubeziehen. In diesem Zusammenhang sind durchaus Möglichkeiten denkbar, etwa über eine „per country limitation" solchen Konsolidierungen über Grenzen hinweg einen großen Teil der Attraktivität zu nehmen.[159]

II. Gemeinsam konsolidierte Steuerbemessungsgrundlagen in der EU

Bereits 1975 hat die EG-Kommission mit einem Richtlinienvorschlag die Harmonisierung der Körperschaftsteuer-Systeme thematisiert.[160] Danach sollte zur Gleichbehandlung im Anlage- wie im Anlegerstaat die Doppelbesteuerung zumindest teilweise dadurch reduziert werden, dass Steuergutschriften für die Anleger weitergeleitet werden sollten. Allerdings wurde dies aufgrund der abweichenden Körperschaftsteuer-Systeme und der verwaltungstechnischen Schwierigkeiten bei Weiterleitung von Steuergutschriften einer ausländischen Muttergesellschaft an Aktionäre in anderen Mitgliedstaaten nicht weiter verfolgt.[161] 224

---

158 Zu den Einzelheiten: Kolbe in: H/H/R, § 14 KStG, Anm. 12; Pache/Englert, IStR 2007, 47 ff.
159 Ausführlich zu dieser Problematik: Pache/Englert, IStR 2007, 47.
160 RL-Vorschlag vom 01. August 1975, AblEG vom 05. November 1975 Nr. C 253/2.
161 Saß, DB 2007, 1327, 1330 f.

§ 4 Steuer- und Finanzfragen

225 Derzeit sind die im europäischen Binnenmarkt tätigen Unternehmen 27 verschiedenen Steuer- und Gewinnermittlungssystemen ausgesetzt. Daher soll eine gemeinsame konsolidierte Körperschaftsteuer-Bemessungsgrundlage vorgeschlagen werden. Dies würde bedeuten, dass es künftig einheitliche und EU-weit geltende Gewinnermittlungsvorschriften für Unternehmen gäbe. Konsequenz wäre, dass eine europäische Konzernbesteuerung mit einer Beseitigung von Doppelbesteuerung im Bereich der Verrechnungspreise geschaffen werden könnte. Inwiefern der Vorschlag einer gemeinsamen konsolidierten Bemessungsgrundlage bei Einstimmigkeit innerhalb der Europäischen Union der 27 Mitgliedstaaten und unterschiedlichen Interessen der einzelnen Staaten tatsächlich Wirklichkeit werden kann, bleibt abzuwarten.

226 ÜBERSICHT über die KSt-Steuersätze ausgewählter Staaten (jeweils inkl. aller gewinnabhängigen Steuern wie Solidaritätszuschlag und Gewerbesteuer):[162]

USA	40 %
Deutschland	**38,36 % (geplant 2008: 30 %)**
Belgien	33,99 %
Frankreich	33,33 %
Großbritannien	30 %
Österreich	25 %
EU-Durchschnitt	**24,2 %**
Tschechien	24 %
Schweiz	21,3 %
Lettland	15 %
Irland	12,5 %

227 Der EuGH hat mit der Entscheidung Marks & Spencer vorgeben, dass in vielen Rechtssystemen eine grenzüberschreitende Verlustberücksichtigung Konsolidierung ermöglicht werden muss. Große Probleme bereitet in diesem Zusammenhang die mangelnde Angleichung der Rechtssysteme innerhalb der EU. Es gibt weder einheitliche Regelungen zur handelsrechtlichen Gewinnermittlung noch herrscht ein einheitliches Recht welche Kosten steuerrechtlich abzugsfähig sind. Die Unterschiede zwischen den einzelnen Ländern sind groß. Dieser Umstand erschwert es den nationalen Gesetzgebern Regelungen zur grenzüberschreitenden Verlustberücksichtigung einzuführen. Würde Deutschland eine solche Möglichkeit vorsehen, ist davon auszugehen, dass berücksichtigungsfähig lediglich Verluste wären, welche nach deutschem Handels- und Steuerrecht ermittelt wurden. Dies würde bedeuten, dass ausländische Verluste erst aufwendig nach deutschem Recht aufgebaut werden müssten. Da Verluste sich über viele Jahre ansammeln können, kann dies zu kaum zu bewältigenden Schwierigkeiten führen. Sinnvolle und praxisgerechte Lösungen erfordern daher einheitliche Gewinn- bzw. Einkommensermittlungsvorschriften innerhalb der EU. Auch anhand des österreichischen Gruppenbesteuerungssystems wird deutlich, dass ein Hauptproblem in dem System darin zu sehen ist ausländische Verluste in die Gruppe einzubeziehen deren Höhe, nach österreichischem Recht zu ermitteln ist. Hier stellt sich die Frage, ob die Finanzverwaltung nicht an Grenzen dessen was noch nachprüfbar ist stößt.[163]

---

162 KPMG's Corporate and Indirect Tax Rate Survey 2007, erhältlich unter www.kpmg.de (http://www.kpmg.de/library/pdf/070625_KPMGsCorporate_and_Indirect_Tax_Rate_Survey07.pdf am 13. Juli 2007).
163 Vgl dazu Pache/Englert, IStR 2007, 47, 51.

§ 5 Anhang: Mustervertrag

A. Beherrschungs- und Gewinnabführungsvertrag

Beherrschungs- und Gewinnabführungsvertrag

zwischen der

[...]
mit Sitz in [...],
eingetragen im Handelsregister des Amtsgerichts [...] unter [...]
(nachfolgend auch **„Organträger"**[1] genannt)

und der

[...]
mit Sitz in [...],
eingetragen im Handelsregister des Amtsgerichts [...] unter [...]
(nachfolgend auch **„Organgesellschaft"**[2] genannt)

– nachfolgend gemeinsam auch „Vertragsparteien"[3] genannt –

---

[1] Das herrschende Unternehmen kann jede Rechtsform haben. Auch In- und Ausländer, Personengesellschaften oder Einzelpersonen an der Konzernspitze können Unternehmensverträge abschließen, solange sie als „Unternehmer" im Sinne des § 15 AktG qualifizieren. Allerdings ist umstritten, ob ausländische Unternehmen eine Dividendengarantie als variablen Ausgleich und eine Abfindung in Aktien (§§ 304 Absatz 2 Satz 2, 305 AktG) vereinbaren dürfen. Unternehmen außerhalb der EU dürfen keine Abfindung in Aktien im Sinne des § 305 Abs. 2 Nr. 1 und 2 AktG vereinbaren. (Vgl. hierzu Koppensteiner in: Kölner Komm, 3. Aufl., § 304, Rn. 27; § 305, Rn. 38).

[2] Nach §§ 291 ff. AktG kann ein Beherrschungsvertrag nur von einer AG oder einer KGaA als beherrschte Gesellschaft abgeschlossen werden. Die ganz überwiegende Meinung (*Emmerich* in: Aktienkonzernrecht; vor § 291, Rn. 6–15; *Liebscher*, S. 212 mwN) befürwortet die analoge Anwendung des § 291 AktG auch auf andere Kapitalgesellschaften (Genossenschaften und GmbHs) und Vereine. Nach herrschender Meinung können auch Personengesellschaften als abhängige Gesellschaft Unternehmensverträge abschließen – allerdings dürfte dies angesichts der fehlenden steuerlichen Anerkennung als Organschaft eher theoretisch bleiben.
Bei der GmbH als beherrschte Gesellschaft sind folgende Wirksamkeitsvoraussetzungen zu beachten:
- Vertrag zwischen den Organen der Ober- und der Untergesellschaft schriftlich, aber sonst formfrei möglich;
- Zustimmung der Gesellschafterversammlung muss analog § 53 Absatz 2 GmbHG notariell beurkundet sein (wobei str. ist, ob eine qualifizierte Mehrheit ausreicht oder ob es eines einstimmigen Gesellschafterbeschlusses bedarf. Letzteres ist empfehlenswert.);
- Zustimmung der Obergesellschaft analog § 293 Absatz 2 AktG und Eintragung des Vertrags in das Handelsregister analog §§ 53, 54 GmbHG erforderlich.

[3] Für Zwecke dieses Vertragsmusters haben wir alternativ eine AG und eine GmbH als beteiligte Ober- bzw. Untergesellschaft angenommen, da diese Fälle empirisch am häufigsten vorkommen dürften. Die Alternativen sind kursiv gekennzeichnet. Darüber hinaus ist der Text entsprechend anzupassen, wenn die Unter- bzw. Obergesellschaft Stückaktien ausgegeben hat, der Text aber von Nennbetragsaktien redet und umgekehrt.

§ 1[4]
Leitung

1. Die Organgesellschaft unterstellt die Leitung ihrer Gesellschaft dem Organträger.[5] Der Organträger ist berechtigt, *der Geschäftsführung/dem Vorstand* der Organgesellschaft Weisungen zu erteilen. Der Organträger wird Weisungen nur durch *seine Geschäftsführung/seinen Vorstand* schriftlich erteilen.

2. Der Organträger darf der Organgesellschaft nicht die Weisung erteilen, diesen Vertrag zu ändern, aufrechtzuerhalten oder zu beenden.[6]

§ 2[7]
Einsicht

Während der Vertragslaufzeit ist der Organträger berechtigt, jederzeit Einsicht in die Bücher und Schriften der Organgesellschaft zu nehmen. Die Geschäftsführer der Organgesellschaft sind verpflichtet, dem Organträger über alle geschäftlichen Angelegenheiten Auskunft zu geben.

§ 3
Gewinnabführung[8]

1. Die Organgesellschaft verpflichtet sich, ihren Gewinn vollständig an den Organträger abzuführen. Gewinn ist, vorbehaltlich der Bildung oder Auflösung von anderen Gewinnrücklagen nach Absatz 2 und 3, der Jahresüberschuss, gegebenenfalls vermindert um einen Verlustvortrag aus dem Vorjahr.

2. Die Organgesellschaft kann Beträge aus dem Jahresüberschuss in andere Gewinnrücklagen nach § 272 Abs. 3 HGB einstellen, sofern dies:

    a) mit Zustimmung des Organträgers erfolgt;
    b) handelsrechtlich zulässig ist; und
    c) bei vernünftiger kaufmännischer Beurteilung wirtschaftlich begründet ist.[9]

---

4 Nur, wenn auch ein Beherrschungsvertrag gewollt.
5 Die Untergesellschaft hat auch für sie nachteilige Weisungen befolgen, sofern sie dem Interesse des herrschenden Unternehmens bzw. dem Interesse anderer Konzernunternehmen dienen, § 308 Absatz 1 AktG. Das Weisungsrecht erstreckt sich auf die geschäftsführende Tätigkeit und der Verteilung der Aufgabengebiete des Vorstands/der Geschäftsführung. Das Weisungsrecht nach § 308 AktG kann modifiziert werden, aber nicht über die Grenzen des satzungsmäßigen Unternehmensgegenstands, der § 308 AktG und anderer Normen des Aktien- und Handelsrechts hinaus (vgl. *Hüffer*, § 308, Rn. 12 ff.). Unzulässig sind zudem Weisungen, die zur Existenzvernichtung des Unternehmens führen könnten (vgl. oben § 2 B IV). Das Weisungsrecht der Obergesellschaft kann zwar nicht auf Dritte übertragen werden, jedoch kann die Obergesellschaft einen Dritten, z.B. eine andere Konzerngesellschaft, mit der Ausübung des Weisungsrechts beauftragen und bevollmächtigen. Die Untergesellschaft kann der Obergesellschaft nach herrschender Meinung Erteilung keine Generalvollmacht erteilen.
6 Dies ergibt sich aus § 299 AktG. Die Wiederholung im Vertrag hat allein klarstellende Funktion.
7 Nur, wenn auch ein Beherrschungsvertrag gewollt wird.
8 Um eine körperschaftsteuerliche Organschaft gemäß § 14 KStG zu begründen, ist der Abschluss eines Ergebnisabführungsvertrags gemäß § 291 Abs. 1 Satz 1 (2. Fall) AktG ausreichend. Wenn daneben auch mehr Flexibilität bei Konzerninnenfinanzierung (cash pool, Besicherung von Konzernverbindlichkeiten etc.) erreicht werden soll, ist auch der Abschluss eines Beherrschungsvertrages zu empfehlen (vgl. oben § 2 A. VII. 2).
9 Steuerlich wird die Rücklagenbildung gem. § 14 Absatz 1 Satz 1 Nr. 4 KStG nur anerkannt, wenn sie bei vernünftiger kaufmännischer Beurteilung wirtschaftlich begründet ist. Insoweit ist eine entsprechende Einschränkung im Vertrag sinnvoll. Da Zweifel daran bestehen können, ob das sich das Weisungsrecht der Obergesellschaft auch auf die Rücklagenbildung erstreckt, ist es ratsam, eine entsprechende Regelung aufzunehmen.

A. Beherrschungs- und Gewinnabführungsvertrag

3. Soweit der Organträger dies verlangt, hat die Organgesellschaft während der Dauer dieses Vertrages gebildete andere Gewinnrücklagen nach § 272 Abs. 3 HGB aufzulösen und zum Ausgleich eines Jahresfehlbetrages zu verwenden oder als Gewinn abzuführen. Ausgeschlossen ist die Abführung von Beträgen aus der Auflösung von anderen Gewinnrücklagen, die vor Wirksamwerden dieses Vertrages gebildet wurden.[10]

4. Rücklagen aus anderen Zuzahlungen im Sinne des § 272 Abs. 4 HGB dürfen nicht abgeführt werden.[11]

§ 4
Fälligkeit, Zinsen

Der Anspruch des Organträgers auf Gewinnabführung entsteht erstmalig am Schluss des Geschäftsjahres der Organgesellschaft, in dem dieser Vertrag wirksam wird. Der Anspruch wird jeweils am Schluss eines Geschäftsjahres fällig und ist ab diesem Zeitpunkt mit 5 % für das Jahr zu verzinsen. Die Abrechnung des Ergebnisses erfolgt mit Wertstellung zum Stichtag des Jahresabschlusses.

§ 5
Verlustübernahme[12]

1. Der Organträger ist verpflichtet, jeden bei der Organgesellschaft entstehenden Jahresfehlbetrag in voller Höhe auszugleichen, soweit dieser nicht dadurch ausgeglichen werden kann, dass den anderen Gewinnrücklagen der Organgesellschaft Beträge entnommen werden, die während der Vertragsdauer in sie eingestellt wurden.[13]

2. Für Ansprüche aus Verlustübernahme und deren Verjährung gelten im Übrigen die Bestimmungen des § 302 AktG in ihrer jeweilig gültigen Fassung entsprechend.[14] § 4 Satz 2 dieses Vertrags bezüglich Fälligkeit und Verzinsung gilt für die Verlustübernahme entsprechend.[15]

---

10 Diese Klausel ist ratsam, da der Organträger nur berechtigt ist, die Auflösung und Abführung zu verlangen, soweit dies ausdrücklich vereinbart wurde.
11 Vgl. hierzu Entscheidung des Bundesfinanzgerichtshofs vom 8.8.2001 (BFHE 196, 485 ff.) und die daran anschließende Stellungnahme der Finanzverwaltung (BMF-Schreiben v. 27.11.2003).
12 Nach § 302 AktG ist die Obergesellschaft zur Verlustübernahme verpflichtet; dennoch empfiehlt sich die Wiederholung des Gesetzestextes zur Klarstellung.
13 Das Gebot der Bildung einer gesetzlichen Gewinnrücklage und das Verbot der Abführung aus Beträgen daraus betrifft nur die AG als Untergesellschaft.
14 Nach herrschender Meinung ist § 302 AktG auch ohne ausdrückliche Vereinbarung analog anzuwenden. Wenn eine GmbH als abhängige Gesellschaft den Vertrag schließt, ist es aber für die steuerrechtliche Anerkennung des Organschaftsverhältnisses unerlässlich, dass Vereinbarung „der Verlustübernahme entsprechend den Vorschriften des § 302 AktG" ausdrücklich vereinbart wird (vgl. BFH BB 81, 652). Um Tippfehler zu vermeiden, empfehlen wir, gleich auf den ganzen § 302 AktG und nicht (nur) auf Absätze 1 und 3 zu verweisen.
15 Zum Bilanzstichtag entsteht die Forderung der Untergesellschaft zum Verlustausgleich und wird nach der Rspr. des BGH (ZIP 1999, 1965) auch bereits zu diesem Zeitpunkt fällig, obwohl die Höhe des Ausgleichsanspruchs vor Aufstellung des Jahresabschlusses noch nicht bestimmt werden kann. Obwohl die Finanzverwaltung die Organschaft wohl auch bei Fehlen einer Verzinsung steuerlich anerkennt (*Dötsch/Eversberg/Pung/Witt*, KStG Loseblatt, § 14, Rn. 201; a.A. *Philippi/Fickert*, BB 2006, 1809, 1810) ist deren vertragliche Regelung empfehlenswert. Diese Empfehlung gilt allerdings nur, wenn die Zinsen tatsächlich gezahlt werden; denn die Finanzverwaltung wird einen Vertrag mit Sicherheit dann nicht als organschaftsbegründend anerkennen, wenn die Verpflichtung zur Verzinsung nicht erfüllt wird.

§ 6
Augleich[16] [17]

(Variante 1. Variabler Ausgleich[18])

6.1 Der Organträger verpflichtet sich, den außenstehenden Gesellschaftern der Organgesellschaft für jedes Geschäftsjahr der Organgesellschaft und für *jeden Geschäftsanteil/jede Aktie* der Organgesellschaft im Nennbetrag von EUR [...] einen Betrag zu zahlen, der [...] % des Betrages entspricht, der als Gewinnanteil auf eine Aktie des Organträgers im Nennbetrag von EUR [...] entfällt. Die Ausgleichszahlung ist am Tag nach der *über die Feststellung des Jahresabschlusses beschließenden Gesellschafterversammlung/ordentlichen Hauptversammlung* des Organträgers für das abgelaufene Geschäftsjahr fällig.

6.2 Die Ausgleichszahlung nach Absatz 1 erfolgt erstmals und zeitanteilig für das seit dem 1. [...] 20[...] laufende und am 31. Dezember 20[...] endende Rumpfgeschäftsjahr der Organgesellschaft. Der Ausgleich reduziert sich zeitanteilig, wenn dieser Vertrag während des Geschäftsjahres der Organgesellschaft endet oder die Organgesellschaft während der Dauer des Vertrags ein Rumpfgeschäftsjahr bildet.

6.3 Sofern sich das *Stammkapital/Grundkapital* des Organträgers aus Gesellschaftsmitteln gegen Ausgabe neuer *Geschäftsanteile/Aktien* erhöht oder der Marktwert der alten *Geschäftsanteile/Aktien* die auf die neuen *Geschäftsanteile/Aktien* geleistete Einlage übersteigt, erhöht sich der Ausgleich je [...] *Euro Nennwert eines Geschäftsanteils/je Aktie* um den Prozentsatz, um den sich das *Stammkapital/Grundkapital* des Organträgers durch die Kapitalerhöhung verändert hat bzw. um den der Marktwert der alten *Geschäftsanteile/Aktien* die auf die neuen *Geschäftsanteile/Aktien* geleistete Einlage übersteigt.[19]

6.4 Wird das *Stammkapital/Grundkapital* der Organgesellschaft aus Gesellschaftsmitteln oder gegen eine Einlage erhöht, die auch von den außenstehenden Gesellschaftern im Verhältnis geleistet wird, vermindert sich der Ausgleich je [...] *Euro Nennwert eines Geschäftsanteils/je Aktie* mit der Maßgabe, dass der Gesamtbetrag des Ausgleichs unverändert bleibt.

6.5 Setzt ein Gericht im Rahmen eines Spruchverfahrens rechtskräftig einen höheren Ausgleich fest, gelten die Bestimmungen des § 304 Abs. 2, 3 AktG i.V.m. § 13 Satz 2 SpruchG in ihrer jeweilig gültigen Fassung entsprechend.

---

16 Nur bei außenstehenden Aktionären bzw. Gesellschaftern (im folgenden zusammen als **„Gesellschafter"** bezeichnet) erforderlich.
17 Der Wortlaut der §§ 304, 305 AktG setzen eine AG oder eine KG aA als Untergesellschaft voraus. Ist eine GmbH Untergesellschaft, so finden die § 304 AktG analog nach umstrittener, aber vorzugswürdiger Ansicht (siehe Übersicht bei *Hasselbach/Hirte* in: Großkomm AktG, § 304, Rn. 142 ff.)) jedenfalls dann Anwendung, wenn deren Gesellschafter dem Unternehmensvertrag nicht einstimmig, sondern (nur) mit mehr als 75 % zustimmen. Fordert man ohnehin Einstimmigkeit, wird die Frage kaum je praktisch werden, wobei auch hier – entgegen der überwiegenden Meinung in der Literatur (*Hasselbach/Hirte* aaO) – der Ausgleich nicht niedriger sein darf als in § 304 AktG vorgesehen.
18 Ist die Obergesellschaft eine AG oder KGaA so kann sie wählen zwischen der Zahlung eines variablen (§ 304 Absatz 2 Satz 2 AktG) oder einen festen Ausgleichs (§ 304 Absatz 2 Satz 1 AktG) an die außenstehenden Aktionäre/Gesellschafter der Untergesellschaft. Ist die Obergesellschaft weder AG noch KGaA, muss ein fester Ausgleich vereinbart werden.
19 Vgl. § 216 Absatz 3 AktG.

A. Beherrschungs- und Gewinnabführungsvertrag

(Variante 2. Fester Ausgleich[20])

6.1 Der Organträger garantiert den außenstehenden Gesellschaftern der Organgesellschaft für die Dauer des Vertrags eine jährliche Ausgleichszahlung. Die Ausgleichszahlung beträgt brutto EUR [...] *je Anteil eines Geschäftsanteils/Aktie im Nennbetrag von EUR* [...] abzüglich Körperschaftssteuer und Solidaritätszuschlag nach dem im jeweiligen Jahr gültigen Steuertarif[21] auf in Deutschland besteuerten Gewinnen. Die Ausgleichszahlung ist am Tag nach der *über die Feststellung des Jahresabschlusses beschließenden Gesellschafterversammlung/ordentlichen Hauptversammlung* des Organträgers für das abgelaufene Geschäftsjahr fällig.[22]

6.2 Der Ausgleich wird erstmals in vollem Umfang für das Geschäftsjahr gewährt, in dem dieser Vertrag wirksam wird.[23] Falls dieser Vertrag während eines Geschäftsjahres der Organgesellschaft endet oder Organgesellschaft während der Dauer des Vertrags ein Rumpfgeschäftsjahr bildet, vermindert sich der Ausgleich zeitanteilig.

6.3 Sofern sich das *Stammkapital/Grundkapital* des Organträgers aus Gesellschaftsmitteln gegen Ausgabe neuer *Geschäftsanteile/Aktien* erhöht oder der Marktwert der alten *Geschäftsanteile/Aktien* die auf die neuen *Geschäftsanteile/Aktien* geleistete Einlage übersteigt, erhöht sich der Ausgleich *je [...] Euro Nennwert eines Geschäftsanteils/je Aktie* um den Prozentsatz, um den sich das *Stammkapital/Grundkapital* des Organträgers durch die Kapitalerhöhung verändert hat bzw. um den der Marktwert der alten *Geschäftsanteile/Aktien* die auf die neuen Geschäftsanteile/Aktien geleistete Einlage übersteigt.

6.4 Wird das *Stammkapital/Grundkapital* der Organgesellschaft aus Gesellschaftsmitteln oder gegen eine Einlage erhöht, die auch von den außenstehenden Gesellschaftern im Verhältnis geleistet wird, vermindert sich der Ausgleich *je [...] Euro Nennwert eines Geschäftsanteils/je Aktie* mit der Maßgabe, dass der Gesamtbetrag des Ausgleichs unverändert bleibt.

6.5 Setzt ein Gericht im Rahmen eines Spruchverfahrens rechtskräftig einen höheren Ausgleich fest, gelten die Bestimmungen des § 304 Abs. 2, 3 AktG i.V.m. § 13 Satz 2 SpruchG in ihrer jeweilig gültigen Fassung entsprechend.

§ 7
Abfindung

7.1 Der Organträger ist verpflichtet, auf Verlangen eines außenstehenden Gesellschafters der Organgesellschaft dessen Geschäftsanteile/Aktien gegen Abfindung zu erwerben.

---

20 Sofern die Obergesellschaft weder AG noch KGaA ist, muss sie einen festen Ausgleich anbieten (vgl. § 304 Absatz 2 AktG).
21 Vgl. BGH, NJW 2003, 3272-3274.
22 Ohne vertragliche Regelung wird der Anspruch mit Gewinnverwendungsbeschluss der Untergesellschaft fällig. Wird keine Dividende ausgeschüttet, so tritt die Fälligkeit mit der über die Feststellung des Jahresabschlusses beschließenden Gesellschafterversammlung der Untergesellschaft ein.
23 Falls das erste Jahr der Organgesellschaft ein Rumpfgeschäftsjahr ist.

7.2 (1. Alternative[24]) Als Abfindung gewährt der Organträger den außenstehenden Gesellschaftern für *jede Aktie der Organgesellschaft/jeden Anteil eines Geschäftsanteils* im Nennbetrag von je EUR [...] eine Aktie des Organträgers mit zeitgleicher Gewinnberechtigung im Nennbetrag von EUR [...] sowie eine bare Zuzahlung von EUR [...]. Dabei entspricht die Gewährung der Aktien des Organträgers der gesetzlich vorgeschriebenen Abfindung.

7.2 (2. Alternative[25]) Als Abfindung zahlt der Organträger den außenstehenden Gesellschaftern EUR [...] in bar für *jede Aktie der Organgesellschaft/für jeden Anteil eines Geschäftsanteils* im Nennbetrag von je EUR [...].

7.2 Die Verpflichtung des Organträgers zum Erwerb der *Aktien/Geschäftsanteile* ist befristet. Die Frist endet drei Monate nach dem Tag, an dem die Eintragung des Bestehens dieses Vertrags im Handelsregister der Organgesellschaft nach § 10 des Handelsgesetzbuchs als bekanntgemacht gilt. Eine Verlängerung der Frist nach § 305 Abs. 4 Satz 3 AktG bleibt unberührt.

7.3 Der *Umtausch der Aktien/der Verkauf und die Veräußerung der Geschäftsanteile* ist für die Gesellschafter der Organgesellschaft kostenfrei. Die Aktien sind beiderseits mit den noch nicht zur Bedienung aufgerufenen Gewinnanteil- und Erneuerungsscheinen einzuliefern.

7.4 Setzt ein Gericht im Rahmen eines Spruchverfahrens rechtskräftig eine höhere Abfindung fest, gilt § 13 Satz 2 SpruchG in seiner jeweilig gültigen Fassung entsprechend.

7.5 Falls während eines Spruchverfahrens das *Stammkapital/Grundkapital* des Organträgers oder der Organgesellschaft aus Gesellschaftsmitteln gegen Gewährung von Aktien erhöht wird, verändert sich die Abfindung je *[...] Euro Nennwert eines Geschäftsanteils/je Aktie* dergestalt, dass das Umtauschverhältnis wertmäßig unverändert bleibt. Falls während eines Spruchverfahrens das *Stammkapital/Grundkapital* der Organgesellschaft durch Einlagen unter Gewährung eines Bezugsrechts an die außenstehenden Gesellschafter erhöht wird, gelten die Rechte aus diesem § 7 auch für die von außenstehenden Gesellschaftern bezogenen Aktien aus der Kapitalerhöhung.

§ 8
Vertragsdauer

8.1 Der Vertrag wird unter dem Vorbehalt der Zustimmung der Gesellschafter- bzw. der Hauptversammlung[26] und der Aufsichtsräte der Vertragsparteien abgeschlossen. Er wird mit Eintragung in das Handelsregister der Organgesellschaft wirksam. Mit Ausnahme der nur die Unterstellung unter die Leitung des Organträgers betreffenden §§ 1 und 2 dieses Vertrags gilt dieser Vertrag rückwirkend für die Zeit ab [...].

---

24 Falls der Organträger eine AG oder eine KGaA ist, dürfen auch Aktien als Abfindung angeboten werden.
25 Die Obergesellschaft, die nicht AG oder KGaA ist, muss gem. § 305 Abs. 2 Ziff. 3 AktG eine Barabfindung anbieten.
26 Der Beherrschungsvertrag bedarf der Zustimmung der Hauptversammlung der Untergesellschaft. Sofern die Obergesellschaft eine AG oder KGaA ist, so muss auch deren Hauptversammlung zustimmen, § 293 AktG. Ist die Obergesellschaft in einer anderen Rechtsform (z.B. GmbH) errichtet, gilt nach h.M. § 293 AktG analog, so dass hier ebenso die Zustimmung der Gesellschafterversammlung notwendig ist. Die Zustimmung des Aufsichtsrats der Untergesellschaft kann aufgrund interner Vereinbarungen notwendig sein. Der Aufsichtsrat ist jedenfalls wegen § 124 Abs. 3 AktG mit dem Vertrag zu befassen.

A. Beherrschungs- und Gewinnabführungsvertrag

8.2 Der Vertrag wird, unbeschadet des Kündigungsrechts aus wichtigem Grund, für die Dauer von fünf Kalenderjahren (**„Mindestlaufzeit"**) abgeschlossen. Daran anschließend verlängert sich die Laufzeit des Vertrages jeweils um ein Geschäftsjahr der Organgesellschaft, soweit der Vertrag nicht gekündigt wird. Der Vertrag kann unter Einhaltung einer Kündigungsfrist von sechs Monaten zum Ende eines Geschäftsjahres der Organgesellschaft, erstmals jedoch auf den Zeitpunkt des Ablaufs der Mindestlaufzeit, ordentlich gekündigt werden.

8.3 Für den Fall, dass die mit dem Abschluss des Vertrages mit Wirkung ab dem […] bezweckte Begründung einer Organschaft für Zwecke der Körperschafts- und/oder Gewerbesteuer[27] fehlschlägt oder dass eine solche zunächst wirksam begründete steuerliche Organschaft während der vorgenannten Mindestlaufzeit des Vertrages nachträglich, aber rückwirkend auf den Zeitpunkt der erstmaligen wirksamen Begründung der steuerlichen Organschaft wieder entfällt, gilt folgendes: In einem solchen Fall beginnt die vorgenannte Mindestlaufzeit des Vertrages ab dem Beginn des Geschäftsjahres, welches dem Geschäftsjahr der Organgesellschaft folgt, in dem das die Unwirksamkeit der steuerlichen Organschaft begründende Ereignis eingetreten.

8.4 Der Vertrag kann bei Vorliegen eines wichtigen Grundes ohne Einhaltung einer Kündigungsfrist gekündigt werden. Ein wichtiger Grund liegt insbesondere dann vor, wenn der Organträger sämtliche Anteile an der Organgesellschaft oder eine Anzahl von Anteilen an der Organgesellschaft mit der Wirkung veräußert und überträgt, dass die Voraussetzungen der finanziellen Eingliederung der Organgesellschaft in den Organträger gemäß § 14 Abs. 1 Nr. 1 KStG nicht mehr vorliegen. Der Organträger ist dann lediglich zum Ausgleich der anteiligen Verluste der Organgesellschaft bis zur Wirksamkeit der Kündigung verpflichtet.

§ 9
Salvatorische Klausel

Die Bestimmungen dieses Vertrages sind so auszulegen, dass die von den Parteien gewollte steuerliche Organschaft in vollem Umfang wirksam wird. Sollte eine Bestimmung dieses Vertrages darüber hinaus nichtig, anfechtbar oder unwirksam sein, so soll die Wirksamkeit der übrigen Bestimmungen hiervon nicht berührt werden. Die Vertragsparteien verpflichten sich, jede nichtige, anfechtbare oder unwirksame Bestimmung so zu ersetzen, dass sie dem erstrebten rechtlichen und wirtschaftlichen Ergebnis, insbesondere der Errichtung einer steuerlichen Organschaft, möglichst nahe kommt. Das gleiche gilt sinngemäß für die Ausfüllung von Vertragslücken.

§ 10
Anwendbares Recht

Auf diesen Vertrag findet deutsches Recht Anwendung.

---

[27] Die umsatzsteuerliche Organschaft gemäß § 2 Abs. 2 Nr. 2 UStG setzt keine Mindestlaufzeit voraus. Deshalb erübrigt sich insoweit eine entsprechende Regelung.

§ 11
Schriftform

Änderungen und Ergänzungen dieses Vertrages einschließlich dieser Bestimmung bedürfen der Schriftform.

_____

Unterschrift [...] Organgesellschaft

_____

Unterschrift [...] Organträger

Stichwortverzeichnis

fette Zahlen = Kapitel

andere Zahlen = Randnummer

A
Abfindung **1** 6; **2** 56, 60, 140, 142, 151, 152, 155, 157, 166
Abgeltungssteuer **4** 2, 14
Abhängige Unternehmen **1** 16, 35
Abhängigkeitsbericht **2** 93
Abs. 4 AktG genannte Voraussetzungen **2** 142
Abzugsverbot **4** 28
Anfechtung **2** 161
Anfechtungsklage **2** 184
Anrechnungsverfahren **4** 2, 121, 159
Anrechungsverfahren **4** 3, 19
Anschaffungskosten **4** 67
Anteilstausch **2** 176; **4** 92
Anteilsverschiebungen **4** 195
Atypischer oder faktischer Beherrschungsvertrag **2** 7
Auflösung **2** 191
Aufsichtsrat **2** 64, 76
Aufspaltung **2** 191
Ausländische Organträger **4** 161
Ausländische Rechtsträger **1** 25
Ausschüttungsbelastung **4** 2
Austauschvertrag **2** 6

B
Ballooning **4** 22
Bankgarantie **2** 154
Barabfindung **2** 189
Barprämie **2** 188
Beherrschtes Unternehmen **1** 47
Beherrschungsvertrag **2** 6, 9, 55, 70; **4** 180
Beteiligungsaufwendungen **4** 6, 10, 16, 20
Beteiligungserträge **4** 7, 10
Beteiligungskonzern **1** 51; **4** 5, 10
Betriebsausgaben **4** 25, 122
Betriebspachtvertrag **2** 1, 4, 6
Betriebsrat **2** 181
Betriebsüberlassungsvertrag **2** 4, 6
Betriebsüberlassungsverträge **2** 1
Bieter **2** 165, 170
Börsenkurs **2** 57, 153, 166, 190

Bremer Vulkan **2** 111
Buchwertverknüpfung **4** 84

D
Dauerschuldverhältnisse **2** 6
Dauerschuldzinsen **4** 47
Debt-Push-Down **4** 58
Delisting **2** 190
Derivativer Erwerb **4** 198
Dividende **4** 11, 111, 114, 122, 203, 211
Doppelbesteuerung **4** 2
Doppelbesteuerungsabkommen **4** 98, 107
Double dipp **4** 124
Durchgriffshaftung **2** 108, 110

E
Eigenkapital **4** 2
Einbringungsergebnis **4** 67
Einbringungsgeborene Anteile **4** 11
Einbringungsgewinn I **4** 90
Einbringungsgewinn II **4** 90
Eingliederung **2** 128, 129, 131, 136, 139, 140, 148, 188; **4** 118, 118, 124, 132, 177, 178
Einheitliche Leitung **1** 12, 32, 46; **2** 76
Einkommensermittlung **4** 1
Ergebnisabführungsvertrag **1** 39; **2** 9; **4** 74, 118, 124
Ergebnisverlagerung **4** 208
Ertragssteuerschuld **4** 37
Ertragsteuerrecht **4** 118
Ertragswertmethode **2** 57
Erwerbsidentität **4** 196
Existenzvernichtender Eingriff **2** 7
Existenzvernichtung **2** 108, 112

F
Faktischer GmbH-Konzern **2** 101
Faktischer Konzern **1** 7, 51; **2** 67, 69, 71, 77
Fehlerhafte Gesellschaft **2** 7, 134, 160
Finanzen **1** 32
Finanzierungspolitik **4** 217
Formwechsel **2** 189; **4** 63, 68, 71, 73
Freigabeverfahren **2** 135, 187
Fremdfinanzierung **4** 25, 108

Stichwortverzeichnis

G
Gemeinschaftsunternehmen **1** 35
Genossenschaftsregister **2** 184
Geschäftsführungsverträge **2** 1
Geschäftsjahr **2** 9
Gesellschafter-Fremdfinanzierung **4** 31
Gesellschafterwechsel **4** 197
Gesellschaftsdarlehen **4** 29
Gewerbebetrieb **4** 129
Gewerbesteuer **4** 8, 116, 118, 131
Gewerbliche Einkünfte **4** 6
Gewerbsteuer **4** 68
Gewinnabführung **4** 122
Gewinnabführungsvertrag **2** 1, 54, 55; **4** 39, 74, 116, 140
Gewinnausschüttung **4** 11, 109
Gewinngemeinschaften **2** 1
Gewinnrealisierung **4** 67, 115
Gläubigerschutz **2** 136, 186
Gleichordnungskonzern **1** 46, 46; **2** 128
Globalurkunde **2** 158
Grunderwerbsteuer **4** 52, 62, 70, 95, 123, 186
Grundwerbsteuer **4** 118
Gruppenbesteuerung **4** 220

H
Haftung **2** 77; **4** 153
Halbeinkünfteverfahren **4** 2, 87, 88, 121, 155, 211
Handelsregister **2** 59, 133, 136, 139, 145, 157, 159, 175, 178, 189; **4** 40
Hauptaktionär **2** 144, 149, 150, 153, 155, 156, 161
Hauptversammlung **2** 94, 132, 150, 154, 155
Hauptversammlungsbeschluss **2** 60, 170, 190
Hedgefonds **1** 23
Herrschende Unternehmen **1** 15, 46; **2** 76
Hinzuerwerb **4** 192
Hinzurechnungsbesteuerung **4** 11, 112, 115
Holdinggesellschaft **1** 22; **4** 51, 95

I
Inlandsanbindung **4** 127
Insolvenz **2** 109
Interessensabwägung **2** 135, 187
Interessensabwägungsklausel **2** 159

J
Jahressteuergesetz **4** 27

K
Kapitaleinkünfte **4** 2
Kapitalerhöhung **2** 179
Kapitalertragssteuern **4** 76
Kapitalgesellschaften **4** 125
Kapitalherabsetzung **4** 77
Kaskadeneffekt **4** 23
KBV **2** 112
Konsortialverträge **2** 149
Konzern **1** 51
Konzernabschluss **1** 10
Konzernleitung **2** 63, 65, 66, 70, 74
Konzernleitungspflicht **2** 64, 69
Konzernrechnungslegung **1** 10
Konzernrecht **1** 2
Konzernrichtlinie **1** 52
Konzernsteuerbelastung **4** 61
Konzernsteuerquote **4** 219
Konzernsteuerrecht **4** 1
Konzernvermutung **1** 41, 44; **2** 128
Körperschaften **4** 2
Körperschaftssteuer **4** 3, 118, 121
Körperschaftssteuerguthaben **4** 3, 3
Körperschaftsteueranrechnung **4** 2
Körperschaftsteuersatz **4** 2

L
Lindner-Urteil **2** 147, 149
Liquidation **4** 11

M
Macroton-Urteil **2** 190
Marks & Spencer **4** 100, 162, 227
Mehrabführungen **4** 157
Mehrfachbesteuerung **4** 1
Mehrmütterorganschaft **4** 131, 170
Minderabführungen **4** 157
Minderheitsaktionär **1** 6; **2** 55, 59, 60, 61, 88, 140, 142, 143, 153, 154, 156, 159, 162, 168
Minderheitsgesellschafter **1** 7, 34
Mindestbesteuerung **4** 61
Mitbestimmung **2** 74
Mitbestimmungsrechte **2** 180
MoMiG **2** 109

Stichwortverzeichnis

N
Nachteilsausgleich **2** 79, 83
Negativerklärung **2** 134, 160
Nettoprinzip **4** 151
Neugründung **2** 178
Niederlassungsfreiheit **2** 129; **4** 127, 162

O
Offene und verdeckte Gewinnausschüttungen **4** 19
Organkreis **4** 42
Organschaft **1** 1; **2** 3, 9; **4** 39, 46, 51, 68, 74, 116, 118, 132
Organschaftskonzern **1** 51; **4** 115
Organschaftsverhältnis **4** 121
Organträger **4** 39, 124, 131
Orginärer Erwerb **4** 198

P
Partnerschaftsregister **2** 184
Persönlicher Einkommenssteuertarif **4** 14
Phasengleiche Gewinnausschüttung **4** 7
Poolverträge **2** 149

Q
Qualifiziert faktischer Konzern **2** 7, 111

R
Realisationsprinzip **4** 7
Register **2** 184
Registersperre **2** 135, 187
Rücklagen **4** 149

S
Sachverständige Prüfer **2** 155
Safe Haven **4** 109
Saldierung **4** 42
Schachtelstrafe **4** 97, 216
Schadensersatz **2** 85, 105
Schädigungsverbot **2** 105
Selbstorganschaft **2** 6
Sonderprüfung **1** 8; **2** 94, 100
Spartentrennungsgebot **4** 128
Sphärentheorie **4** 204
Spruchverfahren **2** 59, 60, 142, 161, 188, 189
Squeeze-out **2** 142, 143, 146, 149, 156, 161, 164, 165, 166, 188
Step-Up **4** 45
Steuerbefreiung **4** 2

Steuerneutrale Einbringung **4** 34
Steuerpflicht **4** 25
Stille Reserve **2** 57
Stimmbindungsverträge **2** 149
Strukturmaßnahme **2** 127, 173, 190, 191

T
Teilgewinnabführungsvertrag **2** 1, 4; **4** 140
Teilwertabschreibungen **4** 26
Territorialprinzip **4** 117
Thesaurierungen **4** 3
Treaty override **4** 107
Treaty-Shopping **4** 102
Treuepflicht **1** 6, 8; **2** 102, 105

U
Übernahmeangebot **2** 144, 164
Umsatzsteuer **4** 118
Umtauschverhältnis **2** 178, 188
Umwandlungen **2** 148
Umwandlungsbericht **2** 189
Umwandlungsbeschluss **2** 189
Unbedenklichkeitsverfahren **2** 135, 187
Unternehmen **1** 14
Unternehmenssteuerreform **4** 2, 8, 14, 18, 32, 109
Unternehmenssteuerreformgesetz **4** 152, 160
Unternehmensvertrag **1** 2, 39, 40; **2** 1, 2, 4, 59, 148
Unterordnungskonzern **1** 26, 44, 45, 46; **2** 76

V
Veranlagungsoption **4** 17
Veranlagungszeitraum **4** 30, 122, 123, 128, 130, 132, 159, 167
Verdeckte Gewinnausschüttung **4** 43, 154
Vereinsregister **2** 184
Verfahrenskonzentration **2** 173
Verlustgesellschaften **4** 61
Vermögensbindung **2** 79
Verschmelzung **2** 56, 142, 148, 174, 178; **4** 54, 72
Verschmelzungsbericht **2** 178
Verschmelzungsbeschluss **2** 179, 187
Verschmelzungsvertrag **2** 178

Stichwortverzeichnis

Versicherungsunternehmen **4** 128
Vertragskonzern **1** 51; **2** 67, 69
Verunglückte Organschaft **4** 154
Vorgründergesellschaft **4** 126
Vorsteuerabzug **4** 116, 173
Vorzugsaktien **2** 145, 165; **4** 136

W
Wandelanleihe **2** 152
Wechselseitig beteiligtes Unternehmen **1** 47
Weisungsrecht **2** 128

Welteinkommensprinzip **4** 1
Wertaufholungen **4** 30
Wertberechnung **2** 57
Wertpapierleihe **2** 147

Z
Zinseinnahmen **4** 25
Zinsschranke **4** 32, 111, 152
Zurechnung **2** 146
Zusammenrechnungsverbot **4** 134
Zwischenwertansatz **4** 61

Über 700 Powerpoint-Vorlagen!
Der einfache Weg zur fundierten Erstberatung

Gut beraten!

Die Erstberatung ist für den Einstieg in die Bearbeitung des Mandats von außerordentlicher Bedeutung. Hier werden die rechtserheblichen Tatsachen erörtert und erste steuerrechtliche Auswirkungen dargestellt. Das Zusammenspiel von Gesetzen und Rechtsprechung ist dem Mandanten oft schwer zu vermitteln.

Mit den Vorlagen von Arndt/Heuel ist dies nun möglich:

- Sie sind leicht und individuell auf eigene Bedürfnisse anpassbar
- Der Mandant wird die Zusammenhänge verstehen
- Sie decken viele klassische Beratungsfelder ab
- Sie helfen dem Berater die rechtserheblichen Tatsachen zu finden und daraus steuer- und gesellschaftsrechtliche Auswirkungen abzuleiten.

Über 400 Vorlagen zu den Kerngebieten des Steuerrechts

Über 300 Vorlagen zu den Kerngebieten des Gesellschafts- und Erbrechts.

Stefan Arndt | Ingo Heuel
Vorlagen für die Erstberatung – Steuerrecht
Checklisten und Übersichten für das Mandantengespräch
2007. 227 S.
Geb. mit CD, EUR 99,00
ISBN 978-3-8349-0443-0

Stefan Arndt | Ingo Heuel
Vorlagen für die Erstberatung – Gesellschafts- und Erbrecht
Checklisten und Übersichten für das Mandantengespräch
2007. 191 S.
Geb. mit CD, EUR 99,00
ISBN 978-3-8349-0617-5

Änderungen vorbehalten. Stand: Juli 2007.
Erhältlich im Buchhandel oder beim Verlag.

Gabler Verlag · Abraham-Lincoln-Str. 46 · 65189 Wiesbaden · www.gabler.de

Mal wieder 'nen Wolf gesucht?

Wäre Ihnen mit dem neuen Steuerpraxis-Programm von Gabler garantiert nicht passiert. Gewinnen Sie jetzt mehr Zeit! Denn hier finden Sie mit Sicherheit die entscheidenden Informationen, die Sie für Ihre tägliche Beratung brauchen. Mit regelmäßiger Online-Aktualisierung, Updates und Newsletter auf **www.gabler-steuern.de**

Jetzt **Newsletter** abonnieren unter www.gabler-steuern.de und **gratis das E-Book „Speed Reading für Steuerberater"** sichern!

- übersichtlich
- präzise
- kompakt

Für Steuerberater und Wirtschaftsprüfer

www.gabler-steuern.de
Gabler Steuerpraxis. schneller. gut. beraten.